校企合作双元开发新形态信息化教材

高等职业教育汽车技术类技能型人才培养实用教材

智能网联汽车概论

（活页式）

主　编 ◎ 唐道娟　张华伟　李清良

副主编 ◎ 焦雪婷　杨仕清　刘美君

李自勇　杜绍萍　赵小光

西南交通大学出版社

·成 都·

图书在版编目（CIP）数据

智能网联汽车概论：活页式 / 唐道娟，张华伟，李清良主编. --成都：西南交通大学出版社，2023.10

校企合作双元开发新形态信息化教材　高等职业教育汽车技术类技能型人才培养实用教材

ISBN 978-7-5643-9465-3

Ⅰ. ①智… Ⅱ. ①唐… ②张… ③李… Ⅲ. ①汽车－智能通信网－高等职业教育－教材 Ⅳ. ①U463.67

中国国家版本馆 CIP 数据核字（2023）第 165569 号

校企合作双元开发新形态信息化教材
高等职业教育汽车技术类技能型人才培养实用教材

Zhineng Wanglian Qiche Gailun（Huoye Shi）

智能网联汽车概论（活页式）

主编　唐道娟　张华伟　李清良

责任编辑　赵永铭
封面设计　原谋书装

出版发行　西南交通大学出版社
（四川省成都市金牛区二环路北一段 111 号
西南交通大学创新大厦 21 楼）
邮政编码　610031
发行部电话　028-87600564　028-87600533
网址　http://www.xnjdcbs.com
印刷　四川玖艺呈现印刷有限公司

成品尺寸　185 mm × 260 mm
印张　18.5
字数　437 千
版次　2023 年 10 月第 1 版
印次　2023 年 10 月第 1 次
书号　ISBN 978-7-5643-9465-3
定价　64.00 元

课件咨询电话：028-81435775

前　言
PREFACE

本书是针对高职高专院校项目化教学需要编写的活页式教材。校企合作双元开发、活页式、新形态信息化教学、“教、学、做”一体化是本教材的特点。在考虑学生知识发展和技能需求的基础上，本教材打破了以讲授知识为主线的传统教学方式和学习方法，把知识点、技能点、经验点融合在一起，嵌入到项目教学中。在项目中，以项目任务方式在课堂上引导学生完成技能和知识的学习，同时讲解相关的必要知识要点，通过设置技能训练任务让学生积累项目开发经验，最后以总结形式介绍项目开发方法和技巧。每个项目的设计和每个任务的编排都力求由易到难、由小到大、螺旋式逐渐推进。本教材的内容基本涵盖了智能网联汽车相关知识，为后续课程学习奠定了基础。通过完成教材中的项目和任务，可以达到自动识别技术应用项目开发的基本技能和知识要求，满足自动识别技术应用嵌入式开发的需求。

本教材适用于新能源汽车专业、汽车运用与维修专业、汽车制造与装配专业、汽车智能技术专业等。

党的二十大报告指出，坚持把发展经济的着力点放在实体经济上，推进新型工业化，加快建设制造强国、质量强国、航天强国、交通强国、网络强国、数字中国。实施产业基础再造工程和重大技术装备攻关工程，支持专精特新企业发展，推动制造业高端化、智能化、绿色化发展。智能网联汽车是全面开启建设社会主义现代化交通强国的重要支撑，是建设现代经济体系的新型领域。随着人工智能技术与汽车制造业的不断融合升级，智能网联汽车是建设交通强国的重要组成部分。汽车行业要把握当前发展的重大机遇，以推进汽车电动化、智能化、网联化的发展，建设智慧交通为载体，开创交通强国建设新局面。

本教材利用“项目导向、任务驱动”架构，以新形态教材理念来编写，并配套相应的教学资源。根据实际工作中智能网联汽车概述性知识，本教材组织了 9 个循序渐进的项目。项目内容涉及认识智能网联汽车、认识智能网联汽车环境感知系统、视觉传感器在智能网联汽车的应用、雷达在智能网联汽车上的应用、高精度定位与导航系统的认知、智能网联汽车路径规划与决策控制的认知、智能网联汽车底盘线控技术的认知、智能网联汽车车载网络系统的认知、智能网联汽车无线通信系统的认知等。通过完成教材项目任务，可达到全面了解智能网联汽车知识的基本技能、知识和经验要求。本教材依照职业院校的典型工作过程实施“教、学、做”一体的教学思路，通过工作任务实施和任务拓展，将智能网联汽车的“知识点、技能点、经验点”有机结合在一起。通过教，记住知识点；通过学，掌握技能点；通过做，获得经验点。在每个项目学习时，建议读者先了解任务，然后通过任务实施来掌握相应知识点和技能点，并通过技能实战训练来进一步提升技能和获取经验。

本教材参考学时为72学时，其中建议教师讲授36学时，学生实训36学时，理论和实践比例为1 ∶ 1，学时分配表参见如下：

项目	课程内容	学时分配	
		理论	实训
项目一	智能网联汽车的认知	4	4
项目二	智能网联汽车环境感知系统	6	6
项目三	视觉传感器及其在智能网联汽车上的应用	4	4
项目四	雷达在智能网联汽车上的应用	4	4
项目五	高精度定位与导航系统及其应用	4	4
项目六	智能网联汽车路径规划与决策控制	4	4
项目七	智能网联汽车控制执行技术及其应用	4	4
项目八	智能网联汽车车载网络系统及其应用	4	4
项目九	ADAS及其在智能网联汽车上的应用	2	2
理论实训课时合计		36	36
总课时合计		72	

本书由云南交通运输职业学院组织编写，其中项目一由唐道娟编写，项目二由唐道娟、赵小光、杨鹏编写，项目三由张华伟、李清良编写，项目四由杜绍萍、陈怀俊编写，项目五由李自勇、李敏编写，项目六由赵小光、陆秀玲编写，项目七由李自勇、刘允乾编写，项目八由焦雪婷、邓鹏飞、李自勇编写，项目九由杨仕清、刘美君编写。山东派蒙机电技术有限公司参与本书合作开发。

在本书编写过程中，引用了一些网上资料和图片，特向其作者和图片拍摄者、制作者表示深切的谢意。

由于编者水平有限，时间仓促，书中可能存在不妥之处，敬请批评指正。

编 者

2023年4月

二维码目录

LIST OF QR CODE

续表

序号	项目	资源名称	资源类型	页码
24	项目六 智能网联汽车路径规划与决策控制	项目六知识拓展	PDF	173
25		传感器融合算法	视频	177
26		行为规划	视频	192
27		动作规划	视频	193
28	项目七 智能网联汽车无线通信技术及其应用	项目七知识拓展	PDF	203
29		智能网联汽车无线通信的分类	视频	208
30		智能网联汽车 V2X 及移动通信技术的应用	视频	209
31		物联网无线通信技术的分类、特点及应用	视频	218
32		短距离无线通信技术的特点及应用	视频	221
33	项目八 智能网联汽车车载网络系统及其应用	项目八知识拓展	PDF	228
34		车载移动互联网的定义及应用	视频	246
35		车载以太网在智能网联汽车的应用	视频	252
36		车载自组织网络在智能网联汽车的应用	视频	252
37	项目九 ADAS 及其在智能网联汽车上的应用	项目九知识拓展	PDF	260
38		智能网联汽车 ADAS 的类型	视频	262
39		智能网联汽车 ADAS 的分类及组成	视频	265
40		智能网联汽车 ADAS 的应用和特点	视频	268

目录

CONTENTS

项目六

智能网联汽车路径规划与决策控制

项目七

智能网联汽车无线通信技术及其应用

项目八

智能网联汽车车载网络系统及其应用

项目九

ADAS 及其在智能网联汽车上的应用

项目一 智能网联汽车的认知

项目描述

未来智能网联汽车能够在道路上进行有序安全行驶，特别是无人驾驶汽车，智能网联汽车或者无人驾驶汽车是依靠什么技术进行安全行驶？通过本项目的学习，可以得到答案。本项目的主要内容是智能网联汽车的认知，包含以下3个任务：

任务一　智能网联汽车的定义与分级

任务二　智能网联汽车的体系结构

任务三　智能网联汽车的关键技术

通过3个任务的学习，学生应掌握智能网联汽车的定义与组成，全面了解智能网联汽车的环境感知传感器的组成和智能网联汽车的关键技术。

项目一知识拓展

任务一 智能网联汽车的定义与分级

任务导入

表 1-1-1　任务导入

<table>
<tr><td colspan="2">任务名称</td><td colspan="4">智能网联汽车的定义与分级</td></tr>
<tr><td>姓 名</td><td></td><td>班　级</td><td></td><td>成　绩</td><td></td></tr>
<tr><td>组 别</td><td></td><td>组　长</td><td></td><td>场　地</td><td></td></tr>
<tr><td>日 期</td><td></td><td>学　时</td><td></td><td>指导教师</td><td></td></tr>
<tr><td rowspan="3">任务目标</td><td>知识目标</td><td colspan="4">1. 能通过走访或查阅资料的方法，了解智能网联汽车的发展现状；
2. 能通过调研智能网联汽车发展背景，了解智能网联汽车产业的发展，理解智能网联汽车的定义</td></tr>
<tr><td>能力目标</td><td colspan="4">1. 能总结并归纳调研报告，撰写智能网联汽车分级标准报告；
2. 能总结并归纳调研内容，辨清智能网联汽车与传统汽车的区别；
3. 能主动获取有效信息，展示工作成果，对学习与工作进行总结和反思</td></tr>
<tr><td>素质目标</td><td colspan="4">1. 树立安全意识；
2. 培养 6S 现场管理意识；
3. 严格执行行业规范，培养职业素养；
4. 树立团队协作意识</td></tr>
<tr><td>学习准备</td><td colspan="5">手机等调研设备、各种自制的走访调研表（格式不定）、互联网资源、展示白板</td></tr>
<tr><td>任务背景</td><td colspan="5">目前，我国是世界上第一汽车生产大国和第一新车销售市场，汽车保有量快速增长。如图 1-1-1 所示，预计到 2025 年汽车保有量达到 3 亿。如何有效应对汽车发展所带来的社会问题，是解决问题的关键。随着新一轮科技革命，汽车向智能化发展，可显著改善交通安全，实现节能减排，缓解交通拥堵、提高交通通行效率，带动行业协同发展，对我国汽车产业的转型升级具有重大的战略意义。因此，发展智能网联汽车是时代发展和科技革命的历史必然。
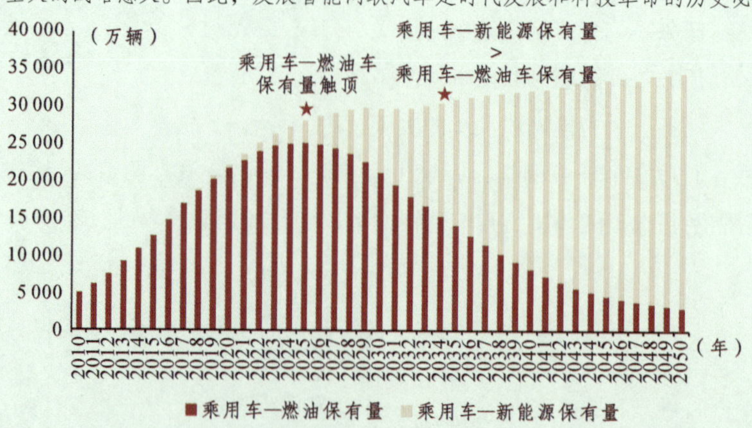

图 1-1-1　我国汽车保有量</td></tr>
</table>

知识链接

一、认识智能网联汽车的发展背景

（1）作为一名汽车相关专业的学生，你在日常出行中经常观察到汽车带给人们生活便利的同时又给人们的生活带来了哪些影响？表 1-1-2 分别给了一些图片，请你结合生活实际感受，写出相应图片带来的影响。

表 1-1-2　汽车数量增加带来的影响

序　号	图　片	影　响
1		
2		
3		
4		

（2）围绕汽车工业安全、节能、环保的主题，请各位同学采用走访调研或查阅资料的方式，谈一谈汽车技术未来的发展趋势，结合表 1-1-3 中图片，写一写你对汽车技术未来发展趋势的看法。

表 1-1-3　汽车技术未来的发展趋势

序　号	图　片	未来发展趋势
1		
2	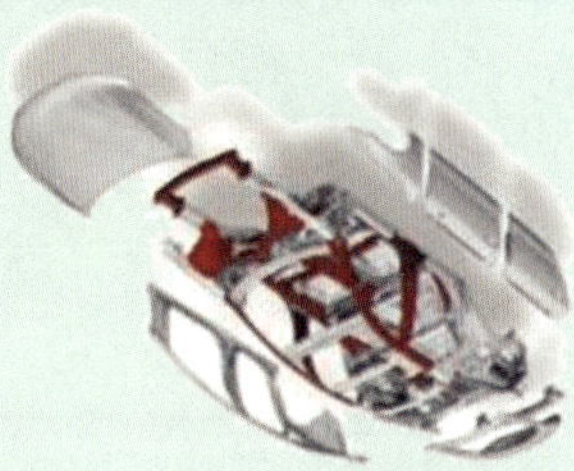	
3		
4	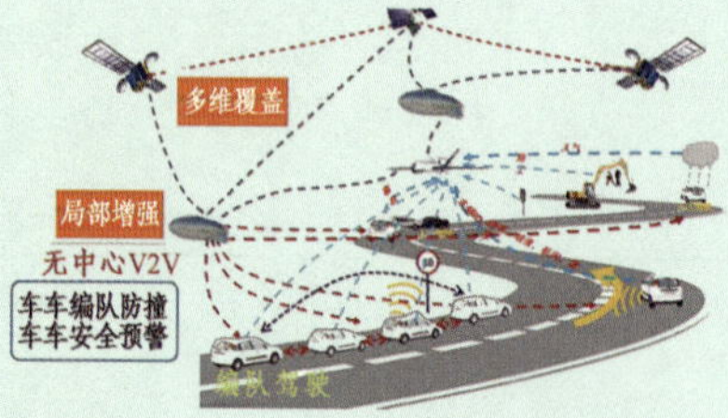	

二、认识智能网联汽车的定义

1. 智能汽车与智能网联汽车

智能车辆是一个集环境感知、规划决策、多等级辅助驾驶等功能于一体的综合系统，它集中运用了计算机、现代传感、信息融合、通信、人工智能及自动控制等技术，是典型的高新技术综合体。对智能车辆的研究主要致力于提高汽车的安全性、舒适性，以及提供优良的人车交互界面。近年来，智能车辆已经成为世界车辆工程领域研究的热点和汽车工业增长的新动力，很多发达国家都将其纳入到各自重点发展的智能交通系统当中。

智能车辆是指在一般汽车上增加先进的传感系统、决策系统、执行系统，通过车载环境感知系统和信息终端实现与车、路、人等的信息交换，使车辆具备环境感知能力，能够自动分析车辆行驶的安全及危险状态，并使车辆按照人的意愿到达目的地，最终替代人来操作的目的，如图 1-1-2 所示。

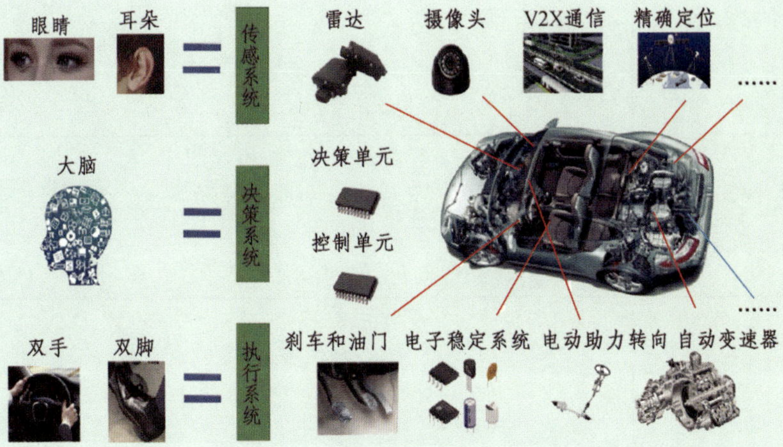

图 1-1-2　智能汽车

智能汽车分为自主式智能汽车和网联式智能汽车。自主式智能汽车是指采用车载传感器独立于其他车辆自动驾驶；网联式智能汽车是指与附近车辆及路侧设施通信，非自主式自动驾驶。自主式智能汽车和网联式智能汽车相融合即为智能网联汽车，如图 1-1-3 所示。

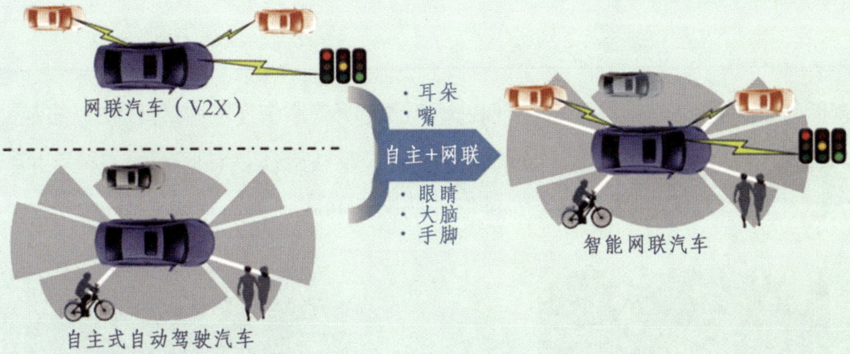

图 1-1-3　智能网联汽车

2. 智能网联汽车的定义

工信部、国家标准委于 2017 年 12 月共同制定的《国家车联网产业标准体系建设指南（智能网联汽车）》明确了智能网联汽车的定义：智能网联汽车是指搭载先进的车载传感器、控制器、执行器等装置，并融合现代通信与网络技术，实现车与 X（人、车、路、云端等）智能信息交换、共享，具备复杂环境感知、智能决策、协同控制等功能，可实现“安全、高效、舒适、节能”行驶，并最终可实现替代人来操作的新一代汽车。

请根据以上的信息，结合查阅资料，从 3 个维度对智能网联汽车进行剖析，对智能网联汽车从广义和狭义两个方面下定义，填入表 1-1-4。

表 1-1-4　智能网联汽车的定义

序　号	维　度	概　念
1		
2		
3		
广义定义		
狭义定义		

通过查阅智能网联汽车相关资料，现在大家已经明确掌握了智能网联汽车的定义，但是智能网联汽车与智能汽车、网联汽车、自动驾驶汽车、车联网还是有区别的。接下来，请通过查阅资料，结合图 1-1-4 所示总结出以上 5 种概念的区别和联系，填写相关信息。

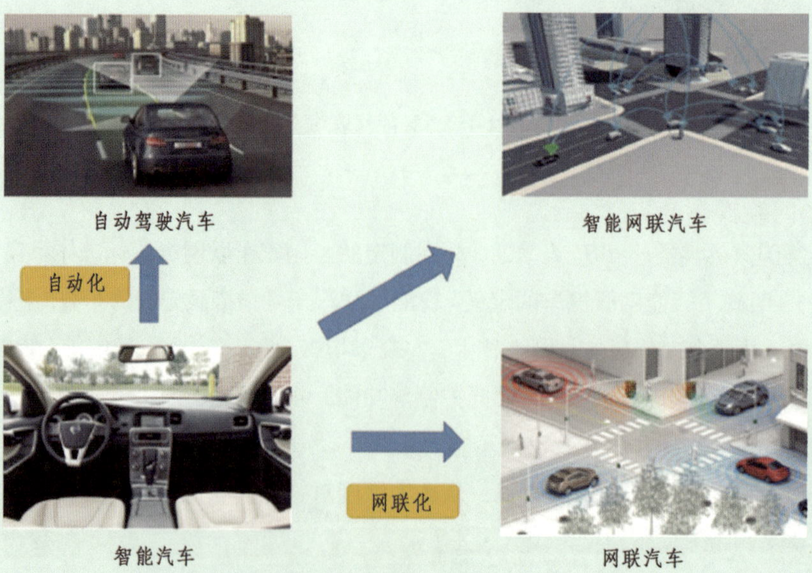

图 1-1-4　不同类型的汽车

表 1-1-5　几种概念的区别

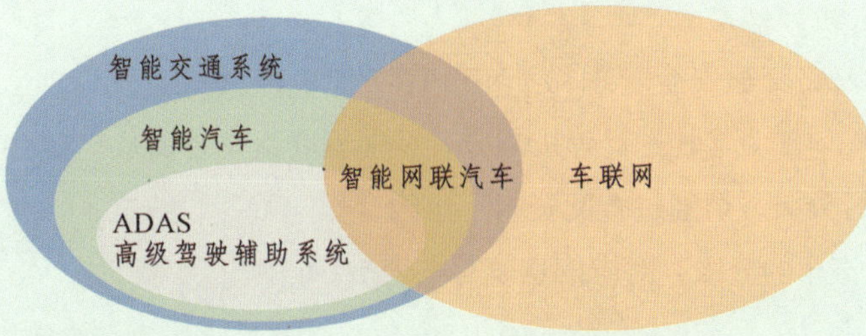

几种概念的区别

序　号	图　片	类　型	概　念
1			
2			
3			
4			
5			

二、认识智能网联汽车的分级

1. 美国对自动驾驶的分级

美国国家高速公路交通安全管理局（NHTSA）和美国汽车工程师协会（SAE）对汽车自动驾驶进行等级划分，智能网联汽车主要从自动驾驶的角度进行分级，请通过查阅资料、小组合作学习，归纳总结 SAE 对智能网联汽车的分级，对应信息填写在表 1-1-6 中。

SAE 对汽车自动驾驶的分级

表 1-1-6　SAE 对汽车自动驾驶的分级

<table>
<tr><td colspan="2">分　级</td><td>L0</td><td>L1</td><td>L2</td><td>L3</td><td>L4</td><td>L5</td></tr>
<tr><td colspan="2">称　呼</td><td>无自动化</td><td>驾驶支持</td><td>部分自动化</td><td>有条件自动化</td><td>高度自动化</td><td>完成自动化</td></tr>
<tr><td colspan="2">定　义</td><td></td><td></td><td></td><td></td><td></td><td></td></tr>
<tr><td rowspan="4">主体</td><td>驾驶操作</td><td></td><td></td><td colspan="4"></td></tr>
<tr><td>周边监控</td><td colspan="3"></td><td colspan="3"></td></tr>
<tr><td>支　援</td><td colspan="4"></td><td colspan="2"></td></tr>
<tr><td colspan="2">系统作用域</td><td></td><td colspan="4"></td><td></td></tr>
</table>

自动驾驶系统通常是在 L3 ~ L5 级，随着层级的提高，对系统的要求也随之增高。

从商业化角度来看，L2 级或者 L3 级的自动驾驶技术，以后只会被用于限定的场合，而直接面向 L4 级甚至是 L5 级的自动驾驶，才是未来最大的商业机会。

2. 德国博世（Bosch）公司对自动驾驶的分级方法

从技术角度，博世公司的自动驾驶分级方式也将车辆在出现事故时的责任主体划分清楚，如图 1-1-5 所示。

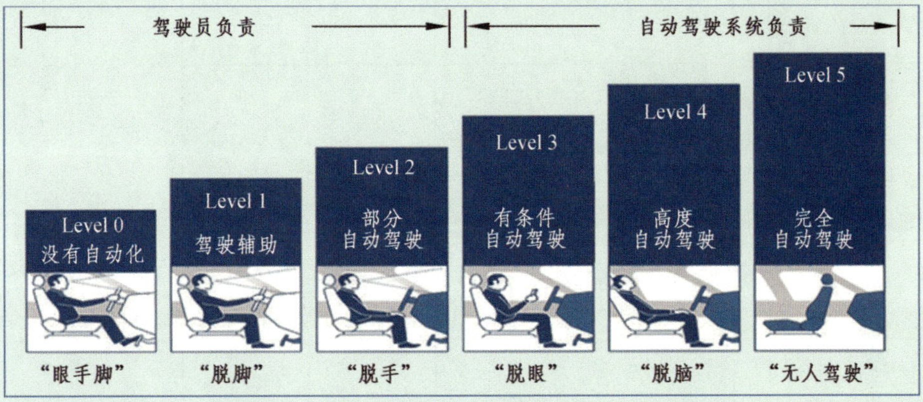

图 1-1-5　德国博世公司对汽车自动驾驶的分级

根据以上的信息，请完成以下学习任务。

L0 ~ L2 级别，事故责任主体为 ______________；

而 L3 级别往上，事故责任的主体就变成了 ______________________。

3. 我国对自动驾驶的分级方法

据中国汽车工程学会发布的《节能与新能源汽车技术路线图 2.0》的说明，我国将智能网联汽车分为智能化和网联化两个技术层面。智能化主要指汽车自主获取信息，自主决策和自动控制能力。网联化是指汽车与人、车、路、云端（后台）等之间通过通信和网络技术进行信息交换。智能网联汽车要实现的最终目标是高度自动化 / 无人驾驶。

我国智能网联汽车的分级方法：从智能化和网联化的角度划分。

（1）智能化分级。

与 SAE 的自动驾驶分法类似，我国把智能网联汽车智能化划分为 5 个等级。1 级为驾驶辅助（DA），2 级为部分自动驾驶（PA），3 级为有条件自动驾驶（CA），4 级为高度自动驾驶（HA），5 级为完全自动驾驶（FA）。查阅相关信息，填入表 1-1-7。

智能化等级越高，智能网联汽车自动化程度越高。目前，已经量产的汽车产品的智能化水平基本停留在 1 级和 2 级水平，部分实验室的产品才能达到 3 级和 4 级的水平，基本没有产品达到 5 级水平。

表 1-1-7　智能网联汽车智能化等级

<table>
<tr><th>智能化等级</th><th>等级名称</th><th colspan="2">等级定义</th><th>控　制</th><th>监　视</th><th>失效应对</th><th>典型工况</th></tr>
<tr><td>1</td><td></td><td rowspan="2">驾驶员监控驾驶环境</td><td></td><td></td><td></td><td></td><td></td></tr>
<tr><td>2</td><td></td><td></td><td></td><td></td><td></td><td></td></tr>
<tr><td>3</td><td></td><td rowspan="3">自动驾驶系统监控驾驶环境</td><td></td><td></td><td></td><td></td><td></td></tr>
<tr><td>4</td><td></td><td></td><td></td><td></td><td></td><td></td></tr>
<tr><td>5</td><td></td><td></td><td></td><td></td><td></td><td></td></tr>
</table>

（2）无论智能化怎样分级，从驾驶员对车辆控制权来看，可以分为驾驶员拥有车辆全部控制权、驾驶员拥有车辆部分控制权、驾驶员不拥有车辆控制权 3 种形式，请根据图 1-1-6，进行驾驶员对车辆控制权的形式的对应选择。

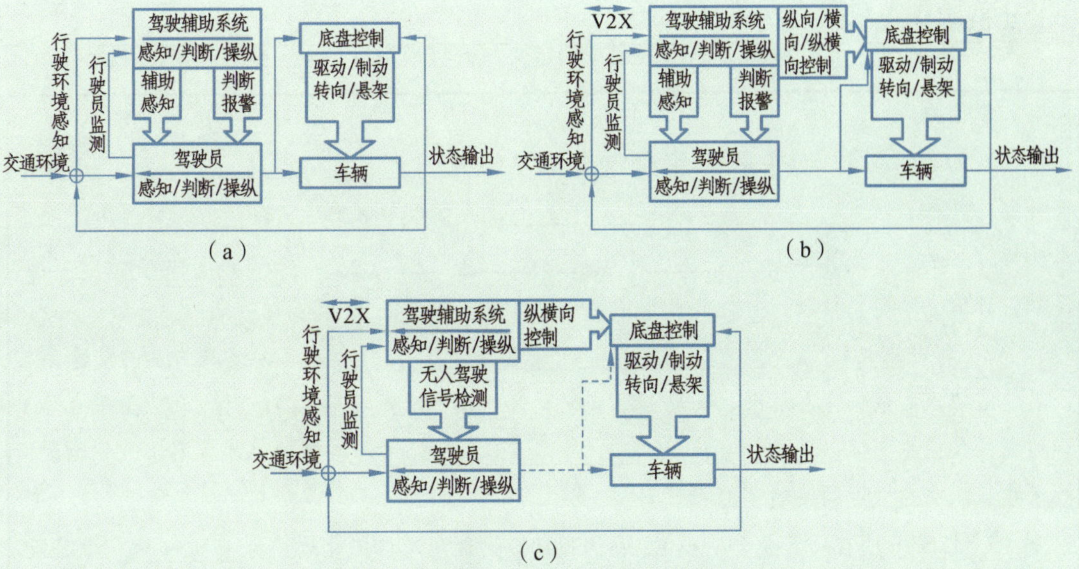

图 1-1-6　驾驶员对车辆控制权的形式选择

请根据图 1-1-6，进行正确选择。

图（a）：____；

图（b）：____；

图（c）：____。

4. 智能网联汽车网联化分级

在智能网联汽车网联化方面，分为网联辅助信息交互、网联协同感知、 网联协同决策与控制 3 个等级，查阅信息，将对应信息的填写在表 1-1-8 中。

智能网联汽车网联化分级

表 1-1-8　智能网联汽车网联化分级

网联化等级	等级名称	等级定义	控　制	典型信息	传输需求
1					
2					
3					

网联化的程度越高，智能网联汽车网联化的程度就越高。目前，已经量产的汽车产品的网联化水平最高停留在 1 级水平，部分实验室阶段的产品才能达到 2 级，基本没有产品达到 3 级水平。

知识强化

智能网联汽车的定义与分级学习页

1. 填空题

（1）智能网联汽车是指搭载先进的车载________、________、________等装置，并融合现代________与________，实现车与X（车、路、人、云等）智能信息交换、共享，具备复杂________、________、________等功能，可实现“安全、高效、舒适、节能”行驶，并最终可实现替代人来操作的新一代汽车。

（2）车联网是以________、________、________为基础，按照约定的体系架构及其通信协议和数据交互标准，实现V2X（V代表汽车，X代表车、路、行人及应用平台等）无线通信和信息交换以________、________、________控制的一体化网络，是物联网技术在智能交通系统领域的延伸。

（3）与SAE的自动驾驶分法类似，我国把智能网联汽车智能化划分为________个等级。1级为驾驶辅助（________），2级为部分自动驾驶（________），3级为有条件自动驾驶（________），4级为高度自动驾驶（________），5级为完全自动驾驶（________）。

（4）据中国汽车工程学会发布的《节能与新能源汽车技术路线图2.0》的说明，我国将智能网联汽车分为________和________两个技术层面。

（5）________主要指汽车自主获取信息，自主决策和自动控制能力。

（6）________是指汽车与人、车、路、云端（后台）等之间通过通信和网络技术进行信息交换。

（7）智能网联汽车要实现的最终目标是____________。

2. 判断题

（1）只要采用车载网络系统的车辆就属于智能网联汽车。（　　）

（2）智能网联汽车是车联网与智能汽车驾驶技术相结合的产物。（　　）

（3）根据SAE的自动驾驶等级分级，L3就能完全实现自动驾驶系统。（　　）

（4）根据现行法律，自动驾驶车辆的事故责任主体仍然是驾驶员。（　　）

（5）智能网联汽车是智能交通系统的核心组成部分，是车联网体系的一个结点。（　　）

3. 单项选择题

（1）车联网的主要功能包括（　　）。

A. 智能动态信息服务　B. 车辆智能化控制　C. 智能化交通管理　D. 以上都正确

（2）我国在智能网联汽车网联化方面，分为（　　）等级。

A. 3个　　B.4个　　C. 5个　　D.6个

（3）智能网联汽车的层次结构由（　　）组成。

A. 信息感知层、智能决策层、控制和执行层

B. 环境感知层、智能决策层、控制和执行层

C. 环境感知层、安全决策层、控制和执行层

D. 环境感知层、智能决策层、控制和反馈层

（4）“危险预警与控制优先级划分”属于智能网联汽车涉及的技术中的（　　）。

A. 环境感知技术　　B. 智能决策技术　　C. 控制执行技术

D. V2X 通信技术

（5）代表了智能网联汽车的技术水平的是（　　）。

A. 人机界面技术　　B. 信息融合技术

C. 车载网络技术　　D. 高级驾驶辅助技术

4. 多项选择题

（1）根据博世公司对自动驾驶分级定义，从技术角度车辆事故主体属于自动驾驶系统的是（　　）。

A. L1　　B. L3　　C. L3

D. L4　　E. L5

（2）根据我国对智能网联汽车智能化划分的等级，属于驾驶员监控驾驶环境的等级是(　　)。

A. DA　　B. PA　　C. CA

D. HA　　E. FA

（3）智能网联汽车涉及三大领域的技术包括（　　）。

A. 基础设施　　B. 信息交互　　C. 车辆 / 设施

D. 车载平台　　E. 基础支撑

（4）以下属于智能网联汽车关键技术的是（　　）。

A. 环境感知技术　　B. 无线通信技术　　C. 智能互联技术

D. 高级驾驶辅助技术　　E. 人机界面

（5）我国智能网联汽车标准体系包括（　　）。

A. 环境感知　　B. 智能决策　　C. 控制执行

D. 系统设计　　E. 政策法规

实训工单

1. 参观实训室智能网联汽车整车、台架、模型或挂图，初步认识智能网联汽车。

记录：____

____

____

2. 利用互联网查询智能网联汽车的定义及其他相关资讯。

打开电脑或移动终端的浏览器、APP，利用“百度”等搜索引擎，分别搜索“智能网联汽车”+“定义、分级、结构、关键技术、标准体系”等关键词，查询、学习相关资讯，总结智能网联汽车的应用场景。

（1）智能网联汽车的准确定义：____

____

（2）智能网联汽车的应用场景举例

应用场景 1：____

____

应用场景 2：____

____

应用场景 3：____

____

应用场景 4：____

____

应用场景 5：____

____

3. 分析当前市场上的汽车，哪些品牌的汽车的车辆具备智能网联汽车的属性。

根据查询获取的资讯，结合你所学的知识，分析当前市场上的车辆已经具备智能网联汽车的功能属性，并填写表 1-1-9。

表 1-1-9　当前市场上车辆具备智能网联汽车的功能属性

序　号	品牌车型	自动驾驶等级	主要功能描述	其他属性
1				
2				
3				
4				
5				

任务考评

表 1-1-10 任务考评

考核内容		考核评分		
项 目	内 容	配 分	得 分	批 注
工作准备（30%）	能够正确理解学习过程的内容、范围及工作指令	10		
	能够查阅资料，小组合作完成所遇到的学习问题	5		
	各种自制的走访调研表，格式不定	5		
	通过互联网资源查阅资料进行归纳总结并进行结果展示	5		
	确认上课所需的学习资料是否齐全到位	5		
实施程序（50%）	正确了解智能网联汽车的发展趋势和背景并进行记录	10		
	正确了解智能网联概念并与相关概念进行正确区分并进行记录	10		
	正确了解智能网联汽车的定义及分级并进行相关记录	10		
	参观实训室的智能网联汽车或借助网上资料对智能网联汽车的认识进行记录	10		
	利用互联网查询智能网联汽车的定义及其他相关资讯，完成智能网联汽车相关场景的收集	10		
完工清理（20%）	收集和储存可以再利用的原材料、余料	5		
	遵循维护工作程序清洁垃圾、清洁和整理工作区域	5		
	对学习环境和工作页面进行清洁	5		
	按照工作程序，填写完成作业单	5		
考核评语	考核人员： 日 期： 年 月 日	考核成绩		

任务二 智能网联汽车的体系结构

任务导入

表 1-2-1 任务导入

<table>
<tr><td>任务名称</td><td colspan="5">智能网联汽车的体系结构</td></tr>
<tr><td>姓　名</td><td></td><td>班　级</td><td></td><td>成　绩</td><td></td></tr>
<tr><td>组　别</td><td></td><td>组　长</td><td></td><td>场　地</td><td></td></tr>
<tr><td>日　期</td><td></td><td>学　时</td><td></td><td>指导教师</td><td></td></tr>
<tr><td rowspan="3">任务目标</td><td>知识目标</td><td colspan="4">1. 能通过走访或查阅资料的方法，了解智能网联汽车的层次结构；
2. 能通过调研智能网联汽车技术的逻辑结构，掌握智能网联汽车技术路径</td></tr>
<tr><td>能力目标</td><td colspan="4">1. 能总结并归纳调研报告，撰写智能网联汽车技术架构报告；
2. 能总结归纳，整理智能网联汽车产品的物理结构；
3. 能主动获取有效信息，展示工作成果，对学习与工作进行总结和反思</td></tr>
<tr><td>素质目标</td><td colspan="4">1. 树立安全意识；
2. 培养 6S 现场管理意识；
3. 严格执行行业规范，培养职业素养；
4. 树立团队协作意识</td></tr>
<tr><td>学习准备</td><td colspan="5">手机、各种自制的走访调研表，格式不定、互联网资源、展示白板</td></tr>
<tr><td>任务背景</td><td colspan="5">智联网联汽车涉及汽车、网络通信、控制、交通等多领域技术，其技术架构较为复杂，可划分为“三横两纵”式技术架构、“三横”是指智能网联汽主要涉及的车辆设施、信息交互与基础支撑大技术，“两纵”是指支撑智能网汽车发展的车载平台以及基础设施条件。</td></tr>
</table>

知识链接

一、智能网联汽车的层次结构

智能网联汽车的系统主要由环境感知层、智能决策层以及控制执行层组成，如图 1-2-1 所示。

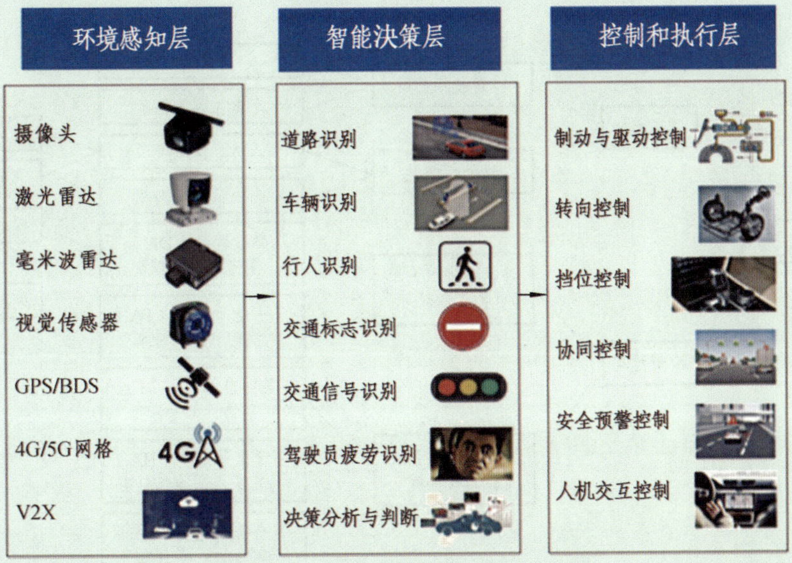

图 1-2-1　智能网联汽车的层次结构

（1）查阅资料，自主学习智能网联汽车的层次结构，结合图 1-2-1 完成智能网联汽车层次结构功能的逻辑关系的梳理。

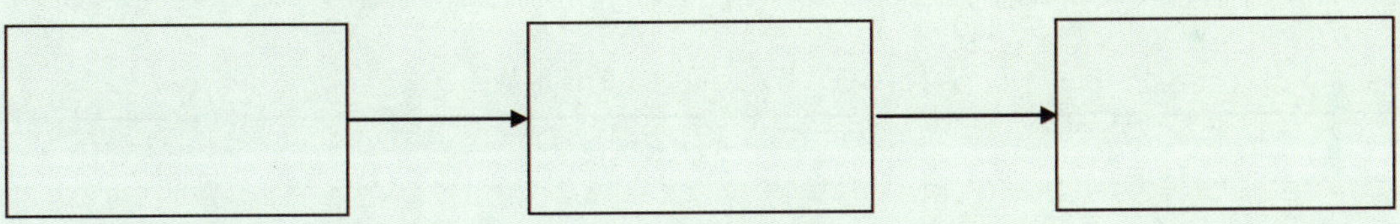

（2）查阅资料，自主学习智能网联汽车的层次结构，结合图 1-2-1 完成智能网联汽车层次结构功能实现的设施设备的查找，小组讨论，将关键信息填入表 1-2-2。

表 1-2-2　智能网联汽车的层次结构

序　号	层次结构	功能实现载体	作　用
1			
2			
3			

二、智能网联汽车的技术逻辑结构

智联网联汽车的技术逻辑结构如图 1-2-2 所示，它由先进感知和决策控制这两条主线组成，其发展的核心是由系统进行信息感知，决策预警和智能控制，逐渐替代驾驶员的驾驶任务，并最终完成自主执行全部驾驶任务。智联网联汽车通过智能化与网联化两条技术路径协同实现信息感知和决策控制功能。

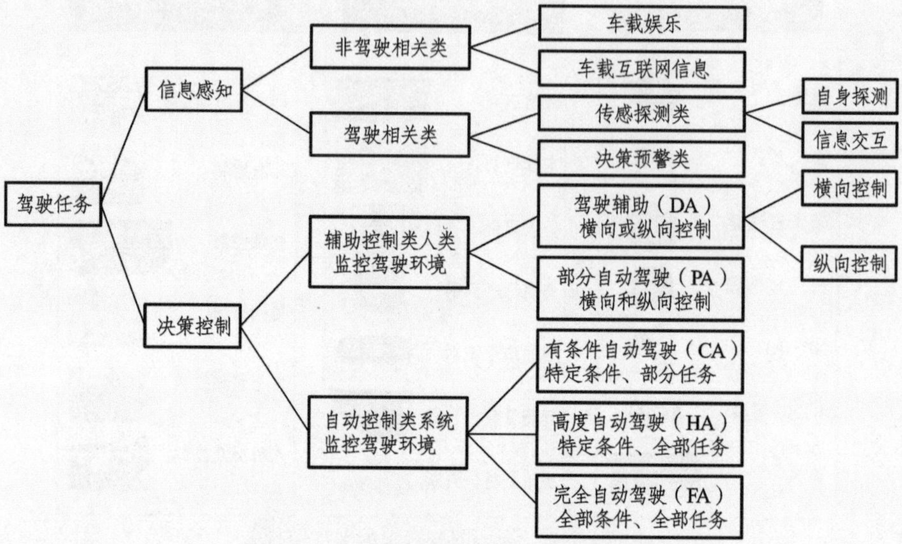

图 1-2-2　智能网联汽车的技术逻辑结构

（1）智能网联汽车要完成驾驶任务，离不开信息感知和决策控制的协同作用，请结合图 1-2-1，总结智能网联汽车的技术路径，填入表 1-2-3。

表 1-2-3　智能网联汽车的技术路径

序　号	技术路径
1	
2	

（2）通过学习智能网联汽车的技术路径，我们已经掌握了智能网联汽车要实现驾驶任务的核心内容，接下来我们要了解各技术路径各包含的内容，请查阅资料，小组合作，完成以下学习任务。

①请填写对应技术路径的概念。

________________，根据信息对驾驶行为的影响和相互关系，分为驾驶相关的信息和非驾驶相关的信息。

__________________，在角色控制方面，根据车辆和驾驶员在车辆控制方面的作用和职责区分为辅助控制类和自动控制类，分别对应不同等级的决策控制。

② 根据图 1-2-1，完成下列信息的填写。

驾驶类相关信息包括 ____________ 和 ____________。

非驾驶类信息主要包括 ____________ 和 ____________。

辅助控制类主要指车辆利用各类电子技术辅助驾驶员进行车辆控制，如横向控制、纵向控制及其组合，可分为驾驶辅助 ____________ 和部分自动驾驶 ____________。

自动控制类则根据车辆自主控制以及替代人进行驾驶的场景和条件进一步细分为有条件自动驾驶 ____________、高度自动驾驶 ____________ 和完全自动驾驶 ____________。

三、智能网联汽车的产业架构

1. 智能网联汽车的技术架构

从技术架构的角度，智能网联汽车涉及车辆/设施技术、信息交互技术与基础支撑技术三大领域的技术，以及支撑智能网联汽车发展的车载平台及基础设施两大条件。在情境所提及的“三横两纵”式技术架构是今天我们学习的重点内容，是我们了解智能网联汽车技术的关键，请观察图 1-2-3，查阅资料，总结“三横两纵”的技术要点，填入表 1-2-4 中。

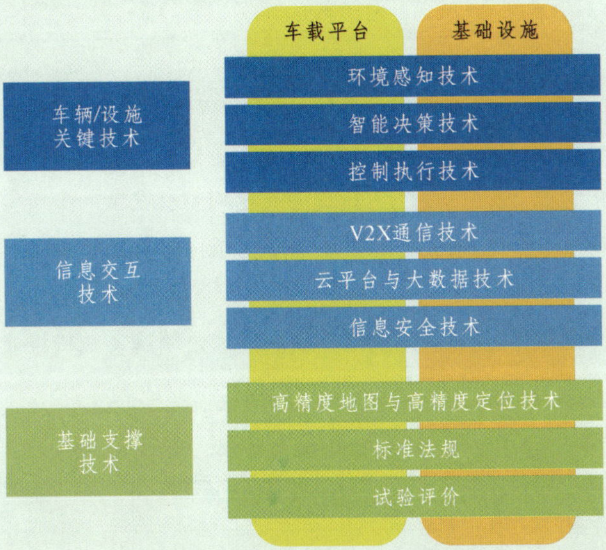

图 1-2-3 智能网联汽车的技术架构

表 1-2-4 智能网联汽车技术架构

名 称	具体内容	关键技术
“三横”		
“两纵”		

2. 智能网联汽车的产品物理结构

智能网联汽车的产品物理结构是把技术逻辑所涉及的各种“信息感知”与“决策控制”功能落实到物理载体上。车辆控制系统、车载终端、交通设施终端、外接终端等按照不同的用途，通过不同的网络通道、软件或平台，对采集或接收到的信息进行传输、处理和执行，从而实现不同的功能或应用，如图 1-2-4 所示。

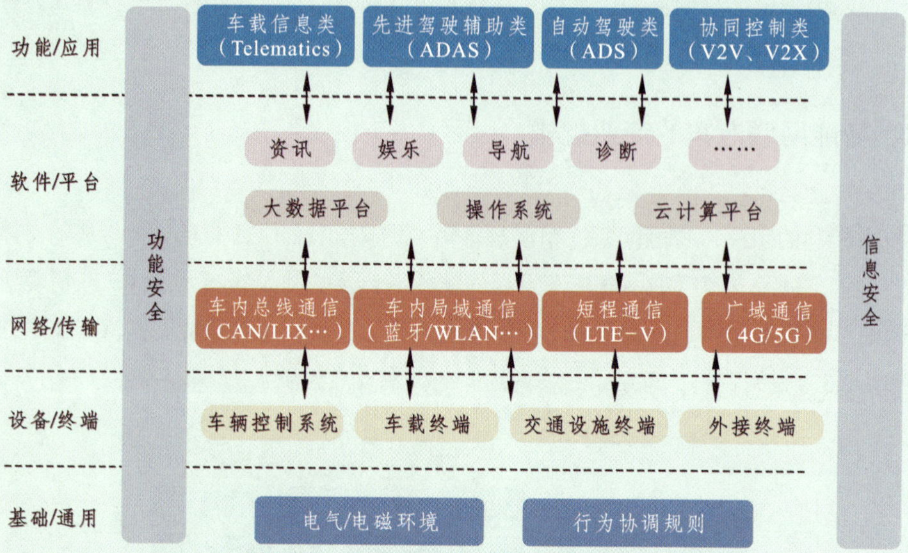

图 1-2-4　智能网联汽车的产品物理结构

智能网联汽车的产品物理结构中还包括功能安全和信息安全两个重要的组成部分。两者作为智能网联汽车各类产品的应用需要普遍满足的基本条件，贯穿于整个产品物理结构之中，是智能网联汽车各类产品和应用实现安全、稳定、有序运行的可靠保障。

了解了智能网联汽车的产品物理结构后，我们还需要明确各结构组成在产品物理结构中起到的作用，请利用好已有资源，通过查阅资料，小组讨论完成表 1-2-5 中的关键信息梳理。

表 1-2-5　智能网联汽车的产品物理结构的功能

产　品	物理载体	功　能

知识强化

智能网联汽车的体系结构学习页

1. 填空题

（1）智能网联汽车的系统主要由__________、__________以及__________组成。

（2）环境感知层的主要功能是通过车载__________、__________、4G/5G 及__________等，实现对车辆自身属性和车辆外在属性（如道路、车辆和行人等）静、动态信息的获取和收集，并向__________输送信息。

（3）智能决策层的主要功能是接收环境感知层的信息并进行融合，对__________、__________、__________、__________和__________等进行识别、决策分析和判断__________及将要执行的操作，并向控制和执行层输送指令。

（4）控制与执行层的主要功能是按照__________的指令，对车辆进行__________和__________，并为网联汽车提供__________、__________、__________、__________以及商务办公、网上消费等，保障汽车安全行驶和舒适驾驶。

（5）智能网联汽车的技术逻辑结构由__________和__________两条主线组成，其发展的核心是由系统进行__________、__________和__________，逐渐替代驾驶员的驾驶任务，并最终完成自主执行全部驾驶任务。智联网联汽车通过__________与__________两条技术路径协同实现__________和__________功能。

（6）__________，根据信息对驾驶行为的影响和相互关系，分为驾驶相关的信息和非驾驶相关的信息。

（7）驾驶类相关信息包括__________和__________。

（8）从技术结构的角度，智能网联汽车涉及车_________技术、_________技术与_________技术三大领域，以及支撑智能网联汽车发展的________及_________两大条件。

（9）智能网联汽车的产品物理结构是把技术逻辑所涉及的各种“_________”与“_________”功能落实到物理载体上。

（10）智能网联汽车的产品物理结构中还包括_______和_______两个重要的组成部分。

2. 判断题

（1）智能网联汽车的系统主要由环境感知层和智能决策层组成。（　　）

（2）智联网联汽车通过智能化与网联化两条技术路径协同实现信息感知和决策控制功能。（　　）

（3）智能网联汽车要完成驾驶任务可以离开信息感知和决策控制的协同作用 。（　　）

（4）根据车辆和驾驶员在车辆控制方面的作用和职责区分为辅助控制类和自动控制类，分别对应不同等级的决策控制。（　　）

（5）智能网联汽车的产品物理结构中不包括功能安全和信息安全两个重要的组成部分。

（　　）

3. 单项选择题

（1）（　　）层的主要功能是通过车载环境感知技术、卫星定位技术、4G/5G及无线通信技术等，实现对车辆自身属性和车辆外在属性（如道路、车辆和行人等）静、动态信息的获取和收集，并向智能决策层输送信息。

A. 环境感知层　　B. 智能决策层　　C. 控制和执行层　　D. 通信网络层

（2）（　　）层的主要功能是接收环境感知层的信息并进行融合，对道路、车辆、行人、交通标志和交通信号等进行识别、决策分析和判断车辆驾驶模式及将要执行的操作，并向控制和执行层输送指令。

A. 环境感知层　　B. 智能决策层　　C. 控制和执行层　　D. 通信网络层

（3）（　　）层的主要功能是按照智能决策层的指令，对车辆进行操作和协同控制，并为网联汽车提供道路交通信息、安全信息、娱乐信息、救援信息以及商务办公、网上消费等，保障汽车安全行驶和舒适驾驶。

A. 环境感知层　　B. 智能决策层　　C. 控制和执行层　　D. 通信网络层

（4）高精度地图属于“三横”三大技术领域的（　　）技术。

A. 车辆 / 设施　　B. 信息交互　　C. 基础支撑　　D. 以上都对

（5）环境感知技术属于“三横”三大技术领域的（　　）技术。

A. 车辆 / 设施　　B. 信息交互　　C. 基础支撑　　D. 以上都对

4. 多项选择题

（1）智能网联汽车的系统主要由（　　）组成。

A. 环境感知层　　B. 智能决策层　　C. 控制和执行层　　D. 网络通信层

（2）智能网联汽车在（　　）等方面有着广泛的应用前景。

A. 安全行驶　　B. 节能环保　　C. 商务办公　　D. 信息娱乐

（3）智能网联汽车涉及三大领域的技术包括（　　）。

A. 基础设施　　B. 信息交互　　C. 车辆 / 设施

D. 车载平台　　E. 基础支撑

（4）智能网联汽车技术逻辑由（　　）两条主线组成。

A. 信息感知　　B. 无线通　　C. 智能互联　　D. 决策控制

（5）自动控制类则根据车辆自主控制以及替代人进行驾驶的场的场条件进一步细分为（　　）。

A. 条件自动驾驶　　B. 高度自动驾驶　　C. 完全自动驾驶　　D. 部分自动驾驶

实训工单

1. 利用互联网查询智能网联汽车体系结构的组成。

打开电脑或移动终端的浏览器、APP，利用“百度”等搜索引擎，分别搜索“国家”+“智能网联汽车 / 无人驾驶汽车 / 自动驾驶汽车”+“智能网联汽车体系结构”等关键词，查询、学习相关资讯，总结智能网联汽车的体系结构。

（1）智能网联汽车体系结构认知小结：________________________________

____

（2）根据“三横两纵”关键技术，对照实训室智能网联汽车车辆写出不同品牌车型的具体表现。

品牌 1：________________________________

品牌 2：________________________________

品牌 3：________________________________

品牌 4：________________________________

品牌 5：________________________________

（3）查阅资料，对照实训车辆，总结智能网联汽车的技术逻辑结构。

品牌 1：________________________________

品牌 2：________________________________

品牌 3：________________________________

品牌 4：________________________________

品牌 5：________________________________

2. 分析智能网联汽车的核心技术。

根据查询获取的资讯，结合你所学的知识，分析智能网联汽车的核心技术有哪些，并填写表 1-2-6。

表 1-2-6　智能网联汽车的核心技术

核心技术	细节描述

任务考评

表 1-2-7　任务考评

<table>
<tr><th colspan="2">考核内容</th><th colspan="3">考核评分</th></tr>
<tr><td>项　目</td><td>内　容</td><td>配　分</td><td>得　分</td><td>批　注</td></tr>
<tr><td rowspan="5">工作准备（30%）</td><td>能够正确理解学习过程的内容、范围及工作指令</td><td>10</td><td></td><td></td></tr>
<tr><td>能够查阅资料，小组合作完成所遇到的学习问题</td><td>5</td><td></td><td></td></tr>
<tr><td>各种自制的走访调研表，格式不定</td><td>5</td><td></td><td></td></tr>
<tr><td>通过互联网查阅资料进行归纳总结并进行结果展示</td><td>5</td><td></td><td></td></tr>
<tr><td>确认上课所需的学习资料是否齐全到位</td><td>5</td><td></td><td></td></tr>
<tr><td rowspan="5">实施程序（50%）</td><td>正确了解智能网联汽车系统的组成并进行记录</td><td>10</td><td></td><td></td></tr>
<tr><td>正确了解智能网联汽车涉及三大领域的技术进行正确区分并进行记录</td><td>10</td><td></td><td></td></tr>
<tr><td>正确了解智能网联汽车的技术逻辑并进行相关记录</td><td>10</td><td></td><td></td></tr>
<tr><td>参观实训室的智能网联汽车或借助网上资料对智能网联汽车系统架构进行记录</td><td>10</td><td></td><td></td></tr>
<tr><td>利用互联网查询智能网联汽车的系统架构及其他相关资讯，完成智能网联汽车相关场景的收集</td><td>10</td><td></td><td></td></tr>
<tr><td rowspan="4">完工清理（20%）</td><td>收集和储存可以再利用的原材料、余料</td><td>5</td><td></td><td></td></tr>
<tr><td>遵循维护工作程序清洁垃圾、清洁和整理工作区域</td><td>5</td><td></td><td></td></tr>
<tr><td>对学习环境和工作页面进行清洁</td><td>5</td><td></td><td></td></tr>
<tr><td>按照工作程序，填写完成作业单</td><td>5</td><td></td><td></td></tr>
<tr><td>考核评语</td><td>考核人员：　　日　期：　　年　月　日</td><td>考核成绩</td><td colspan="2"></td></tr>
</table>

任务三 智能网联汽车的关键技术

任务导入

表 1-3-1 任务导入

<table>
<tr><td colspan="2">任务名称</td><td colspan="4">智能网联汽车的关键技术</td></tr>
<tr><td>姓 名</td><td></td><td>班 级</td><td></td><td>成 绩</td><td></td></tr>
<tr><td>组 别</td><td></td><td>组 长</td><td></td><td>场 地</td><td></td></tr>
<tr><td>日 期</td><td></td><td>学 时</td><td></td><td>指导教师</td><td></td></tr>
<tr><td rowspan="3">任务目标</td><td>知识目标</td><td colspan="4">1. 能通过走访或查阅资料的方法，了解智能网联汽车的关键技术；
2. 能通过调研智能网联汽车的关键技术，掌握各关键技术的组成</td></tr>
<tr><td>能力目标</td><td colspan="4">1. 能总结并归纳调研报告，撰写智能网联汽车关键技术报告；
2. 能主动获取有效信息，展示工作成果，对学习与工作进行总结和反思</td></tr>
<tr><td>素质目标</td><td colspan="4">1. 树立安全意识；
2. 培养 6S 现场管理意识</td></tr>
<tr><td>学习准备</td><td colspan="5">手机等调研设备、各种自制的走访调研表，格式不定、互联网资源、展示白板</td></tr>
<tr><td>任务背景</td><td colspan="5">在技术层面，智能网联汽车是 AI（人工智能）、信息通信、大数据、云计算等高新技术的战略制高点。根据智能网联汽车的定义，智能网联汽车是指搭载先进的车载传感器、控制器、执行器等装置，并融合了现代通信与网络技术，实现车内网、车外网、车际网的无缝连接，具备信息共享、复杂环境感知、智能化决策、自动化协同控制功能，与智能公路和辅助设施组成的智能出行系统，可以实现“高效、安全、舒适、节能”行驶的新一代汽车。
智能网联汽车是一个复杂的跨界交叉系统，技术领域覆盖广、专业跨度大、技术架构复杂，其核心关键技术涉及汽车、半导体芯片、人工智能和信息通信等领域。技术链将被重建。相较于注重底盘、动力的传统汽车，智能网联汽车将大量使用信息交互技术，重新构建人、车、路一体化的技术链。
智能网联汽车技术架构涉及的关键技术主要有六种。其中环境感知技术、智能决策技术也可以归为人工智能技术，人工智能技术在智能网联汽车上正在得到快速应用。</td></tr>
</table>

知识链接

一、智能网联汽车的关键技术

智能网联汽车是在一般汽车上增加雷达、摄像头等先进传感器、控制器、执行器等装置，通过车载环境感知系统和信息终端实现与车、路、人等的信息交换，使车辆具备智能环境感知能力，能够自动分析车辆行驶的安全及危险状态，并使车辆按照人的意愿到达目的地，最终实现替代人来做驾驶决策及操作的目的。

智能网联汽车的关键技术包含环境感知技术、无线通信技术、智能互联技术、车载网络技术、高级驾驶辅助技术、信息融合技术、信息安全与隐私保护技术、人机界面（HMI）技术等。

1. 环境感知技术

在复杂的道路交通环境下，单一的传感器无法完成全部的环境感知，必须整合各种类型的传感器，利用多传感器融合技术，使其为智能网联汽车提供更加真实可靠的路况环境信息，如图 1-3-1 所示。

图 1-3-1　环境感知技术示意

环境感知技术包括车辆本身状态感知、道路感知、行人感知、交通信号感知、交通标识感知、交通状况感知、周围车辆感知。

对环境感知技术进行一定了解后，还需要对感知技术的功能进行进一步学习。查阅资料，对照学习任务，将关键信息填入表 1-3-2。

表 1-3-2　环境感知技术

序　号	感知技术	感知内容
1		
2		
3		
4		
5		
6		
7		

（2）讨论：单一环境感知技术是否可以完成全部的环境感知。

____

____

____

2. 无线通信技术

无线通信技术包括长距离无线通信技术和短距离无线通信技术，如图 1-3-2 所示。

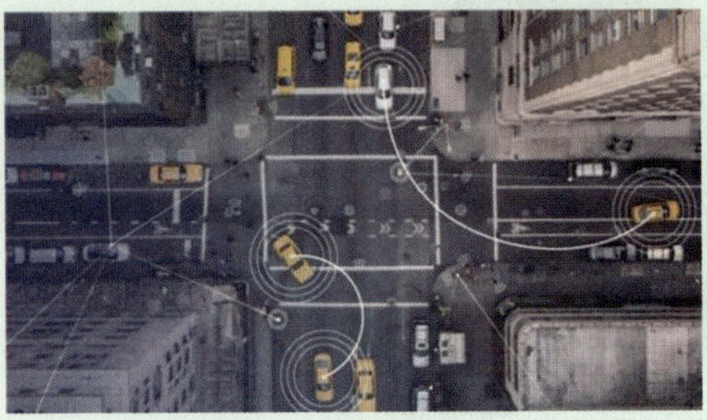

图 1-3-2　无线通信技术

（1）长距离无线通信技术：用于提供即时的互联网接入，主要采用 __________ 技术。

（2）____________ 无线通信技术：包括专用短程通信技术（DSRC）、LTE-V、蓝牙、Wi-Fi 等，DSRC 和 LTE-V 可以实现在特定区域内对高速运动下移动目标的识别和双向通信，如 V2V、V2I 双向通信，实时传输图像、语音和数据信息等。

3. 智能互联技术

当两辆汽车距离较远或被障碍物遮挡，直接通信无法完成时，两者之间的通信可以通过路侧控制单元进行信息传递，构成一个无中心、完全自组织的车载自组织网络（见图 1-3-3）。

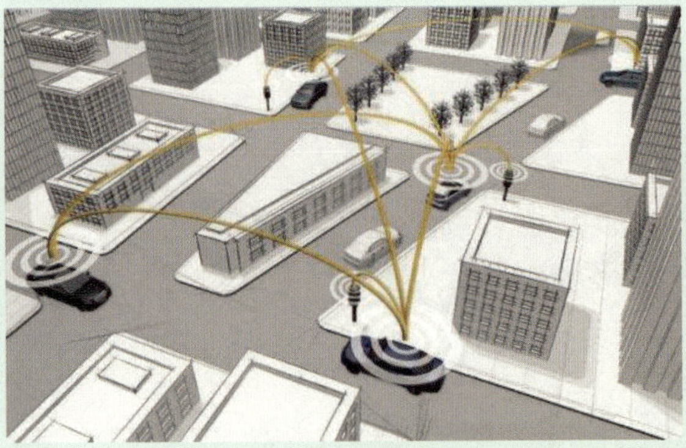

图 1-3-3　智能互联技术

车载自组织网络依靠短距离通信技术实现车辆之间、车辆与路侧控制单元等相关系统的通信，在一定的通信范围内的车辆可以交换各自的车速、位置及车载传感器感知的数据，并自动连接建立一个移动的网络。

经过对智能互联技术的学习后，对智能互联技术典型的应用要进一步学习，请根据表 1-3-3 中图片进行场景的填写。

表 1-3-3　智能互联技术应用场景

序　号	图片	场景
1	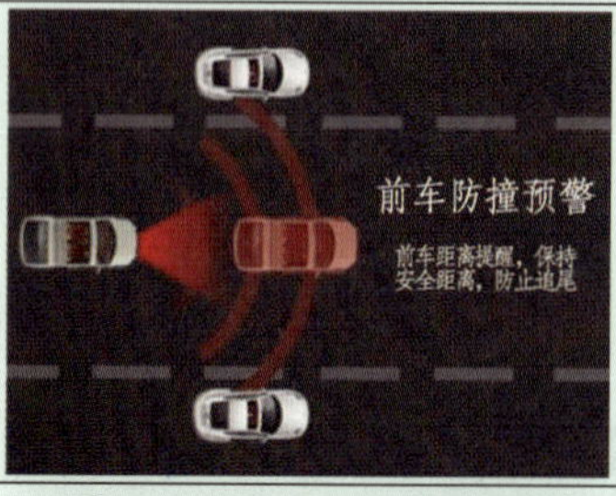	
2		
3	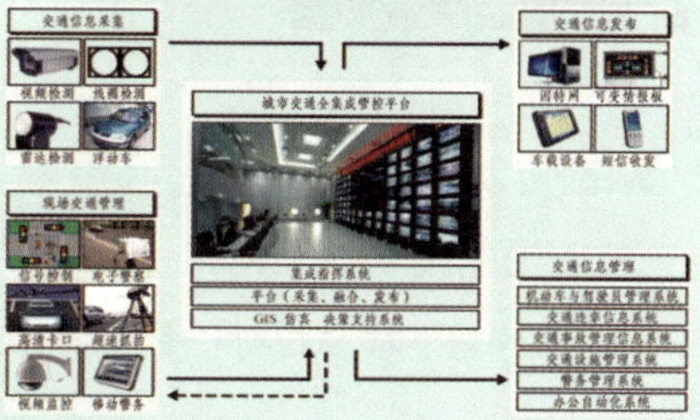	

4. 车载网络技术

车载网络形式多种多样，目前应用最为广泛的是控制器局域网（Controller Area Network），即所谓的 CAN BUS 系统，以及 LIN、Flex Ray 和 MOST（光纤）总线等（见图 1-3-4）。

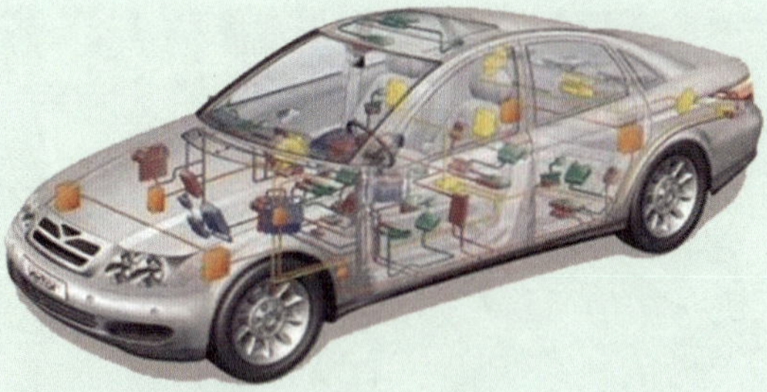

图 1-3-4　CAN、LIN、MOST——以太网

请写出以太网的连接结构以及优势。

连接结构：________________________；

优势：________________________。

5. 高级驾驶辅助技术

高级驾驶辅助技术通过车辆环境感知技术和自组织网络对道路、车辆、行人、交通 标志、交通信号进行检测和识别，并对识别信号进行分析处理，传输给执行机构，保障车辆安全行驶，如图 1-3-5 所示。

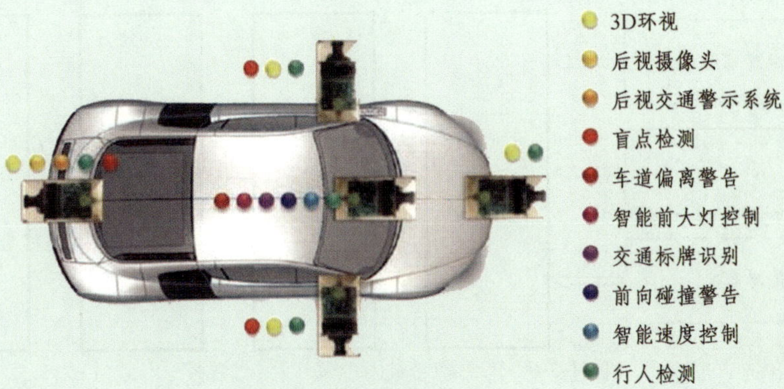

图 1-3-5　高级驾驶辅助技术

高级驾驶辅助技术是智能网联汽车重点发展的技术，其成熟程度和使用多少代表了智能网联汽车的技术水平，是其他关键技术的具体应用体现。高级驾驶辅助技术已经在宝马、奥迪等高端品牌车型广泛应用。请结合学习资料，在表 1-3-4 中写出高级辅助驾驶技术包含的内容。

表 1-3-4　智能网联汽车高级驾驶辅助技术

序　号	高级驾驶辅助技术名称
1	
2	
3	
4	
5	
6	
7	
8	
9	
10	

6. 信息融合技术

信息融合技术是指在一定准则下，利用计算机技术对多源信息进行分析和综合，以实现不同应用的分类任务而进行的处理过程。

信息融合技术主要用于对多源信息进行采集、传输、分析和综合，将不同数据源在时间和空间上冗余或互补信息依据某种准则进行组合，产生完整、准确、及时、有效的综合信息。智能网联汽车采集和传输的信息种类多、数量大，必须采用信息融合技术才能保障实时性和准确性。请结合学习资料，在图 1-3-6 中填写信息融合技术的采集和传输过程的填写。

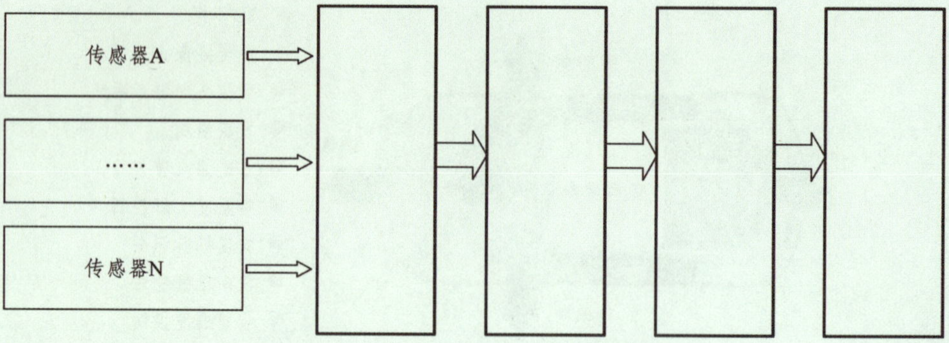

图 1-3-6　信息融合技术的采集和传输过程

信息融合技术的采集和传输过程

7. 信息安全与隐私保护技术

智能网联汽车接入网络的同时，也带来了信息安全的问题。在智能网联汽车的应用中，每辆汽车及车主的信息都将随时随地被传输到网络中并被感知，如图 1-3-7 所示。

图 1-3-7　信息安全与隐私保护技术

讨论：

这种暴露在网络中的信息会带来哪些安全隐患，你有对于保护信息安全有什么好的建议或想法吗？

---

8. 人机界面技术

人机界面技术，在未来汽车市场上将被大量应用，如图 1-3-8 所示。

图 1-3-8　人机界面技术

想一想：根据生活经验写出你认为人机界面技术包含哪些技术，填入表 1-3-5。了解目前 4 个汽车品牌的人机界面技术，填入表 1-3-6 中。

表 1-3-5　人机界面技术

序　号	技术名称
1	
2	
3	

表 1 -3-6　人机界面技术发展前沿

品　牌	人机界面技术名称	发展侧重点

知识强化

智能网联汽车的关键技术学习页

1. 填空题

（1）智能网联汽车是在一般汽车上增加__________、__________等先进传感器、控制器、执行器等装置，通过__________和信息终端实现与车、路、人等的信息交换，使车辆具备__________能力，能够自动分析车辆行驶的__________状态，并使车辆按照__________到达目的地，最终实现替代人来做驾驶决策及操作的目的。

（2）智能网联汽车的关键技术包含__________、__________、__________、__________、高级驾驶辅助技术、信息融合技术、信息安全与隐私保护技术、人机界面（HMI）技术等。

（3）环境感知技术包括__________感知、__________感知、__________感知、__________感知、__________感知、__________感知、__________感知。

（4）无线通信技术包括__________无线通信技术和__________无线通信技术。

（5）当两辆汽车距离较远或被障碍物遮挡，直接通信无法完成时，两者之间的通信可以通过__________进行信息传递，构成一个__________、__________的车载自组织网络。

（6）车载网络形式多种多样，目前应用最为广泛的是__________（Controller Area Network），即所谓的CAN BAS系统，以及__________、Flex Ray和__________（光纤）总线等。

（7）_______通过车辆环境感知技术和自组织网络对道路、车辆、行人、交通标志、交通信号进行检测和识别，并对_________进行分析处理，传输给_________，保障车辆安全行驶。

（8）__________是指在一定准则下，利用计算机技术对多源信息进行分析和综合，以实现不同应用的分类任务而进行的处理过程。

（9）_______主要用于对多源信息进行采集、传输、分析和综合，将不同数据源在时间和空间上冗余或互补信息依据某种准则进行_______，产生完整、准确、及时、有效的______。

（10）智能网联汽车接入网络的同时，也带来了__________的问题。

2. 判断题

（1）车载自组织网络依靠短距离通信技术实现车辆之间、车辆与路侧控制单元等相关系统的通信，在一定的通信范围内的车辆可以交换各自的车速、位置及车载传感器感知的数据，并自动连接建立一个移动的网络。 （　　）

（2）高级驾驶辅助技术是智能网联汽车重点发展的技术，其成熟程度和使用多少代表了智能网联汽车的技术水平，是其他关键技术的具体应用体现。 （　　）

（3）人机界面技术，在未来汽车市场上将被大量应用。 （　　）

（4）在智能网联汽车的应用中，每辆汽车及车主的信息不会随时随地被传输到网络中并被感知。 （　　）

（5）智能网联汽车采集和传输的信息种类多、数量大，不必采用信息融合技术去保障实时性和准确性。 （　　）

3. 单项选择题

（1）在复杂的道路交通环境下，单一的传感器（　　）完成全部的环境感知，必须整合各种类型的传感器

A. 无法　　B. 可以　　C. 部分　　D. 全部

（2）（　　）是智能网联汽车重点发展的技术，其成熟程度和使用多少代表了智能网联汽车的技术水平，是其他关键技术的具体应用体现。

A. 高级驾驶辅助技术　　B. 环境感知技术　　C. 无线通信技术　　D. 智能互联技术

（3）（　　）信息融合技术是指在一定准则下，利用计算机技术对多源信息进行分析和综合，以实现不同应用的分类任务而进行的处理过程。

A. 信息融合技术　　B. 环境感知技术　　C. 无线通信技术　　D. 智能互联技术

（4）（　　）是指当两辆汽车距离较远或被障碍物遮挡，直接通信无法完成时，两者之间的通信可以通过路侧控制单元进行信息传递，构成一个无中心、完全自组织的车载自组织网络。

A. 信息融合技术　　B. 环境感知技术　　C. 无线通信技术　　D. 智能互联技术

（5）（　　）包括车辆本身状态感知、道路感知、行人感知、交通信号感知、交通标识感知、交通状况感知、周围车辆感知。

A. 信息融合技术　　B. 环境感知技术　　C. 无线通信技术　　D. 智能互联技术

4. 多项选择题

（1）智能网联汽车是在一般汽车上增加（　　）等先进传感器、控制器、执行器等装置。

A. 雷达　　B. 摄像头　　C. 控制和执行层　　D. 网络通信层

（2）智能网联汽车的关键技术包含环境感知技术、无线通信技术、智能互联技术、车载网络技术（　　）等。

A. 高级驾驶辅助技术　　B. 信息融合技术

C. 信息安全与隐私保护技术　　D. 人机界面（HMI）技术

（3）车载网络形式多种多样，目前应用最为广泛的是控制器局域网（Controller Area Network），即所谓的（　　）等。

A. CAN BUS 系统　　B. LIN　　C. Flex Ray　　D. MOST（光纤）总线

（4）高级驾驶辅助技术通过车辆环境感知技术和自组织网络对（　　）交通信号进行检测和识别，并对识别信号进行分析处理，传输给执行机构，保障车辆安全行驶。

A. 道路　　B. 车辆　　C. 行人　　D. 交通标志

（5）车载自组织网络依靠短距离通信技术实现（　　）等相关系统的通信，在一定的通信范围内的车辆可以交换各自的车速、位置及车载传感器感知的数据，并自动连接建立一个移动的网络。

A. 车辆之间　　B. 车辆与路侧单元之间

C. 行人　　D. 交通标志

实训工单

1. 利用互联网查询智能网联汽车关键技术的发展现状。

打开电脑或移动终端的浏览器、APP，利用“百度”等搜索引擎，分别搜索“国家”+“智能网联汽车/无人驾驶汽车/自动驾驶汽车”+“关键技术发展趋势”等关键词，查询、学习相关资讯，总结国外、国内智能网联汽车关键技术的发展现状。

（1）智能网联汽车关键技术的发展现状小结：______________________________

____

（2）选取国不同品牌智能网联汽车关键技术发展现状。

品牌1：______________________________

品牌2：______________________________

品牌3：______________________________

品牌4：______________________________

品牌5：______________________________

我国智能网联汽车高级驾驶辅助技术总结。

品牌1：______________________________

品牌2：______________________________

品牌3：______________________________

品牌4：______________________________

品牌5：______________________________

2. 分析人机界面技术的发展趋势。

根据查询获取的资讯，结合你所学的知识，分析智能网联汽车人机界面技术的发展趋势，并填表1-3-7。

表1-3-7 分析tdc智能网联汽车人机界面技术的发展趋势

技　术	发展趋势

任务考评

表 1-3-8 任务考评

考核内容		考核评分		
项 目	内 容	配 分	得 分	批 注
工作准备（30%）	能够正确理解学习过程的内容、范围及工作指令	10		
	能够查阅资料，小组合作完成所遇到的学习问题	5		
	各种自制的走访调研表，格式不定	5		
	通过互联网资源查阅资料进行归纳总结并进行结果展示	5		
	确认上课所需的学习资料是否齐全到位	5		
实施程序（50%）	正确了解智能网联汽车关键技术并进行记录	10		
	正确了解智能网联环境感知技术的相关知识并进行记录	10		
	正确了解智能网联汽车“三横三纵”的含义并进行相关记录	10		
	参观实训室的智能网联汽车或借助网上资料对智能网联汽车的关键技术进行学习并记录	10		
	利用互联网查询智能网联汽车的技术逻辑并完成智能网联汽车相关场景的收集	10		
完工清理（20%）	收集和储存可以再利用的原材料、余料	5		
	遵循维护工作程序清洁垃圾、清洁和整理工作区域	5		
	对学习环境和工作页面进行清洁	5		
	按照工作程序，填写完成作业单	5		
考核评语	考核人员： 日 期： 年 月 日	考核成绩		

项目二

智能网联汽车感知系统

项目描述

未来智能网联汽车能够在道路上进行有序安全行驶，特别是无人驾驶汽车，智能网联汽车或者无人驾驶汽车是依靠什么技术进行环境感知呢？如何进行道路、行人、交通标志、交通信号灯的识别呢？通过本项目学习，可以得到答案。本项目的主要内容是智能网联汽车感知系统，包含以下 3 个任务：

任务一　环境感知的定义及组成

任务二　环境感知传感器的认知

任务三　道路、车辆、行人、交通标志及信号识别

通过 3 个任务的学习，掌握智能网联汽车感知系统的定义与组成，全面了解环境感知传感器的组成、作用及工作原理，通过对道路识别技术的学习，能够全面了解道路识别技术在智能网联汽车感知系统中的作用。

项目二知识拓展

任务一 环境感知系统的定义及组成

任务导入

表 2-1-1　任务导入

<table>
<tr><td colspan="2">任务名称</td><td colspan="4">环境感知系统的定义及组成</td></tr>
<tr><td>姓　名</td><td></td><td>班　级</td><td></td><td>成　绩</td><td></td></tr>
<tr><td>组　别</td><td></td><td>组　长</td><td></td><td>场　地</td><td></td></tr>
<tr><td>日　期</td><td></td><td>学　时</td><td></td><td>指导教师</td><td></td></tr>
<tr><td rowspan="3">任务目标</td><td>知识目标</td><td colspan="4">1. 能通过走访或查阅资料的方法，了解环境感知系统的任务；
2. 能通过对感知系统的资料查询，了解环境感知系统感知方法</td></tr>
<tr><td>能力目标</td><td colspan="4">1. 能总结归纳调研报告，撰写智能网联汽车环境感知系统技术报告；
2. 能总结并归纳调研内容，准确识别智能网联汽车的硬件组成</td></tr>
<tr><td>素质目标</td><td colspan="4">1. 树立安全意识；
2. 培养 8S 现场管理意识</td></tr>
<tr><td>学习准备</td><td colspan="5">手机等调研设备、各种自制的走访调研表，格式不定、互联网资源、展示白板。</td></tr>
<tr><td>任务背景</td><td colspan="5">环境感知就是利用车载超声波传感器、毫米波雷达、激光雷达、视觉传感器，以及 V2X 通信技术等获取道路、车辆位置和障碍物的信息，并将这些信息传输给车载控制中心，为智能网联汽车提供决策依据，如图 2-1-1 所示，是 ADAS 实现的第一步。
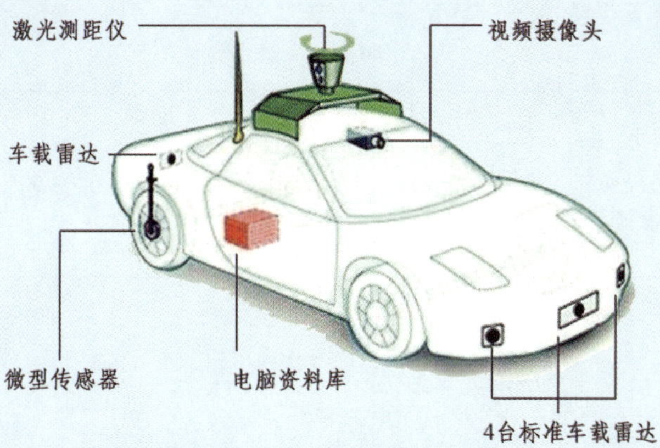

图 2-1-1　环境感知</td></tr>
</table>

知识链接

一、智能网联汽车环境感知系统的功能

图 2-1-2 所示为环境感知系统，查阅资料总结智能网联汽车环境感知的功能有 4 个（见表 2-1-2），可以为智能网联汽车提供决策依据。

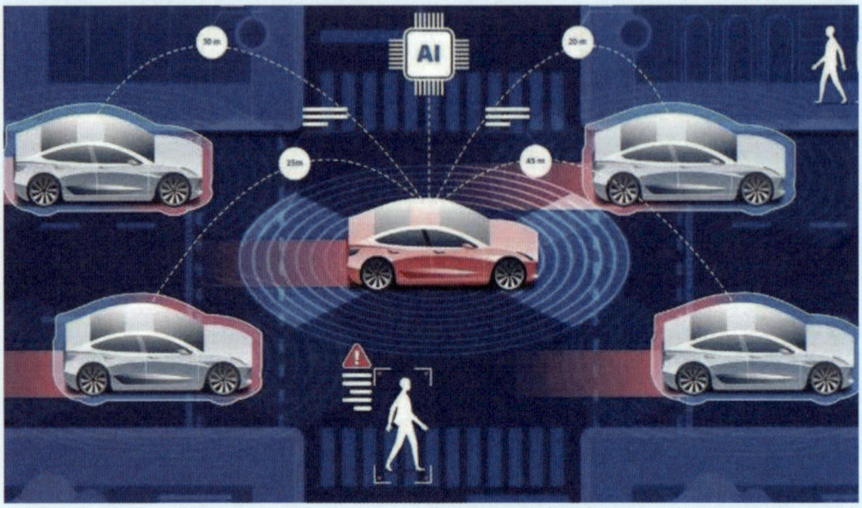

图 2-1-2　环境感知系统

表 2-1-2　环境感知的功能

序　号	功　能	识别 / 检测内容
1	行驶路径识别	
2	周边物体识别	
3	驾驶状态检测	
4	驾驶环境检测	

（1）行驶路径识别。结构化道路的行驶路径识别包括道路交通标线、行车道边缘线、路口导向线、导向车道线、人行横道线、道路出入口标线、道路隔离物识别等；非结构化道路的行驶路径识别主要是可行驶路径的确认。

（2）周边物体识别。周边物体识别主要包括车辆、行人、地面上能影响车辆通过和安全行驶的其他各种移动或者静止物体的识别；各种交通标志的识别；交通信号灯的识别。

（3）驾驶状态检测。驾驶状态检测主要包括驾驶员自身状态、主车自身行驶状态和周边车辆行驶状态的检测。

（4）驾驶环境检测。驾驶环境检测主要包括路面状况、道路交通拥堵情况、天气状况的检测。

智能网联汽车环境感知方法

二、智能网联汽车环境感知方法

智能网联汽车环境感知的方法如图 2-1-3 所示，请对照图 2-1-3，归纳总结环境感知的方法和实现的载体，填入表 2-1-3。

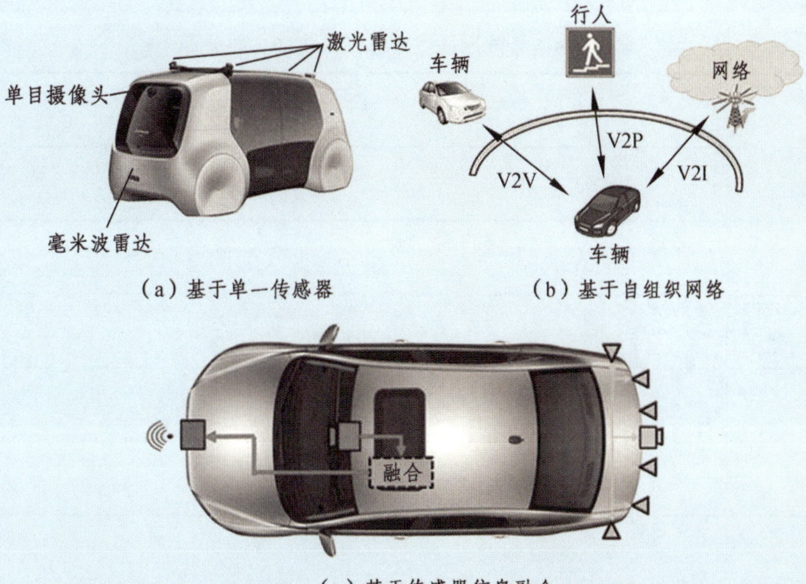

图 2-1-3　智能网联汽车环境感知的方法

表 2-1-3　智能网联汽车环境感知的方法

序　号	感知方法	实现载体
1		
2		
3		

三、智能网联汽车环境感知系统的主要硬件

智能网联汽车环境感知系统的主要硬件如图 2-1-4 所示。

图 2-1-4　智能网联汽车环境感知系统的主要硬件

请根据图 2-1-4，结合查阅资料，总结智能网联汽车环境感知系统的主要硬件，填入表 2-1-4。

表 2-1-4　智能网联汽车感知系统的主要硬件

序　号	名　称
1	
2	
3	
4	
5	
6	

目前智能网联汽车上采用的配置方案往往是多种型号或多种类型传感器的组合，其中最常用的传感器是超声波传感器、毫米波雷达、激光雷达、视觉传感器；最常用的组合是超声波传感器、毫米波雷达和视觉传感器的组合，以及短距离传感器和远距离传感器的组合。

四、智能网联汽车环境感知系统的定义

环境感知就是利用车载激光雷达、毫米波雷达、超声波雷达、视觉传感器以及 V2X 通信技术等获取道路、车辆位置和障碍物的信息，并将这些信息传输给车载控制中心，为智能网联汽车提供决策依据，如图 2-1-5 所示。

环境感知相当于智能网联汽车的“眼睛和耳朵”，它的性能将决定智能网联汽车能否适应复杂多变的交通环境。

通过对环境感知定义的学习，结合图 2-1-5 查阅资料完成智能感知系统在智能网联汽车应用的资料收集，填写表 2-1-5。

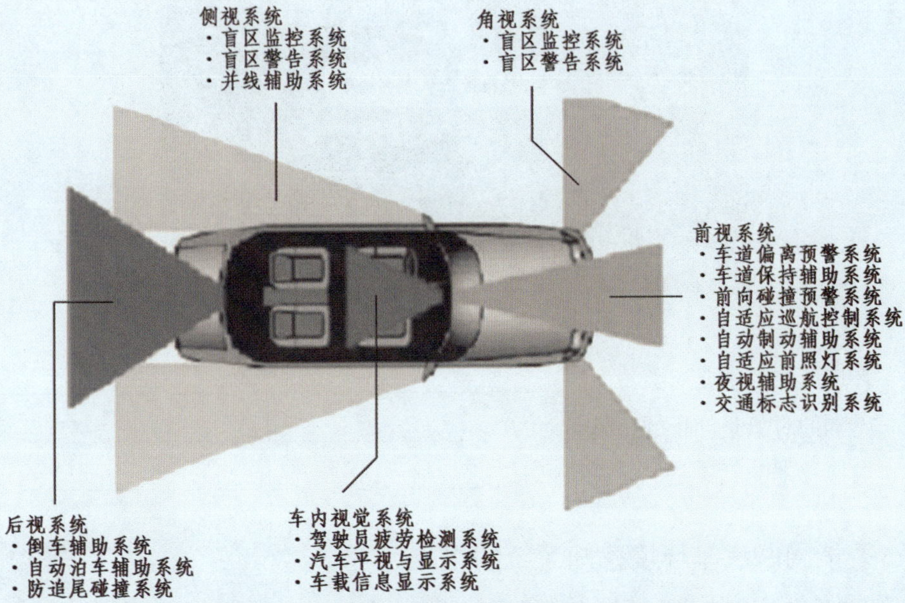

图 2-1-5　环境感知在智能网联汽车的典型应用

表 2-1-5　环境感知在智能网联汽车的典型应用

序　号	智能网联汽车系统	感知系统技术具体应用
1		
2		
3		
4		
5		

想一想：接下来，结合图 2-1-6 思考环境感知的对象有哪些？感知的对象是静止的还是移动的？如何进行感知呢？

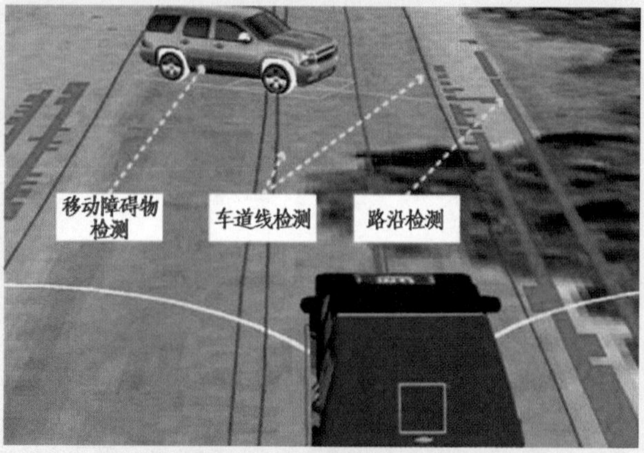

图 2-1-6　环境感知对象

（1）环境感知的主要对象：________________

（2）感知的对象是静止的还是移动的：________________

（3）对于移动的对象是如何进行感知：________________

五、智能网联汽车环境感知系统的组成

智能网联汽车的环境感知系统由信息采集单元、信息处理单元和信息传输单元组成，如图 2-7 所示。

智能网联汽车环境感知系统的组成

请查阅资料，结合图2-1-7完成智能网联汽车环境感知系统各组成单元的填写。

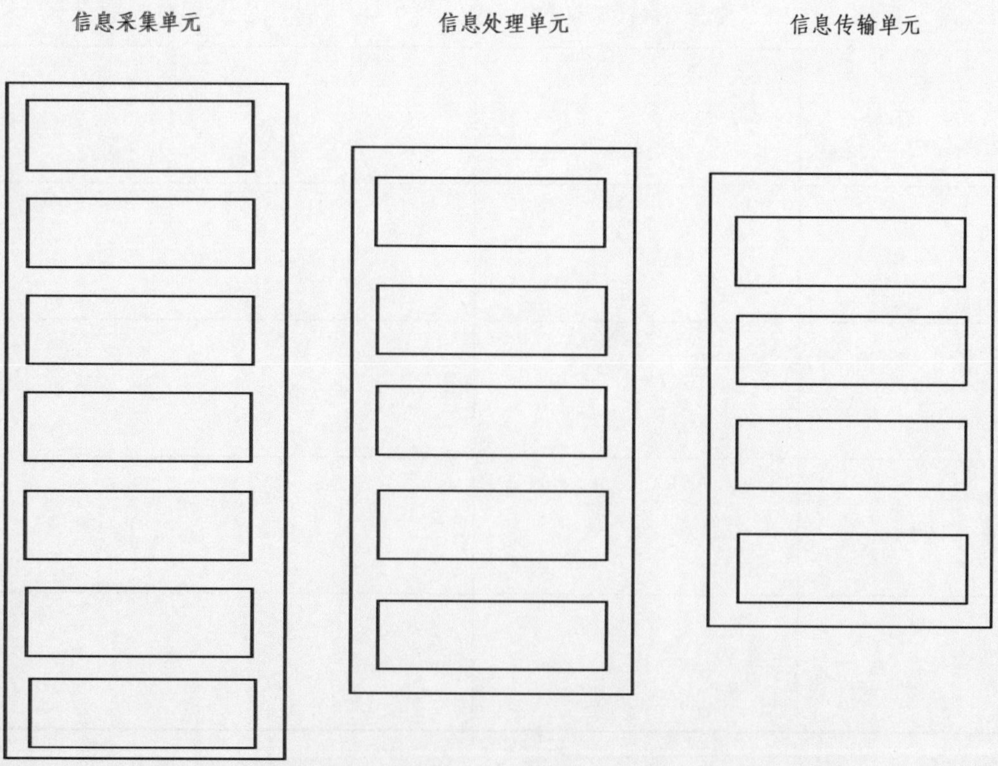

图 2-1-7　智能网联汽车的环境感知系统组成

（1）信息采集单元。对环境的感知和判断是智能网联汽车工作的前提及基础，感知系统获取周围环境和车辆信息的实时性与稳定性，直接关系到后续检测或识别准确性和执行有效性。

（2）信息处理单元。信息处理单元主要是对信息采集单元输送来的信号，通过一定的算法对道路、车辆、行人、交通标志、交通信号灯等进行识别。

（3）信息传输单元。信息处理单元对环境感知信号进行分析后，将信息送入传输单元，传输单元根据具体情况执行不同的操作，如分析信息后确定前方有障碍物，并且本车与障碍物之间的距离小于安全车距，则将这些信息送入控制执行模块，控制执行模块结合本车速度、加速度、角速度、转向角等自动调整智能网联汽车的车速和方向，实现自动避障，在紧急情况下也可以自动刹车；信息传输单元把处理信息通过自组织网络传输给车辆周围的其他车辆，实现车辆与车辆之间的信息共享。

知识强化

环境感知系统的定义及组成

1. 填空题

（1）环境感知就是利用车载______、______、______、______，以及______技术等获取道路、车辆位置和障碍物的信息，并将这些信息传输给车载控制中心，为智能网联汽车提供______，是______实现的第一步。

（2）结构化道路的形式路径识别包括______、______、______、______、______、______、______等；非结构化道路的行驶路径识别主要是______的确认。

（3）周边物体识别主要包括______、______地面上能影响车辆通过和安全行驶的其他各种移动或者静止物体的识别；各种______的识别；______的识别。

（4）驾驶状态检测主要包括______、______和______的检测。

（5）驾驶环境检测主要包括______、______、______的检测。

（6）目前智能网联汽车上采用的配置方案往往是______传感器的组合。

（7）其中最常用的传感器是______、______、______、______。

（8）最常用的组合是______、______和______的组合，以及______的组合。

2. 判断题

（1）环境感知相当于智能网联汽车的“眼睛和耳朵”，它的性能将决定智能网联汽车能否适应复杂多变的交通环境。（　　）

（2）智能网联汽车的环境感知系统由信息采集和信息传输单元组成。（　　）

（3）对环境的感知和判断是智能网联汽车工作的前提及基础。（　　）

（4）信息处理单元主要是对信息采集单元输送来的信号，通过一定的算法对道路、车辆、行人、交通标志、交通信号灯等进行识别。（　　）

（5）信息处理单元对环境感知信号进行分析后，将信息送入传输单元，传输单元根据具体情况执行不同的操作。（　　）

3. 单项选择题

（1）（　　）就是利用车载超声波传感器、毫米波雷达、激光雷达、视觉传感器，以及V2X通信技术等获取道路、车辆位置和障碍物的信息，并将这些信息传输给车载控制中心，为智能网联汽车提供决策依据。

A. 环境感知　　B. 智能决策　　C. 控制执行　　D. 以上都正确

（2）非结构化道路的行驶路径识别主要是（　　）的确认。

A. 道路交通标线　　B. 行车道边缘线　　C. 路口导向线　　D. 行驶路径

（3）（　　）主要是对信息采集单元输送来的信号，通过一定的算法对道路、车辆、行人、交通标志、交通信号灯等进行识别。

A. 信息采集单元　　B. 信息处理单元　　C. 信息传输单元　　D. 信息汇总单元

（4）（　　）对环境的感知和判断是智能网联汽车工作的前提及基础，感知系统获取周围环境和车辆信息的实时性与稳定性，直接关系到后续检测或识别准确性和执行有效性。

A. 信息采集单元　　B. 信息处理单元　　C. 信息传输单元　　D. 信息汇总单元

（5）智能网联汽车环境感知的任务有（　　）个。

A. 一　　B. 二　　C. 三　　D. 四

4. 多项选择题

（1）智能网联汽车的环境感知系统由（　　）组成。

A. 信息采集单元　　B. 信息处理单元　　C. 信息传输单元　　D. 信息汇总单元

（2）信息传输单元包含（　　）。

A. 显示系统　　B. 报警系统　　C. 传感器网络　　D. 车载自组织网络

（3）智能网联汽车后视系统感知系统具体应用的技术有（　　）。

A. 倒车辅助系统　　B. 自动泊车辅助系统　　C. 防追尾碰撞系统　　D. 盲区警告系统

（4）智能网联汽车感知系统的主要硬件包含（　　）。

A. 超声波传感器　　B. 毫米波雷达　　C. 激光雷达　　D. 视觉传感器

（5）智能网联汽车环境感知的方法包含（　　）。

A. 单一传感器　　B. 自组织网络　　C. 传感器信息融合　　D. 视觉传感器

实训工单

1. 参观实训室智能网联汽车整车、台架、模型或挂图，初步认识智能网联汽车的环境感知系统，尤其是视觉传感器和雷达。

记录：________________________________

2. 利用互联网查询智能网联汽车环境感知的定义、组成及其他相关资讯，尤其是视觉传感器和雷达的类型、组成和原理。

打开电脑或移动终端的浏览器、APP，利用“百度”等搜索引擎，分别搜索“环境感知”+“定义、组成、类型”“视觉传感器”“雷达”等关键词，查询、学习相关资讯，总结视觉传感器和雷达的应用。

（1）环境感知系统的定义、组成、类型和配置：________________________________

____

（2）视觉传感器有哪些类型？优缺点是什么？

____

（3）雷达有哪些类型？优缺点是什么？

____

3. 分析当前市场上的汽车，查找具有 L3 级或更高级的自动驾驶汽车，分析其应用的环境感知传感器。

根据查询获取的资讯，结合你所学的知识，分析当前市场上的具有 L3 级或更高级的自动驾驶汽车所采用的环境感知传感器，并填写表 2-1-6。

表 2-1-6 当前市场上具有 L3 级或更高级的自动驾驶汽车所采用的环境感知传感器

序 号	品牌车型	自动驾驶级别	环境感知传感器 1	环境感知传感器 2	环境感知传感器 3
1					
2					
3					
4					
5					

任务考评

表 2-1-7　任务考评

考核内容		考核评分		
项　目	内　容	配　分	得　分	批　注
工作准备（30%）	能够正确理解学习过程的内容、范围及工作指令	10		
	能够查阅资料，小组合作完成所遇到的学习问题	5		
	各种自制的走访调研表，格式不定	5		
	通过互联网资源查阅资料进行归纳总结并进行结果展示	5		
	确认上课所需的学习资料是否齐全到位	5		
实施程序（50%）	正确了解智能网联汽车环境感知技术的定义及功能并进行记录	10		
	正确了解智能网联汽车环境感知的组成进行正确区分并进行记录	10		
	正确了解智能网联汽车环境感知传感器的任务并进行相关记录	10		
	参观实训室的智能网联汽车或借助网上资料对智能网联汽车环境感知技术进行学习进行记录	10		
	利用互联网查询智能网联汽车环境感知的方法及其他相关资讯，完成智能网联汽车相关场景的收集	10		
完工清理（20%）	收集和储存可以再利用的原材料、余料	5		
	遵循维护工作程序清洁垃圾、清洁和整理工作区域	5		
	对学习环境和工作页面进行清洁	5		
	按照工作程序，填写完成作业单	5		
考核评语	考核人员：　　日　期：　　年　月　日	考核成绩		

任务二 环境感知传感器的认知

任务导入

表 2-2-1 任务导入

<table>
<tr><td colspan="2">任务名称</td><td colspan="4">环境感知传感器的认知</td></tr>
<tr><td>姓　名</td><td></td><td>班　级</td><td></td><td>成　绩</td><td></td></tr>
<tr><td>组　别</td><td></td><td>组　长</td><td></td><td>场　地</td><td></td></tr>
<tr><td>日　期</td><td></td><td>学　时</td><td></td><td>指导教师</td><td></td></tr>
<tr><td rowspan="3">任务目标</td><td>知识目标</td><td colspan="4">1. 能通过走访或查阅资料的方法，了解环境感知传感器的类型；
2. 能通过对感知系统的资料查询，了解环境感知传感器的特点</td></tr>
<tr><td>能力目标</td><td colspan="4">1. 能总结并归纳调研报告，准确掌握智能网联汽车环境传感器的工作原理；
2. 能总结并归纳不同类型传感器在智能网联汽车的应用及区别</td></tr>
<tr><td>素质目标</td><td colspan="4">1. 树立安全意识；
2. 培养 8S 现场管理意识</td></tr>
<tr><td>学习准备</td><td colspan="5">手机等调研设备、各种自制的走访调研表，格式不定、互联网资源、展示白板</td></tr>
<tr><td>任务背景</td><td colspan="5">智能网联汽车的系统构成如图 2-2-1 所示，智能网联汽车环境感知传感器主要有超声波传感器、毫米波雷达、激光雷达、视觉传感器等。
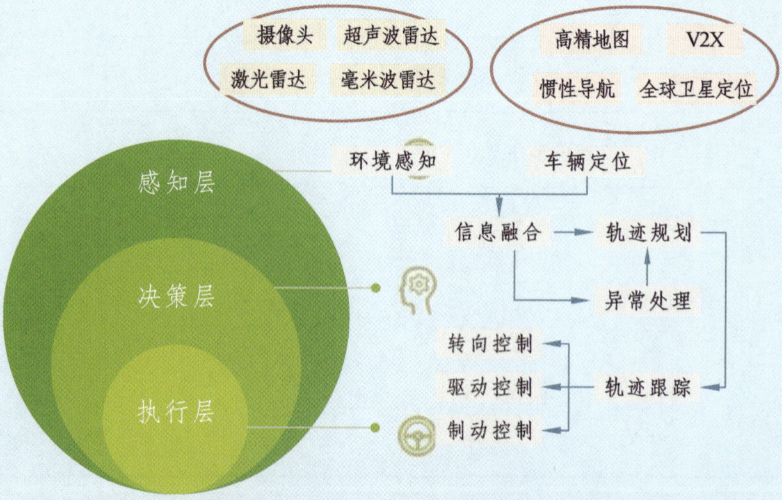

图 2-2-1　智能网联汽车传感器系统组成</td></tr>
</table>

知识链接

一、智能网联汽车传感器的类型

智能网联汽车的传感器的类型如图 2-2-2 所示，请根据图 2-2-2，查阅资料，将关键信息填入表 2-2-2 中。

图 2-2-2　环境感知传感器的类型

表 2-2-2　环境感知传感器的类型

序　号	图　片	名　称
1		
2		
3		
4		

二、智能网联汽车的感知范围

不同传感器的感知范围不同，如图 2-2-3 所示，各种传感器都有各自的优点和局限性。

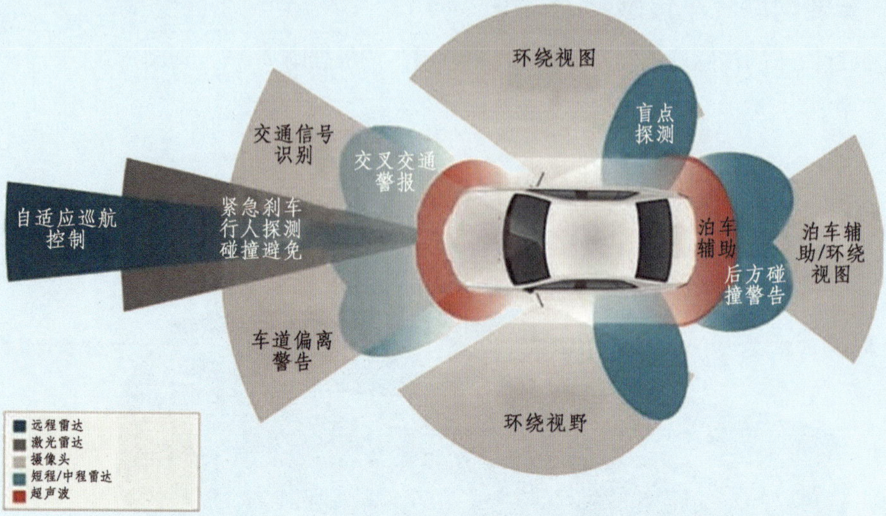

图 2-2-3 环境感知传感器感知范围示意图

想一想：根据图 2-2-3，要提高智能驾驶系统的可靠性和安全性，传感器的发展趋势是什么？

____

三、环境感知传感器的配置

环境感知传感器主要有超声波传感器、毫米波雷达、激光雷达、单 / 双 / 三目摄像头、环视摄像头等，它们在智能网联汽车上的配置与自动驾驶级别有关，自动驾驶级别越高，配置的传感器就越多。

在选择环境感知传感器时，一般需要综合考虑多方面的属性，结合这些属性参数和不同等级的自动驾驶的功能实现需求，从多种传感器中综合考虑加以选取。智能网联汽车的配置要求如图 2-2-4 所示。

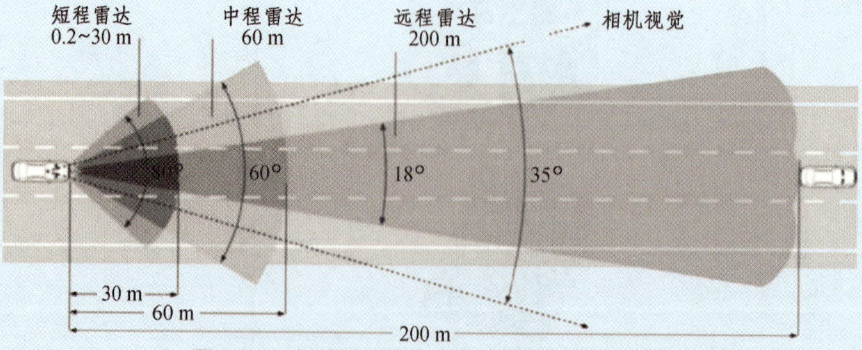

图 2-2-4 智能网联汽车车载传感器的配置要求

请根据以上环境感知传感器的配置及图 2-2-2，总结智能网联汽车的典型传感器的基本配置。

表 2-2-3　智能网联汽车的典型传感器的配置

<table>
<tr><th>传感器</th><th>数　量</th><th>最小感知范围</th><th>备　注</th></tr>
<tr><td></td><td></td><td></td><td rowspan="4">1. 前、侧向毫米波雷达信息处理策略有差异，不能互换。
2. 毫米波雷达和激光雷达互为冗余。
3. 不同供应商的传感器探测范围有差异，表中数据仅供参考</td></tr>
<tr><td></td><td></td><td></td></tr>
<tr><td></td><td></td><td></td></tr>
<tr><td></td><td></td><td></td></tr>
</table>

四、环境感知传感器的融合

传感器的融合就是将多个传感器获取的数据、信息集中在一起综合分析，以便更加准确、可靠地描述外界环境，从而提高系统决策的正确性。

多传感器融合的基本原理类似于人类大脑对环境信息的综合处理过程。

请查阅资料，在图中 2-2-5 填写多传感器融合的基本原理。

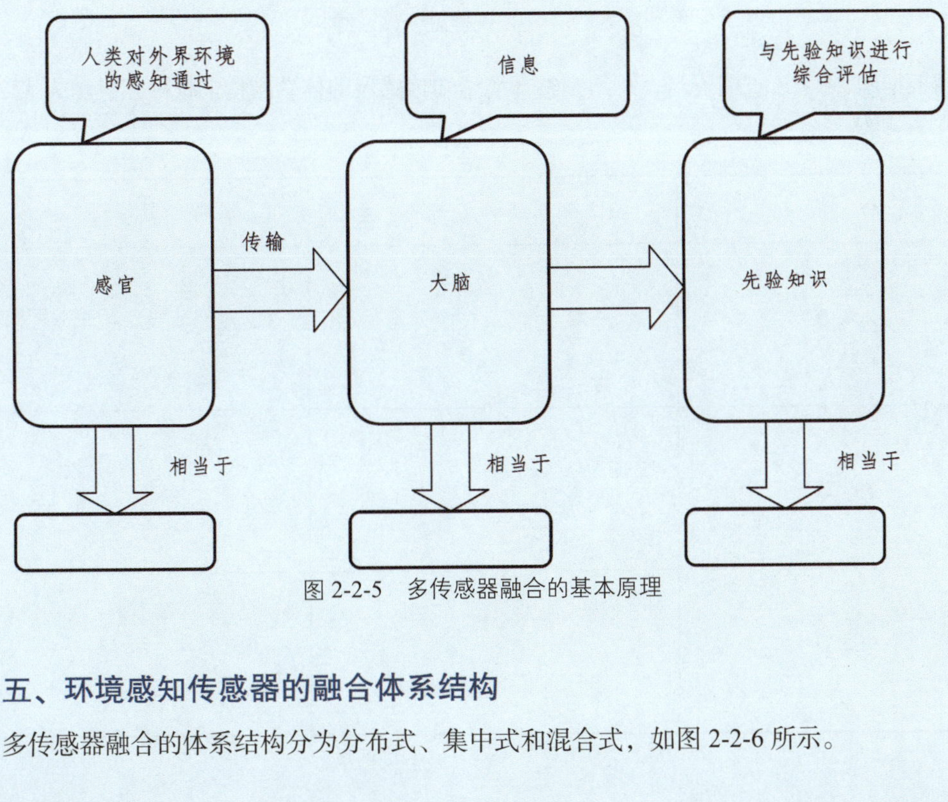

图 2-2-5　多传感器融合的基本原理

五、环境感知传感器的融合体系结构

多传感器融合的体系结构分为分布式、集中式和混合式，如图 2-2-6 所示。

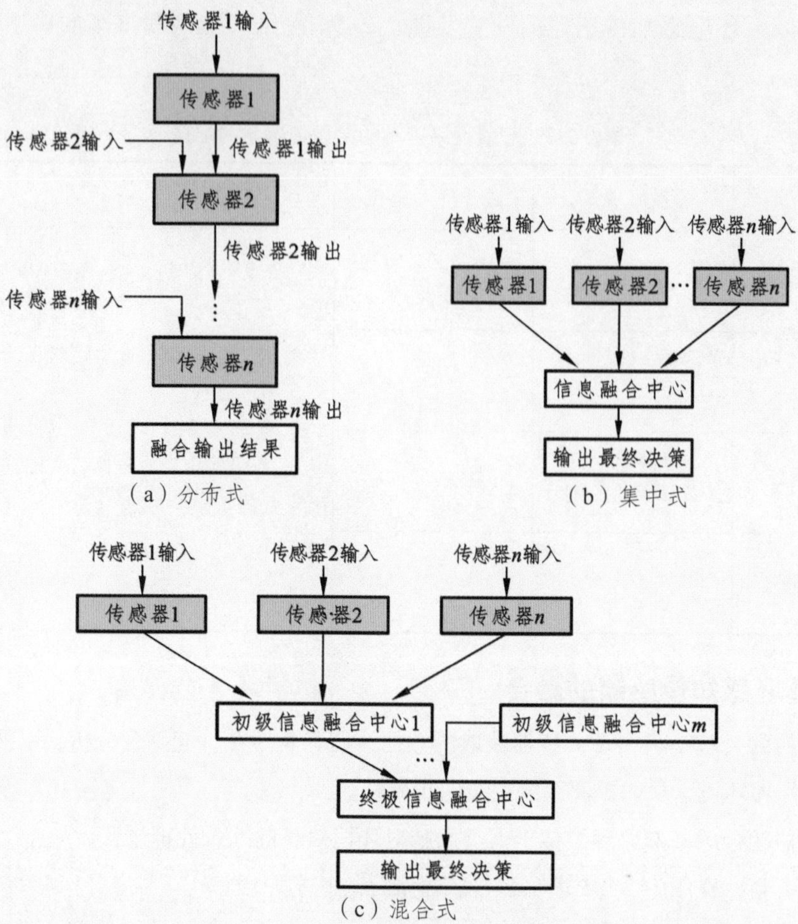

图 2-2-6　多传感器融合体系结构

请根据图 2-2-6，查阅资料，总结归纳环境感知传感器的体系结构的优缺点，填入表 2-2-4。

表 2-2-4　环境感知传感器的体系结构的优缺点

体　系	优　点	缺　点
分布式		
集中式		
混合式		

六、环境感知传感器

1. 超声波传感器

（1）超声波的定义。

声音以波的形式传播称为声波。根据声波频率的不同，声波分为超声波、次声波和可闻声波。查阅资料，将 3 种声波的频率范围填入表 2-2-5。

表 2-2-5　声波的频率

声　波	频　率
超声波	
次声波	
可闻声波	

超声波传感器也称为超声波雷达，它是利用超声波特性研制而成的传感器，是在超声波频率范围内将交变的电信号转换成声信号或者将外界声场中的声信号转换为电信号的能量转换器件（见图 2-2-7）。

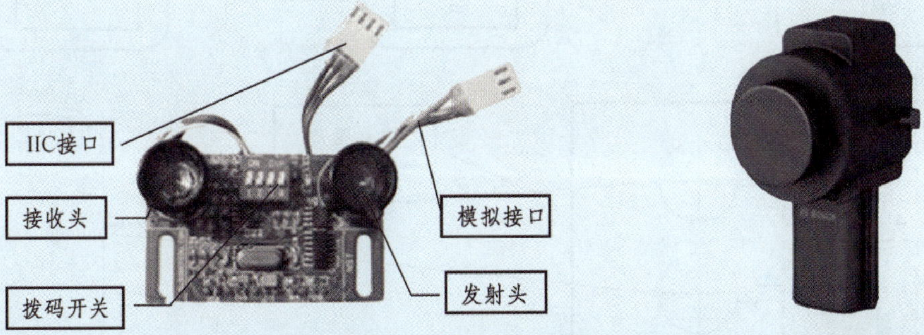

图 2-2-7　超声波传感器

超声波传感器的工作原理

根据图 2-2-7，查阅资料，总结超声波传感器的工作原理。

超声波传感器的工作原理：

______

______

______

（2）超声波传感器的特点。

请查阅资料，总结超声波传感器的特点，填入表 2-2-6。

表 2-2-6　超声波传感器的特点

序　号	特　点
1	
2	
3	
4	

（3）超声波传感器的测距原理。

超声波传感器的测距原理如图 2-2-8 所示。

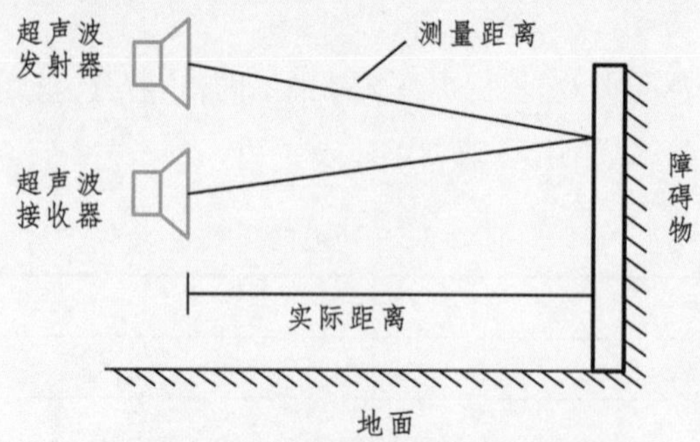

图 2-2-8　超声波传感器的测距原理

请根据图 2-2-8，查阅资料，在图 2-2-9 中写出超声波传感器的测距原理。

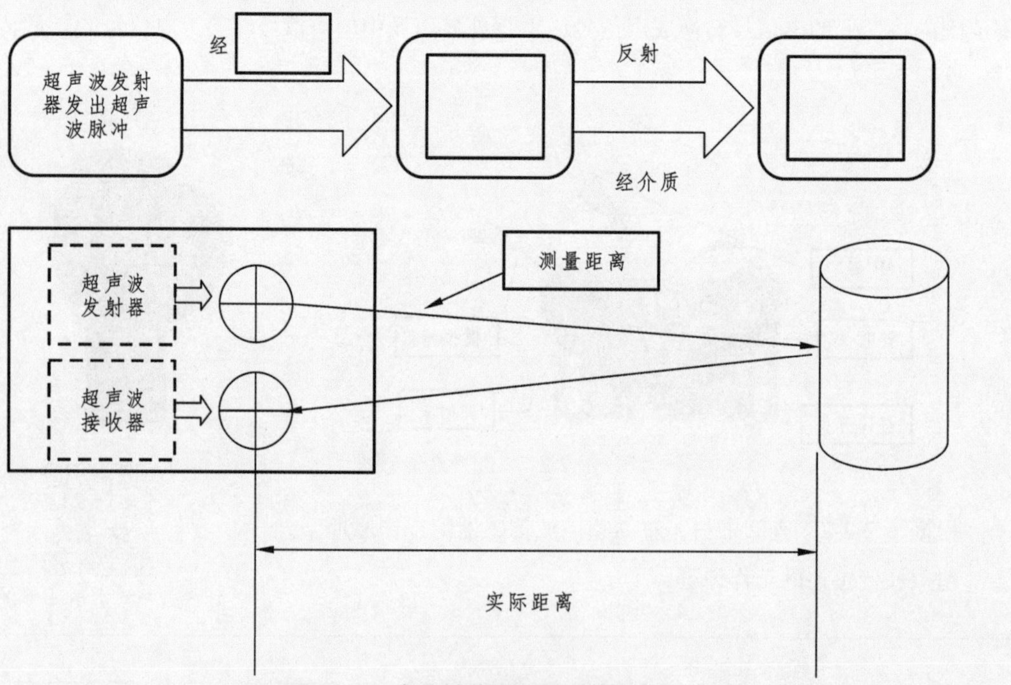

图 2-2-9　超声波传感器的测距原理

根据图 2-2-9 超声波传感器的测量原理，我们可以根据公式：距离 = 速度 × 时间（$L=vt$），计算测量距离（超声波的介质是空气，空气的传播速度 v 约等于 340 m/s）。请写超声波侧测量距离的计算公式：

（4）超声波传感器的类型。

智能网联汽车常见的超声波传感器有两种：一种是安装在汽车前后保险杠的，称为 PDC 传感器；一种是安装汽车侧面的，称为 APA 传感器。超声波传感器如图 2-2-10 所示。

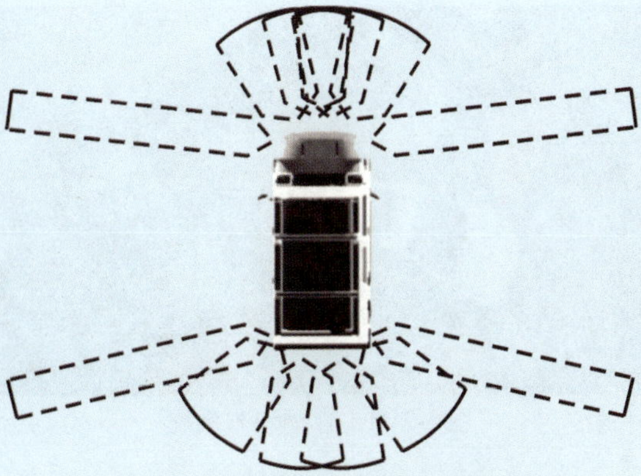

图 2-2-10　超声波传感器的类型

请查阅资料，根据图 2-2-10，写出超声波传感器的匹配值情况，填入表 2-2-7，并总结归纳超声波传感器的类型，填入表 2-2-8。

表 2-2-7　超声波传感器的配置情况

位　置	数　量
前　后	
左　右	

表 2-2-8　超声波传感器的类型

类　型	安装位置	作　用	探测距离

（5）超声波传感器的主要参数。

超声波传感器主要有以下的特性参数和性能，请查阅资料，填入表 2-2-9。

表 2-2-9　超声波传感器的主要性能参数

参数名称	参数值
测量范围	
测量精度	
波速角	
工作频率	
抗干扰性能	

（6）超声波传感器的应用。

超声波传感在智能网联汽车上广泛应用，最常见的就是自动泊车辅助系统，如图 2-2-11 所示。

图 2-2-11　自动泊车系统

2. 毫米波雷达

（1）毫米波雷达的定义。

毫米波雷达是工作在毫米波频段的雷达，如图 2-2-12 所示。毫米波雷达是 ADAS 的核心传感器。

图 2-2-12　毫米波雷达

毫米波波长位于微波与远红外波相交叠的波长范围中，所以毫米波兼有这两种波谱的特点，同时也有自己独特的性质。根据波的传播理论，频率越高，波长越短，分辨率越高，穿透能力越强，传输距离远，但在大气中传播衰减严重。与微波相比，毫米波的分辨率高、指向性好、抗干扰能力强和探测性能好。与红外波相比，毫米波的大气衰减小、对烟雾和灰尘具有更好的穿透性、受天气影响小。

请查阅资料，根据图 2-2-12，将毫米波雷达的相关信息填入表 2-2-10。

表 2-2-10　毫米波雷达

波　长	
频　率	
作　用	
与微波相比具有的优点	

（2）毫米波雷达的特点。

毫米波雷达具有探测距离远、响应速度快、适应能力强等的特点。毫米波雷达的缺点是覆盖区域呈扇形，有盲点区域；无法识别道路标线、交通标志和交通信号灯。查阅资料，将毫米波雷达的特点和具体表现填入表 2-2-11。

毫米波雷达的特点、类型、工作原理

表 2-2-11　毫米波雷达的特点

特　点	具体表现

（3）毫米波雷达的类型。

毫米波雷达可以按照工作原理、探测距离和频段进行分类。请查阅资料，结合分类依据，将毫米波雷达的分类信息填写入表 2-2-12。

表 2-2-12　毫米波雷达的分类

按照工作原理分类	
按照探测距离分类	
按照频段分类	

（4）毫米波雷达的测量原理。

毫米波雷达根据测量原理不同，一般分为脉冲式毫米波雷达和调频式连续毫米波雷达。

① 脉冲式毫米波雷达。脉冲式毫米波雷达测量原理简单，但由于受技术、元器件等方面的影响，实际应用中很难实现。

想一想：结合脉冲式毫米波雷达的特点，你觉得在汽车行业的应用是否广泛？为什么？

____

____

____

② 调频式连续毫米波雷达。调频式连续毫米波雷达是利用多普勒效应测量得出目标的距离和速度，它通过发射源向给定目标发射毫米波信号，并分析发射信号频率和发射信号频率之间的差值，精确测量出目标相对于雷达的运动速度等信息，如图 2-2-13 所示。

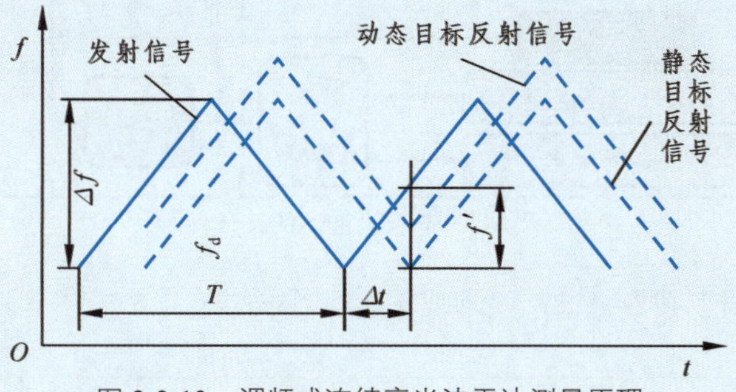

图 2-2-13　调频式连续毫米波雷达测量原理

毫米波雷达测量距离和速度分别为：

$$s=\frac{c\Delta t}{2}=\frac{cTf'}{4\Delta f}$$

$$u=\frac{cf_{\mathrm{d}}}{2f_0}$$

请根据以上信息，总结调频式连续毫米波雷达的工作原理：

____

____

____

根据毫米波雷达测量的距离和速度公式，整理其符合含义，填入表 2-2-13。

表 2-2-13　毫米波雷达测量的距离和速度公式符合含义

s	
c	
Δt	
T	
f'	
Δf	
f_{d}	
f_0	
u	

（5）毫米波雷达的工作过程。

毫米波雷达的工作过程如图 2-2-14 所示。

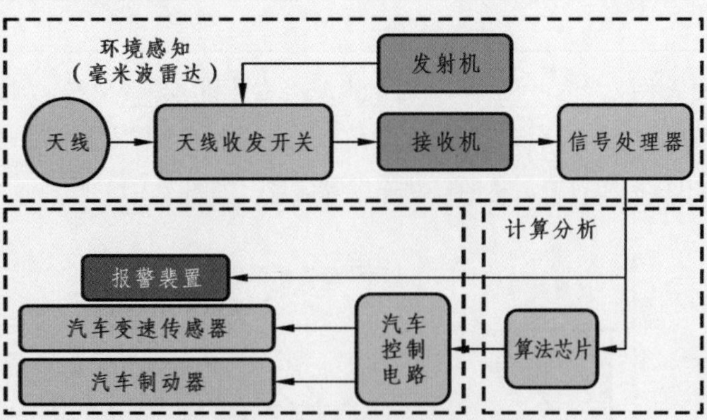

图 2-2-14　毫米波雷达的工作过程

请查阅资料，结合图 2-2-14 总结毫米波雷达的工作过程。

____

____

____

（6）毫米波雷达的布置。

毫米波雷达在智能网联汽车的布置如图 2-2-15 所示。它分为正向毫米波雷达布置、侧向毫米波雷达布置和毫米波雷达的高度布置。

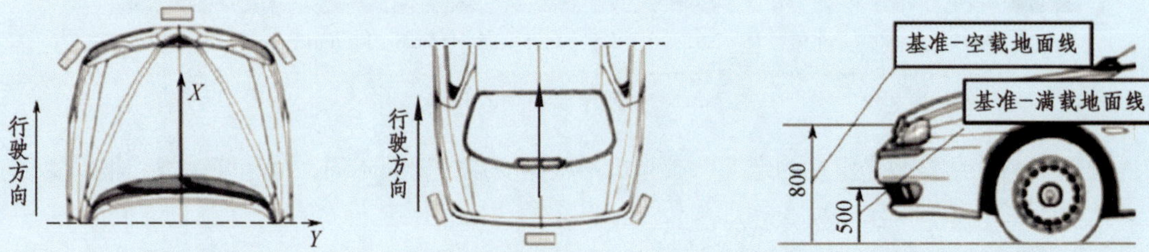

（a）车头　（b）车尾　（c）高度范围

图 2-2-15　毫米波雷达在智能网联汽车上的布置

请查阅资料，结合图 2-2-15 所示，将毫米波雷达在智能网联汽车上的布置位置，填入表 2-2-14。

表 2-2-14　毫米波雷达在智能网联汽车上的布置位置

类　型	位　置	偏　差

（7）毫米波雷达在智能网联汽车上的应用。

毫米波雷达在智能网联汽车的应用主要有自适应巡航控制系统、前向碰撞预警系统、自动制动辅助系统、盲区监测系统、自动泊车辅助系统、变道辅助系统等先进驾驶辅助系统（ADAS）。

查阅资料，将以上系统简介填入表 2-2-15。

表 2-2-15　毫米波雷达的应用

系统名称	系统简介

3. 激光雷达

（1）激光雷达的定义。

激光雷达是工作在光波频段的雷达，它利用光波频段的电磁波先向目标发射探测信号，然后将其接收到的同波信号与发射信号相比较，从而获得目标的位置（距离、方位和高度）、运动状态（速度、姿态）等信息，实现对目标的探测、跟踪和识别。激光波雷达的频率如图 2-2-16 所示。

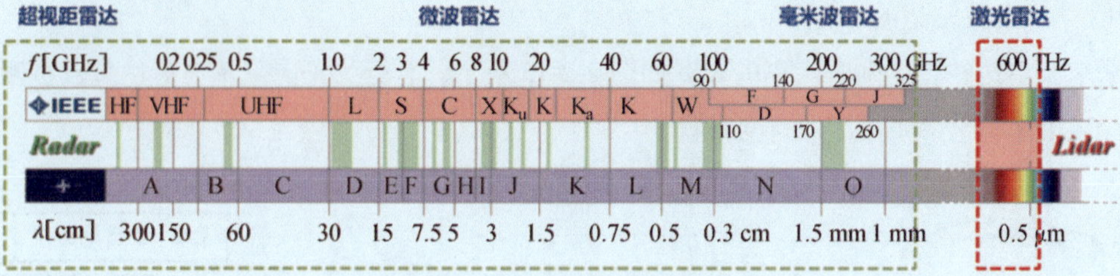

图 2-2-16　激光波雷达的频率

查阅资料，结合激光雷达的定义，激光雷达根据安装位置的不同，分为两大类。根据安装位置不同，将出激光雷达的分类填入表 2-2-16。

表 2-2-16　激光雷达的分类

安装位置	线　束	适用线束级别

（2）激光雷达的特点。

激光雷达具有分辨率高、探测范围广、信息量丰富、可全天候工作等特点，请结合资料填写表 2-2-17。

表 2-2-17　激光雷达的特点

特　点		具体表现
优　点		
缺　点		

（3）激光雷达系统的组成。

激光雷达系统由收发天线、收发前端、信号处理模块、汽车控制装置和报警模块组成。

① 请查阅资料，完成激光雷达系统的组成图 2-2-17 的填写。

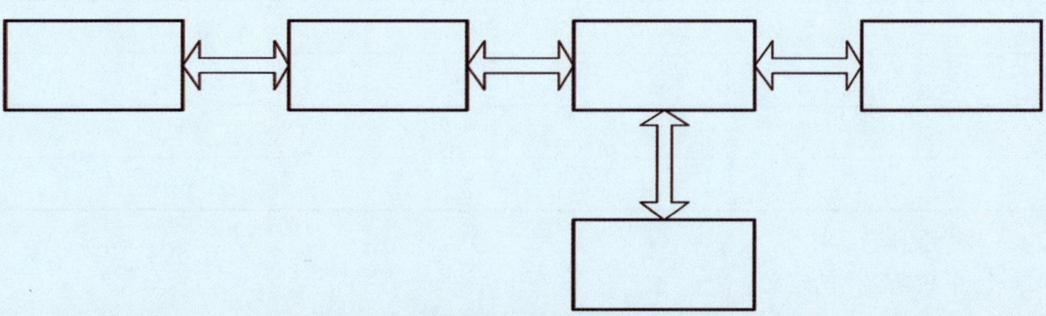

图 2-2-17　智能网联汽车激光波雷达系统的组成

② 请查阅资料，将激光雷达系统组成的功用填入表 2-2-18。

表 2-2-18　激光雷达系统组成功能

组　成	功　用

（4）激光雷达系统的测距原理。

激光雷达的测距原理是通过测算激光发射信号与激光回波信号的往返时间，从而计算出目标的距离。

根据所发射激光信号的不同形式，激光测距的方法有脉冲测距法、干涉测距法和相位测距法等。

① 脉冲测距法。用脉冲法测量距离时，首先激光器发出一个光脉冲，同时设定的计数器开始计时，当接收系统收到经过障碍物反射回来的光脉冲时停止计数，计数器所记录的时间就是光脉冲从发射到接收所用的时间，如图 2-2-18 所示。

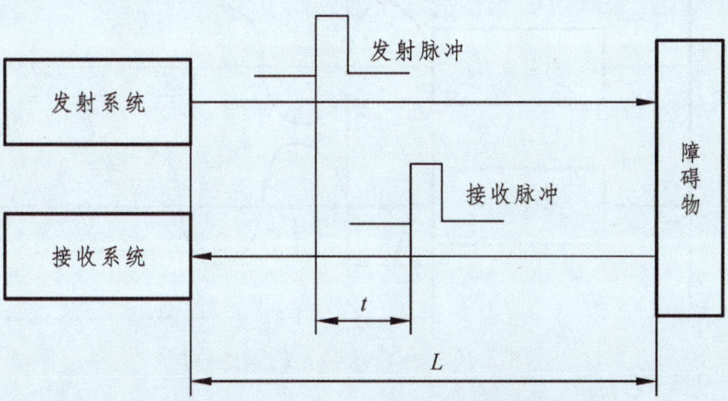

图 2-2-18　脉冲法激光的测距原理

请查阅资料，小组讨论，写出如何计算激光雷达的测量距离。

② 干涉测距法。干涉测距法的工作原理如图 2-2-19 所示。

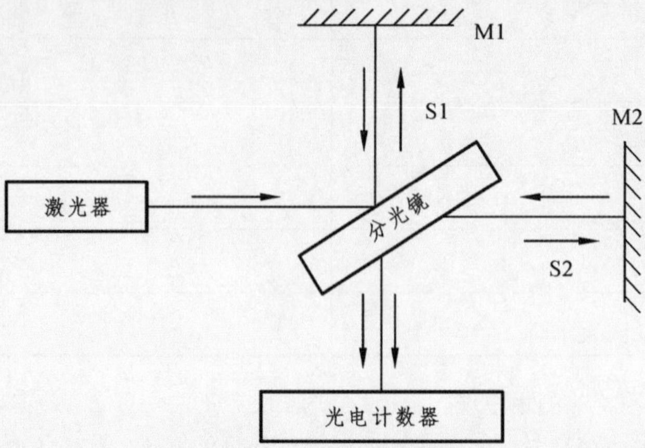

图 2-2-19　干涉激光的测距原理

请查阅资料，小组讨论，总结归纳干涉测距的原理。

③ 相位测距法。相位测距法的原理如图 2-2-20 所示。

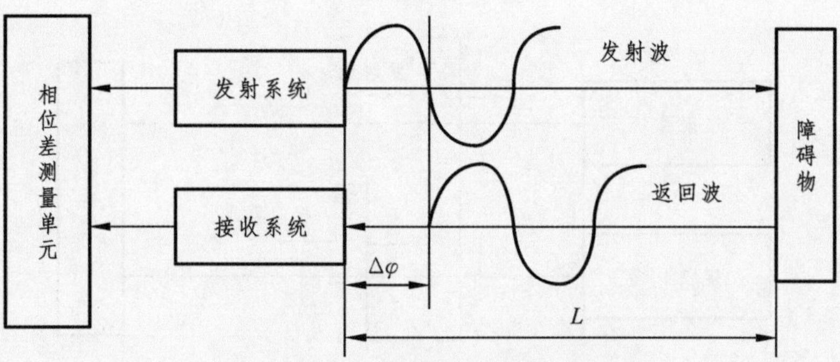

图 2-2-20　相位法激光的测距原理

请查阅资料，小组讨论，总结归纳相位测距的原理。

激光从发射到接收的时间为

$$t = \frac{\Delta\varphi}{\omega} = \frac{\Delta\varphi}{2\pi f} \tag{2-2-1}$$

待测距离为：

$$L = \frac{1}{2}ct = \frac{c\Delta\varphi}{4\pi f} \tag{2-2-2}$$

请查阅资料，将公式（2-2-1）的字母含义填入表 2-2-19。

表 2-2-19　式（2-2-1）的字母含义

字　母	含　义
t	
$\Delta\varphi$	
ω	
f	

（5）激光雷达的类型。

激光雷达的类型可以按照有无机械旋转部件和线束的多少进行分类。

请查阅资料，将激光雷达类型填入表 2-2-20。

表 2-2-20　激光雷达的类型

类　型	图　片	名　称	安装位置及特点
有无机械旋转部件			

激光线束			
	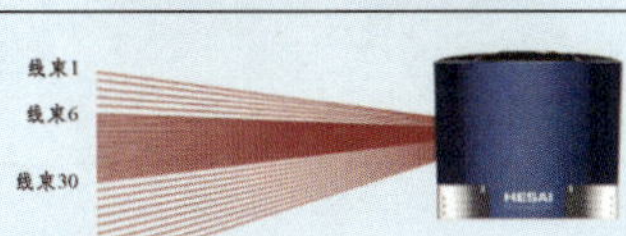		

（6）激光雷达的主要指标。

查阅资料，将激光雷达主要指标填入表 2-2-21。

表 2-2-21　激光雷达的主要指标

主要指标	含义及内容

（7）激光雷达的应用。

因激光雷达线束数量的影响，激光雷达要实现的功能是不一样的，因此少线束激光雷达和多线束激光雷达的用途不一样。

通过毫米波雷达的学习后，请根据你查询的资料，完成激光雷达应用场景的举例说明。

4. 视觉传感器

（1）视觉传感器的定义。

视觉传感器的组成如图 2-2-21 所示。

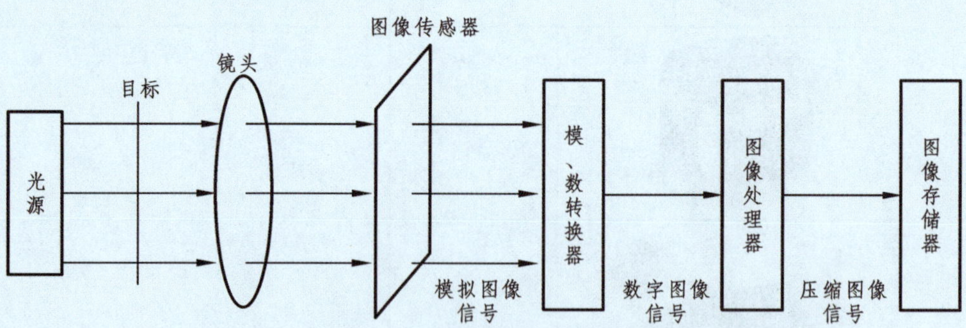

图 2-2-21　视觉传感器的组成

请查阅资料，结合图 2-2-21 总结归纳视觉传感器的组成及功能，填入表 2-2-22。

表 2-2-22　视觉传感器的组成及功能

组　成	
功　能	

智能图像采集与处理单元，把光源、摄像机、图像处理器、标准控制与通信接口等集合成

一体的视觉传感器，如图 2-2-22 所示，内部程序存储器可存储图像处理算法，并能利用计算机上安装的专用组态软件编制各种算法并下载到视觉传感器的程序存储器中，视觉传感器将计算机的灵活性、PLC 的可靠性、分布式网路技术结合在一起，用这样的视觉传感器和 PLC 可以更容易地构成机器视觉系统。

图 2-2-22　智能图像采集与处理单元

（2）视觉传感器的特点。

查阅资料，总结视觉传感器的特点。

（3）觉传感器的类型。

视觉传感器在智能网联汽车上的应用是以摄像头的方式出现，主要用于车道偏离预警系统、车道保持辅助系统、盲区监测系统、自动制动辅助系统中障碍物检测和道路检测，以及交通标志识别、交通信号灯识别。

请根据表 2-2-23 中图片，查阅资料，写出视觉传感器的类型。

表 2-2-23　视觉传感器的类型

图　片	类　型

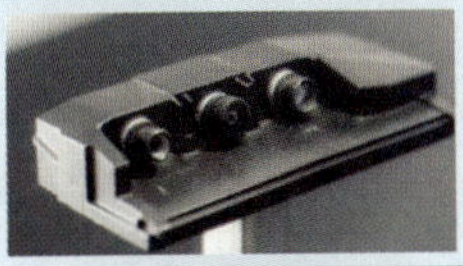	

（4）视觉传感器的要求。

视觉传感器在工艺上的首要特征是快速，特别是在高速行驶时，系统必须能够记录关键驾驶状况，评估这种状况并实时启动相应措施。

要实现车载摄像头在复杂环境及路况下都能保证采集到可靠、稳定的数据。视觉传感器需要满一定的要求，查阅资料，填入表 2-2-24。

表 2-2-24　视觉传感器的要求

视觉要求	具体表现

（5）视觉传感器的主要指标。

小组讨论，写出视觉传感器的主要指标。

（6）视觉传感器的功能。

视觉传感器的功能有哪些呢？请查一查。

（7）基于视觉传感器的环境感知流程。

基于视觉传感器的环境感知流程，一般包括图像采集、图像预处理、图像特征提取、图像模式识别、结果传输等，根据具体识别对象采用的识别方法不同，环境感知流程也会略有差异。

请根据以上信息，完成以图 2-2-23 基于视觉传感器的环境感知流程的填写。

图 2-2-23　基于视觉传感器的环境感知流程

（8）视觉传感器的应用。

视觉传感器在智能网联汽车上有哪些应用呢？

知识强化

环境感知传感器的认知学习页

1. 填空题

（1）智能网联汽车的传感器的类型主要有________、________、________、________。

（2）目前智能网联汽车上采用的配置方案往往是________________传感器的组合，以提高智能驾驶系统的可靠性和安全性。

（3）环境感知传感器主要有________、________、________、________、________环视摄像头等，它们在智能网联汽车上的配置与自动驾驶级别有关，自动驾驶级别越________，配置的传感器就越多。

（4）________就是将多个传感器获取的数据、信息集中在一起综合分析，以便更加准确、可靠地描述外界环境，从而提高系统的决策的________。

（5）多传感器融合的基本原理类似于人类大脑对________________。

（6）多传感器融合的体系结构分为________、________和________。

（7）________________也称为超声波雷达，它是利用________研制而成的传感器，是在超声波频率范围内将交变的________转换成________或者将外界声场中的声信号转换为电信号的能量转换器件。

（8）智能网联汽车常见的超声波传感器有________种。一种是安装在汽车前后保险杠的，称为________传感器；一种是安装汽车侧面的，称为________传感器。

2. 判断题

（1）声音以波的形式传播称为声波，是人不能听见的。（　　）

（2）超声波传感器有效探测距离一般在 5 ～ 10 m 之间，但会有一个最小探测盲区，一般在几十毫米。（　　）

（3）毫米波雷达具有结构简单，体积小，成本低，信息处理简单可靠，易于小型化与集成化，并且可以进行实时控制。（　　）

（4）毫米波雷达是工作在毫米波频段的雷达，是 ADAS 的核心传感器。（　　）

（5）毫米波雷达按照工作原理分为脉冲式毫米波雷达和调频式连续毫米波雷达。（　　）

3. 单项选择题

（1）声波的传播介质是空气，空气的传播速度 v 约等于（　　）m/s。

A.100　　B.200

C. 300　　D.340

（2）超声波传感在智能网联汽车上有广泛的应用，最常见的就是（　　）。

A. 自动泊车辅助系统　　B. 自适应巡航控制系统

C. 自动刹车辅助系统　　D. 区监测系统

(3)(　　)是工作在光波频段的雷达，它利用光波频段的电磁波先向目标发射探测信号，然后将其接收到的回波信号与发射信号相比较，从而获得目标的位置（距离、方位和高度）、运动状态（速度、姿态）等信息，实现对目标的探测、跟踪和识别。

A. 激光雷达　　B. 毫米波雷达

C. 视觉传感器　　D. 超声波传感器

(4) 根据所发射激光信号的不同形式，激光测距的方法有（　　）。

A. 脉冲测距法　　B. 干涉测距法

C. 相位测距法　　D. 脉冲测距法、干涉测距法和相位测距法

(5) 视觉传感器在智能网联汽车上的应用是以（　　）的方式出现，主要用于车道偏离预警系统、车道保持辅助系统、盲区监测系统、自动制动辅助系统中障碍物检测和道路检测，以及交通标志识别、交通信号灯识别。

A. 雷达　　B. 摄像头

C. 视频　　D. GPS

4. 多项选择题

(1) 与微波相比具有的优点（　　）。

A. 毫米波的分辨率高　　B. 指向性好

C. 抗干扰能力强　　D. 探测性能好

(2) 毫米波雷达具有（　　）的特点。

A. 探测距离远　　B. 响应速度快

C. 适应能力强　　D. 抗干扰能力强

(3) 毫米波雷达可以按照（　　）进行分类。

A. 工作原理　　B. 探测距离

C. 频段　　D. 工作方式

(4) 毫米波雷达根据测量原理不同，一般分为（　　）毫米波雷达和（　　）毫米波雷达。

A. 脉冲式　　B. 调频式

C. 短距离　　D. 长距离

(5) 毫米波雷达在智能网联汽车的布置分为（　　）。

A. 正向毫米波雷达布置　　B. 侧向毫米波雷达布置

C. 侧向毫米波雷达布置　　D. 后侧毫米波雷达布置

实训工单

1. 参观实训室智能网联汽车整车、台架、模型和挂图，初步认识智能网联汽车的环境感知系统，尤其是视觉传感器和雷达。

记录：______________________________

____

____

2. 利用互联网查询智能网联汽车环境感知的定义、组成及其他相关资讯，尤其是视觉传感器和雷达的类型、组成和原理。

打开电脑或移动终端的浏览器、APP，利用“百度”等搜索引擎，分别搜索“环境感知”+“定义、组成、类型”“视觉传感器”“雷达”等关键词，查询、学习相关资讯，总结视觉传感器和雷达的应用。

（1）环境感知系统的定义、组成、类型和配置：______________________________

____

____

（2）视觉传感器有哪些类型？优缺点是什么？

____

____

（3）雷达有哪些类型？优缺点是什么？

____

____

3. 分析当前市场上的汽车，查找具有 L3 级或更高级的自动驾驶汽车，分析其应用的环境感知传感器。

根据查询获取的资讯，结合你所学的知识，分析当前市场上的具有 L3 级或更高级的自动驾驶汽车所采用的环境感知传感器，并填入表 2-2-25。

表 2-2-25　当前市场上具有 L3 级或更高级的自动驾驶汽车所采用的环境感知传感器

序　号	品牌车型	自动驾驶级别	环境感知传感器 1	环境感知传感器 2	环境感知传感器 3
1					
2					
3					
4					
5					

任务考评

表 2-2-26　任务考评

考核内容		考核评分		
项　目	内　容	配　分	得　分	批　注
工作准备（30%）	能够正确理解学习过程的内容、范围及工作指令	10		
	能够查阅资料，小组合作完成所遇到的学习问题	5		
	各种自制的走访调研表，格式不定	5		
	通过互联网资源查阅资料进行归纳总结并进行结果展示	5		
	确认上课所需的学习资料是否齐全到位	5		
实施程序（50%）	正确了解环境感知传感器并进行记录	10		
	正确了解环境感知传感器的定义、原理及特点，进行正确区分并进行记录	10		
	正确了解智能网联汽车环境感知传感器在智能网联汽车上的应用	10		
	参观实训室的智能网联汽车或借助网上资料对环境感知不同的传感器进行记录	10		
	利用互联网查询环境感知传感器及其他相关资讯，完成智能网联汽车环境感知传感器的相关场景的收集	10		
完工清理（20%）	收集和储存可以再利用的原材料、余料	5		
	遵循维护工作程序清洁垃圾、清洁和整理工作区域	5		
	对学习环境和工作页面进行清洁	5		
	按照工作程序，填写完成作业单	5		
考核评语	考核人员：　　　　日　期：　　　　年　月　日	考核成绩		

任务三 道路、车辆、行人、交通标志及信号识别

任务导入

表 2-3-1 任务导入

任务名称		道路、车辆、行人、交通标志及信号识别			
姓　名		班　级		成　绩	
组　别		组　长		场　地	
日　期		学　时		指导教师	
任务目标	知识目标	1. 能通过走访或查阅资料的方法，了解识别技术的定义与分类； 2. 能通过对道路识别技术的资料进行查询，了解识别的分类			
	能力目标	1. 能总结并归纳调研报告，准确掌握道路图像的特点； 2. 能总结并归纳并准确掌握识别技术的流程与方法			
	素质目标	1. 树立安全意识； 2. 培养 8S 现场管理意识			
学习准备	手机等调研设备、各种自制的走访调研表，格式不定、互联网资源、展示白板				
任务背景	智能网联汽车要完成高级辅助驾驶功能，必不可少要进行识别，从而完成相应的功能。什么是识别技术呢？我们开始进入道路、车辆、行人、交通标志及信号识别的学习				

知识链接

一、道路识别技术

1. 道路识别的定义

真实的道路通过激光雷达转换成汽车认识的道路，供自动驾驶汽车行驶；或通过视觉传感器识别出车道线，提供车辆在当前车道中的位置，帮助智能网联汽车提高行驶的安全性，如图 2-3-1 和图 2-3-2 所示。

图 2-3-1　自动驾驶汽车识别的道路

图 2-3-2　视觉传感器识别的车道线

查阅资料，结合道路识别的定义，总结道路识别的任务。

____

____

____

2. 道路识别的分类

依据道路类型的不同，道路分为结构化道路和非结构化道路。

通过小组讨论，将道路类型及特点填入表 2-3-2。

表 2-3-2　道路类型及特点

道路类型	
典型道路	
主要特点	

根据道路构成的特点，道路识别可以分为结构化道路识别和非结构化道路识别。

通过查阅资料，结合道路类型的特点，将道路识别关键信息填入表 2-3-3。

表 2-3-3　道路识别的区别

类　型	特　点	识别方法

根据传感器的不同，道路识别分为基于视觉传感器的道路识别和基于雷达的道路识别。

请查阅资料，对于以上基于传感器的道路识别进行概念的归纳，并得出目前智能网联汽车的道路识别技术，填入表 2-3-4。

表 2-3-4　基于传感器不同的道路识别

类　型	概　念
结论：目前智能网联汽车的道路识别主要使用哪种识别技术？	

3. 道路图像的特点

复杂的道路环境和复杂的气候变化都会影响道路识别，道路图像具有以下特点。

（1）阴影条件下的道路图像。

道路图像经常会出现阴影，如图 2-3-3 所示。

那如何对阴影条件下的道路图像进行处理呢？请写下你的想法。

图 2-3-3　阴影条件下的道路识别

（2）强弱光照条件下的道路图像。

光照可分为强光照射和弱光照射。

光照会对道路识别的图像有什么影响，请思考后在表 2-3-5 写出您的想法。

表 2-3-5　光照会对道路识别图像的影响

分 类	影 响

（3）雨天条件下的道路图像。

下雨天，道路情况如图 2-3-4 所示。

图 2-3-4　雨天的道路图像

下雨天会对道路识别有什么影响呢，请写下您的看法吧。

（4）弯道处的道路图像。

弯道的道路图像如图 2-3-5 所示，与直线道路图像相比，在建模上会更复杂，但是这并不影响道路图像的检测，在近区域的车道线可以看似为直线模型。

图 2-3-5　弯道的道路图像

4. 道路识别的流程与方法

（1）道路识别的流程。

利用视觉传感器的道路识别的流程如下图 2-3-6 所示，请查阅资料后，完成图 2-3-7 填写。

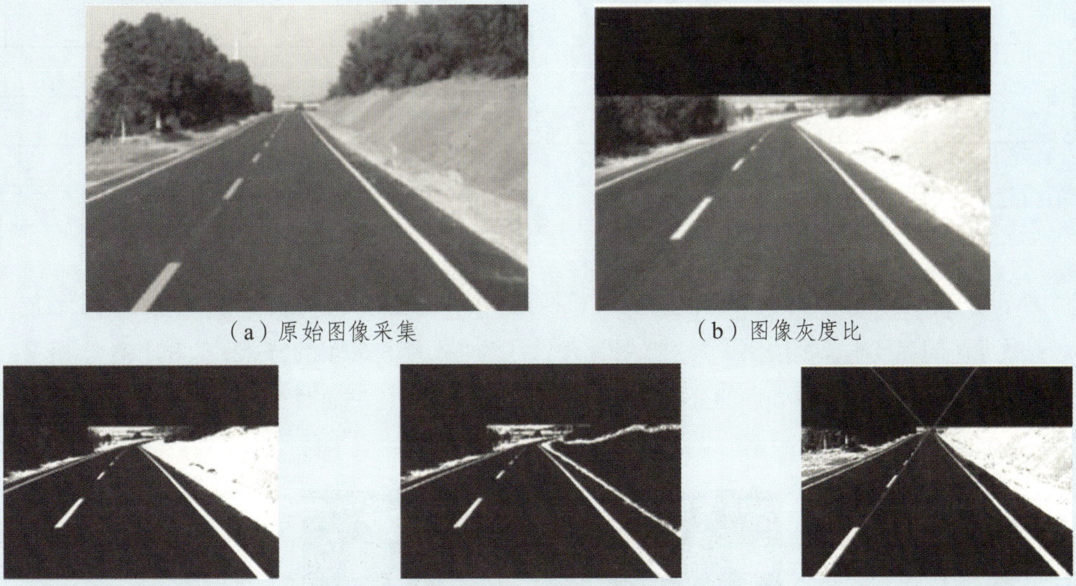

（a）原始图像采集　（b）图像灰度比

（d）图像滤波　（d）图像二值化　（e）车道线提取

图 2-3-6　道路识别技术实例

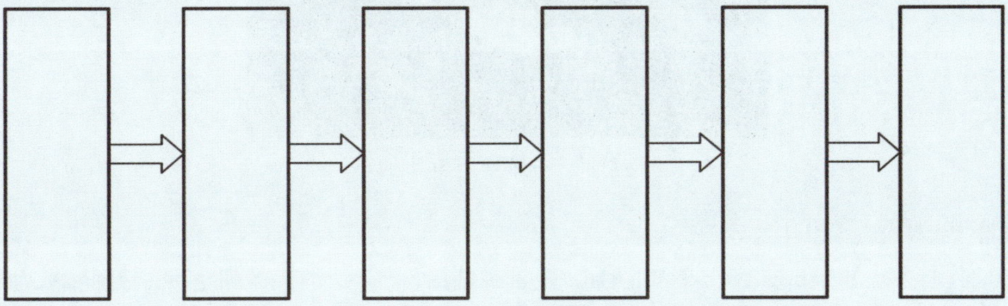

图 2-3-7　道路识别流程

（2）道路识别的方法。

道路识别的方法主要有 4 种，如图 2-3-8 是道路识别的结果，查阅资料，将道路识别的方法填入表 2-3-6。

图 2-3-8　道路识别的结果

表 2-3-6　道路识别的方法

序　号	识别方法

二、车牌识别技术

1. 车牌识别技术

车牌识别系统整合了先进的光电、计算机视觉、信号处理、图像处理、模式识别、人工智能、远程数据访问等技术，利用摄像头对监控路面过往的每一辆机动车的特征图像和车辆全景图像进行实时记录，利用图像处理的分析方法，提取出车牌区域，进而对车牌区域进行字符分割和识别，如图 2-3-9 所示。

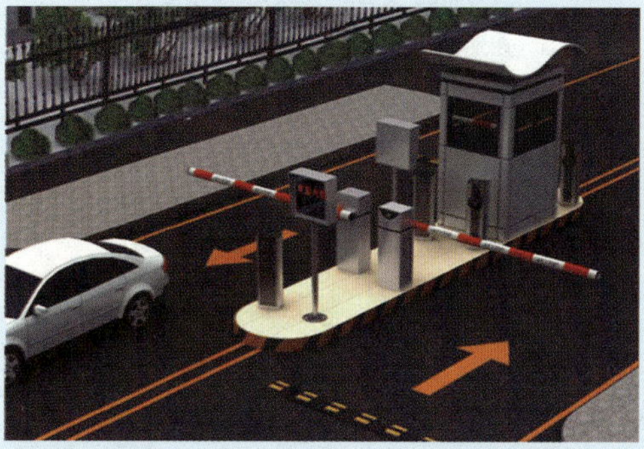

图 2-3-9　车牌识别应用场景

2. 车牌识别系统的组成

车牌识别系统的组成如图 2-3-10 所示，它采用高清车牌识别摄像机、专用控制器、显示屏、快速闸机以及计算机软硬件等组成。

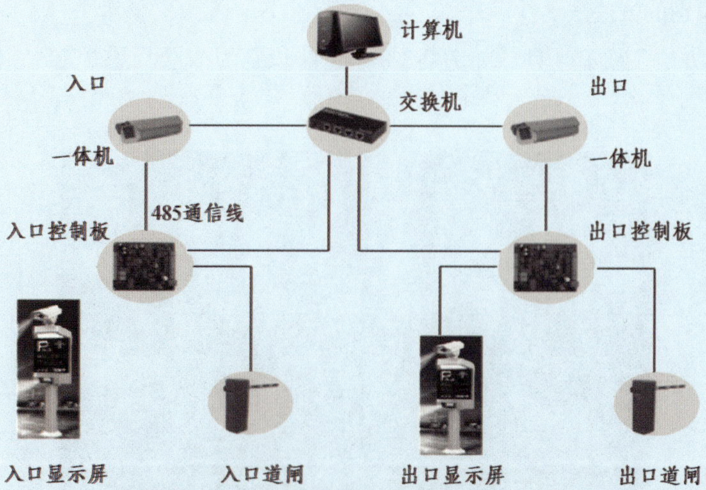

图 2-3-10　典型的停车场车牌识别系统组成

3. 车牌识别的流程

车牌识别的流程主要是“图像采集→视频车辆检测→车牌定位→字符分割→字符识别→结果输出”，如图 2-3-11 所示。

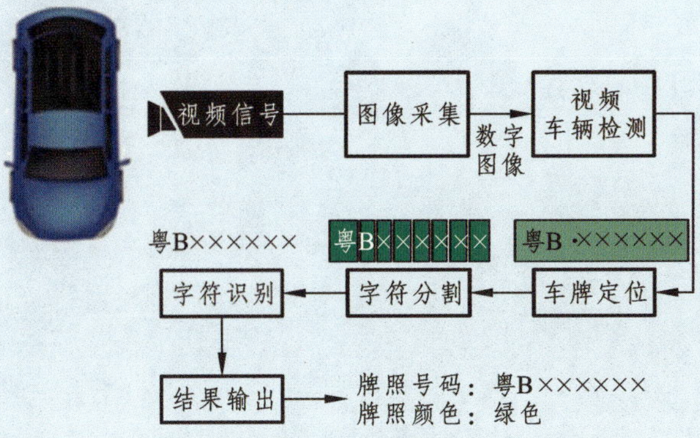

图 2-3-11　车牌识别流程

4. 车牌识别的方法

车牌识别实际上是字符分割，其主要的识别方法有基于模板匹配的字符识别算法、基于特征的统计匹配法、基于边缘检测和水平灰度变化特征的方法、基于颜色相似度及彩色边缘的算法等。图 2-3-12 所示为车牌识别系统自动识别车牌号码。

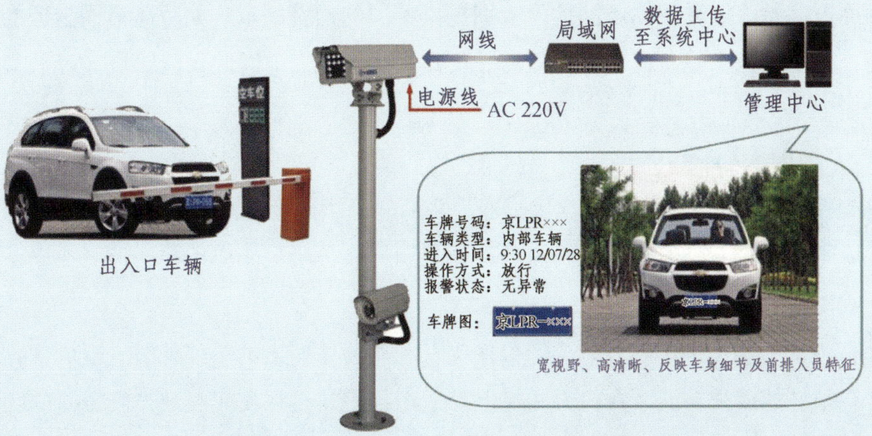

图 2-3-12　车牌识别系统自动识别车牌号码

5. 车辆识别的主要方法

车辆识别方法主要有基于特征的识别方法、基于机器学习的识别方法、基于光流场的识别方法和基于模型的识别方法。图 2-3-13 所示为车辆识别结果。

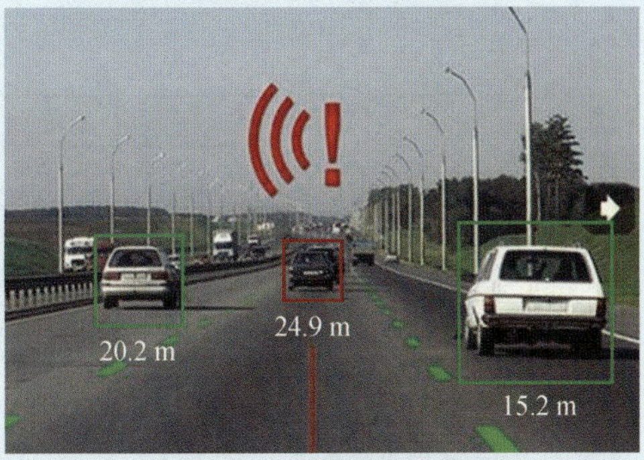

图 2-3-13　车辆识别结果

三、行人识别技术

1. 行人识别技术的概念

行人识别技术是采用安装在车辆前方的视觉

传感器采集前方场景的图像信息，通过一系列复杂的算法分析处理这些图像信息，实现对行人的识别，如图 2-3-14 所示。

图 2-3-14　行人识别技术

行人识别是智能网联汽车先进驾驶辅助系统的重要组成部分。行人是道路交通的主体和主要参与者，由于其行为具有非常大的随意性，再加上驾驶员在车内视野变窄以及长时间驾驶导致的视觉疲劳，使得行人在交通事故中很容易受到伤害。行人识别的目的是能够及时准确地检测出车辆前方的行人，并根据不同危险级别提供不同的预警提示，如距离车辆越近的行人危险级别越高，提示音也会越急促，以保证驾驶员具有足够的反应时间，能够极大降低甚至避免撞人事故的发生。

2. 行人识别系统的类型

可见光行人的检测：采用的视觉传感器为普通的光学摄像头，非常符合人的正常视觉习惯，而且硬件成本十分低廉。但是受到光照条件的限制，该方法只能应用在白天，在光照条件很差的阴雨天或夜间则无法使用。

红外行人的检测：采用红外热成像摄像头，利用物体发出的热红外线进行成像，不依赖于光照，具有很好的夜视功能，在白天和晚上都适用，尤其是在夜间以及光线较差的阴雨天具有无可替代的优势。

3. 行人识别系统的组成

行人识别系统由预处理、分类检测和决策报警三部分组成，如图 2-3-15 所示。

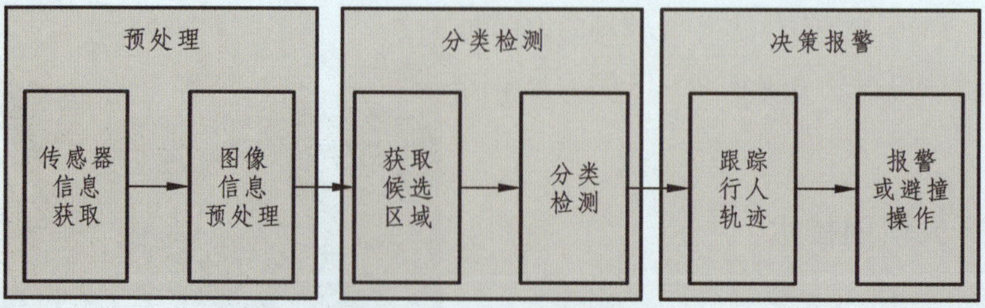

图 2-3-15　行人识别系统

(1) 预处理：通过传感器获得行人图像信息，做预处理，如降噪、增强等。

(2)分类检测：采用图像分割、模型提取等图像处理技术，在图像中选取一些感兴趣的区域，即行人的候选区域，用分类等技术方法判断候选区域中是否包含行人。

(3) 决策报警：对含有行人的区域进行跟踪，得到行人的运动轨迹，提高检测精度和检测速度的同时，也对行人是否会和车辆发生碰撞进行判断，对可能发生碰撞的情况进行报警或其他避免碰撞的操作。

4. 行人识别的方法

行人识别的方法主要有基于特征分类的行人识别方法、基于模型的行人识别方法、基于运动特性的行人识别方法、基于形状模型的行人识别方法、小波变换和支持向量机、神经网络方法等。

四、交通标志的识别

1. 标志类型

我国交通标志主要有禁令标志、警告标志和指示标志，其特征如图 2-3-16 所示。

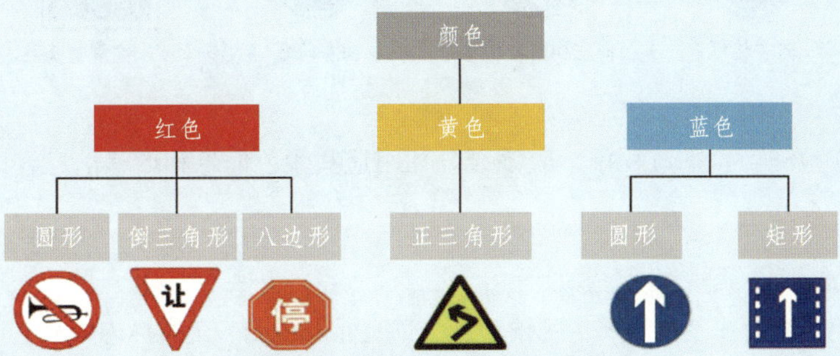

图 2-3-16　交通标志的主要特征

(1) 禁令标志。禁令标志主要用于禁止车辆或限制车辆、行人的交通行为及相应解除，道路使用者应严格遵守。禁令标志的颜色以红色为主，形状有圆形、倒三角形和正八边形，如图 2-3-17 所示。

图 2-3-17　禁令标志

(2) 警告标志。警告标志主要用于来警告车辆驾驶员、行人前方有危险，道路使用者行动需谨慎。警告标志的颜色为黄色，形状以三角形为主，如图 2-3-18 所示。

图 2-3-18　警告标志

（3）指示标志　指示标志主要用于指示车辆、行人的前进。指示标志的颜色为蓝色，形状为圆形和矩形，如图 2-3-19 所示。

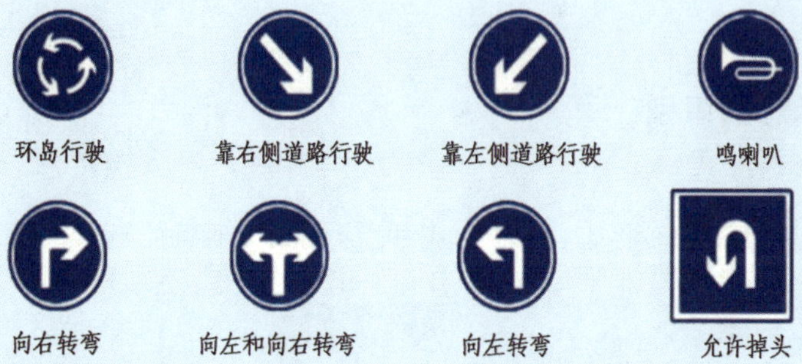

图 2-3-19　指示标志

在交通标志检测与识别过程中，应该充分利用这些颜色信息和形状信息，以及颜色与形状信息间的对应关系。

2. 交通标志识别系统的组成

交通标志识别系统主要由图像 / 视频输入、交通标志检测、交通标志识别、识别结果输出、原始图像 / 视频数据库和训练样本数据库等组成，如图 2-3-20 所示。

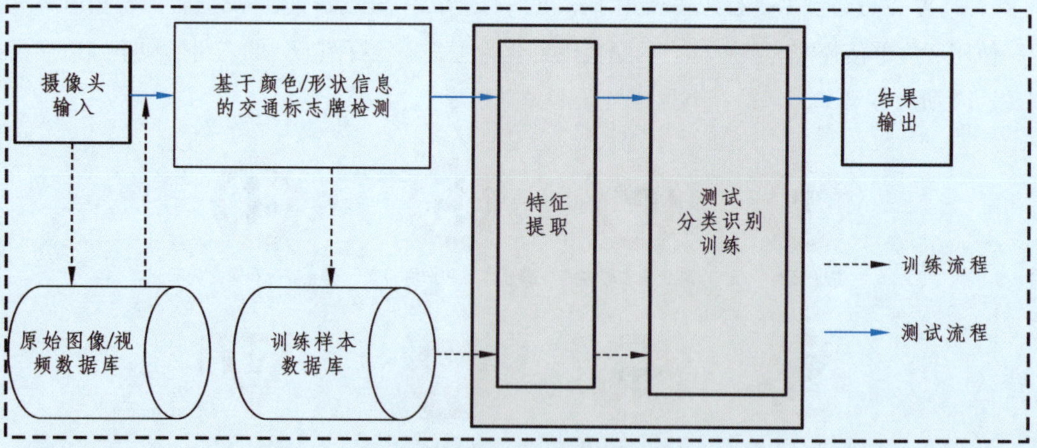

图 2-3-20　交通标志识别系统

3. 交通标志的识别流程

利用视觉传感器进行交通标志识别的流程是“原始图像采集→图像预处理→图像分割检测→图像特征提取→交通标志识别”，如图 2-3-21 所示。

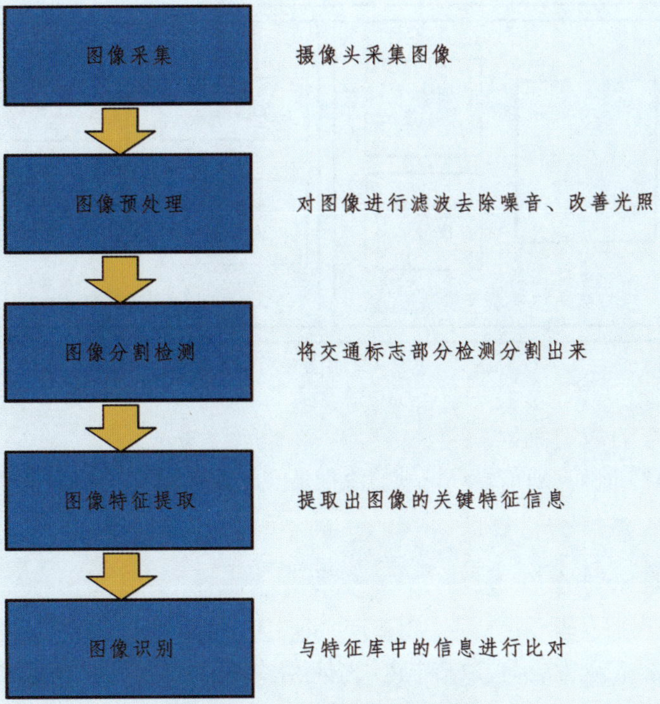

图 2-3-21　交通标志识别流程

4. 交通标志识别的方法

交通标志识别方法主要有基于颜色特征的交通标志识别、基于形状特征的交通标志识别、基于显著性的交通标志识别、基于特征提取和机器学习的交通标志识别等。

五、交通信号灯的识别

1. 交通信号灯的主要特征

不同的国家和地区采用的交通信号灯式样各不相同，在我国，交通信号灯的设置都必须遵循《道路交通信号灯》（GB 14887—2011）和《道路交通信号灯设置与安装规范》（GB 14886—2016）。

交通信号灯的特征如图 2-3-22 所示，从颜色来看，交通信号灯的颜色有红色、黄色、绿色三种，而且三种颜色在交通信号灯中出现的位置都有一定的顺序关系；从安装方式来看，交通信号灯有横放安装和竖放安装两种，一般安装在道路上方。

图 2-3-22　交通信号灯的特征

2. 交通信号灯识别系统的组成

交通信号灯识别系统主要由图像 / 视频输入、交通信号灯检测模块、交通信号灯状态识别系统、识别结果输出等组成，如图 2-3-23 所示。

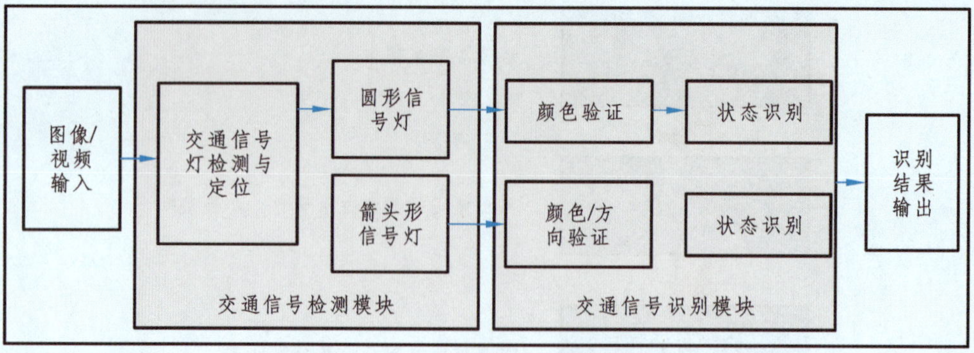

图 2-3-23　交通信号灯识别系统

3. 交通信号灯的识别流程

利用视觉传感器进行交通信号灯识别的流程是"原始图像采集→图像灰度化→直方图均衡化→图像二值化→交通信号灯识别"。

4. 交通信号灯识别的方法

交通信号灯的识别方法主要有基于颜色特征的识别方法和基于形状特征的识别方法。

基于颜色特征的识别方法：选取某个色彩空间对交通信号灯的红、黄、绿 3 种颜色进行描述。依据色彩空间的不同，主要有基于 RGB 颜色空间的识别方法、基于 HSI 颜色空间的识别方法、基于 HSV 颜色空间的识别方法。

基于形状特征的识别方法：利用交通信号灯和它的相关支撑物之间的几何信息。

也可将交通信号灯的颜色特征和形状特征结合起来，以减少单独利用某一特征进行识别所带来的误差。

图 2-3-24 所示为无人驾驶汽车自动识别交通信号灯通过十字路口场景。

图 2-3-24　无人驾驶汽车自动识别交通信号灯通过十字路口场景

知识强化

道路、车辆、行人、交通标志及信号识别学习页

1. 填空题

（1）真实的道路通过__________转换成汽车认识的道路，供自动驾驶汽车行驶；或通过__________识别出车道线，提供车辆在当前__________中的位置，帮助智能网联汽车提高行驶的安全性。

（2）根据传感器的不同，道路识别分为基于__________的道路识别和基于__________的道路识别。

（3）光照可分为__________和__________。

（4）__________整合了先进的光电、计算机视觉、信号处理、图像处理、模式识别、人工智能、远程数据访问等技术，利用__________对监控路面过往的每一辆机动车的特征图像和车辆全景图像进行实时记录，利用__________的分析方法，提取出__________，进而对车牌区域进行__________。

（5）车牌识别系的组成由__________、__________、__________、__________以及计算机软硬件等组成。

（6）车牌识别的流程主要是“__________→__________→__________→__________→__________→__________”。

（7）车牌识别实际上是字符分割，其主要的识别方法有基于__________的字符识别算法、基于__________的统计匹配法、基于__________________________特征的方法、基于__________及彩色边缘的算法等。

（8）__________的目的是能够及时准确地检测出车辆前方的行人，并根据不同危险级别提供不同的预警提示，如距离车辆越近的行人危险级别越__________，提示音也会越__________，以保证驾驶员具有足够的反应时间，能够极大降低甚至避免撞人事故的发生。

（9）行人识别的方法主要有基于__________的行人识别方法、基于__________的行人识别方法、基于__________的行人识别方法、基于__________的行人识别方法、小波变换和支持向量机、神经网络方法等。

（10）交通标志识别系统主要由__________、__________、__________、__________、原始图像/视频数据库和训练样本数据库等组成。

2. 判断题

（1）结构化道路的特点是道路形状不规则，没有明确的边缘，光照、景物、天气多变。（　　）

（2）与直线道路图像相比，在建模上会更复杂，但是这并不影响道路图像的检测，在近区域的车道线可以看似为直线模型。（　　）

（3）我国交标志主要有禁令标志、警告标志和指示标志。（　　）

（4）警示标志主要用于指示车辆、行人的前进。指示标志的颜色为蓝色，形状为圆形和矩形。（ ）

（5）利用视觉传感器进行交通标志识别的流程是“原始图像采集 → 图像预处理 → 图像分割检测 → 图像特征提取 → 交通标志识别”。（ ）

3. 单项选择题

（1）（ ）是采用安装在车辆前方的视觉传感器采集前方场景的图像信息，通过一系列复杂的算法分析处理这些图像信息，实现对行人的识别。

A. 道路识别技术　B. 行人识别技术

C. 交通标志识别　D. 交通信号灯识别

（2）从颜色来看，交通信号灯的颜色有（ ）三种，而且三种颜色在交通信号灯中出现的位置都有一定的顺序关系。

A. 红色、黄色、绿色　B. 红色、白色、绿色

C. 红色、黄色、紫色　D. 红色、紫色、白色

（3）交通信号灯的识别方法主要有基于（ ）特征的识别方法。

A. 颜色、形状　B. 时间、形状

C. 颜色、标志　D. 标志、形状

（4）根据色彩空间的不同，主要有基于（ ）颜色空间的识别方法。

A. RGB、HSI、HSV　B. RGB、HAI、HSV

C. RGB、HSI、HWV　D. HUV、HSI、HSV

（5）警告标志的颜色为（ ），形状以三角形为主。

A. 红色　B. 蓝色　C. 黄色　D. 绿色

4. 多项选择题

（1）依据道路类型的不同，道路分为（ ）。

A. 结构化道路　B. 城市道路　C. 高速公路　D. 非结构化道路

（2）道路识别的方法有（ ）。

A. 基于区域分割的识别方法　B. 基于道路特征的识别方法

C. 基于道路模型的识别方法　D. 基于道路特征与模型相结合的识别方法

（3）车辆识别方法主要有（ ）。

A. 基于特征的识别方法　B. 基于机器学习的识别方法

C. 基于光流场的识别方法　D. 基于模型的识别方法

（4）行人识别系统的类型分为（ ）。

A. 可见光行人的检测　B. 无红外行人的检测

C. 特征行为人的检测　D. 行为检测

（5）行人识别系统由（ ）组成。

A. 预处理　B. 分类检测　C. 决策报警　D. 图像识别

实训工单

1. 观察各种类型道路上的车道线、行人行走特征、交通标志及交通信号，认识智能网联汽车需要识别的相关内容。

记录：____

____

____

____

____

____

____

2. 利用互联网查询道路、车辆、行人、交通标志及信号识别的方法及其他相关资讯。

打开电脑或移动终端的浏览器、APP，利用“百度”等搜索引擎，分别搜索“道路识别”“前方车辆识别”“行人识别”“交通标志识别”“信号灯识别”等关键词，查询、学习相关资讯，总结对应功能所采用的传感器，并填写表 2-3-7。

表 2-3-7　对应功能所采用的传感器或方法

序　号	品牌车型	自动驾驶级别	功能描述	对应功能所采用的传感器或方法
1			道路识别	
2			前方车辆识别	
3			行人识别	
4			交通标志识别	
5			信号灯识别	

任务考评

表 2-3-8　任务考评

考核内容		考核评分		
项　目	内　容	配　分	得　分	批　注
工作准备（30%）	能够正确理解学习过程的内容、范围及工作指令	10		
	能够查阅资料，小组合作完成所遇到的学习问题	5		
	各种自制的走访调研表，格式不定	5		
	通过互联网资源查阅资料进行归纳总结并进行结果展示	5		
	确认上课所需的学习资料是否齐全到位	5		
实施程序（50%）	正确了解智能网联汽车的几种识别技术并进行记录	10		
	正确了道路识别技术、行人识别技术、交通标志识别技术以及交通信号灯识别技术进行正确区分并进行记录	10		
	正确了解智能网联汽车的自动驾驶级别及对应的识别技术并进行相关记录	10		
	参观实训室的智能网联汽车或借助网上资料对智能网联汽车的识别技术进行记录	10		
	利用互联网查询智能网联汽车的几种识别技术及其他相关资讯，完成智能网联汽车识别技术相关场景的收集	10		
完工清理（20%）	收集和储存可以再利用的原材料、余料	5		
	遵循维护工作程序清洁垃圾、清洁和整理工作区域	5		
	对学习环境和工作页面进行清洁	5		
	按照工作程序，填写完成作业单	5		
考核评语	考核人员：　　　　　日　期：　　　　　年　月　日	考核成绩		

项目三

视觉传感器及其在智能网联汽车上的应用

项目描述

人类通过眼耳鼻舌身去感受外界的信息，据统计有 75% 以上的信息是通过我们的眼睛（即通过视觉）来获取的。与此相类似，要在车上安置一副眼睛，就是图像识别。

视觉传感器就像智能网联汽车或无人驾驶汽车的眼睛，当车辆在行驶时有时车辆会偏离行驶车道，车辆偏离车道时如果不及时纠正，就会产生危险。视觉传感器可以测试车辆是否偏离行驶车道。那么，在智能网联汽车上视觉传感器有哪些类型？视觉传感器是怎么实现图像传递的？如何辨别视觉传感器的好坏？本项目的主要内容是视觉传感器定义、原理、分类及应用。包括以下 2 个任务：

任务一　视觉传感器的基本认知

任务二　视觉传感器在智能网联汽车上的应用

通过 2 个任务的学习，掌握视觉传感器的基本知识，能够对视觉传感器在智能网联汽车上的应用有全面的了解。

项目三知识拓展

任务一 视觉传感器的基本认知

任务导入

表 3-1-1　任务导入

任务名称		视觉传感器的基本认知			
姓　名		班　级		成　绩	
组　别		组　长		场　地	
日　期		学　时		指导教师	
任务目标	知识目标	1. 掌握视觉传感器的定义、组成及特点； 2. 掌握视觉传感器的类型			
	能力目标	1. 能说出视觉传感器各组成及其作用； 2. 能阐述视觉传感器的工作原理			
	素质目标	1. 培养对问题的分析能力； 2. 培养沟通表达能力			
学习准备	手机等设备、互联网资源、展示白板				
任务背景	小李对无人驾驶汽车非常好奇，为什么无人驾驶汽车就像长了眼睛一样能安全行驶呢？要了解该内容，需要学习视觉传感器的基本知识				

知识链接

一、智能网联汽车视觉传感器的基础认知

1. 视觉传感器的定义

现今，随着人工智能的迅速发展，视觉传感器得到了广泛的应用，那什么是视觉传感器呢？请各组同学通过查阅资料写出视觉传感器的定义并分享。

2. 视觉传感器的组成及工作原理

视觉传感器的组成
及工作原理

（1）视觉传感器的组成。

请同学们结合图 3-1-1，查阅资料，在表 3-1-2 中写出视觉传感器的组成及各组成的作用。

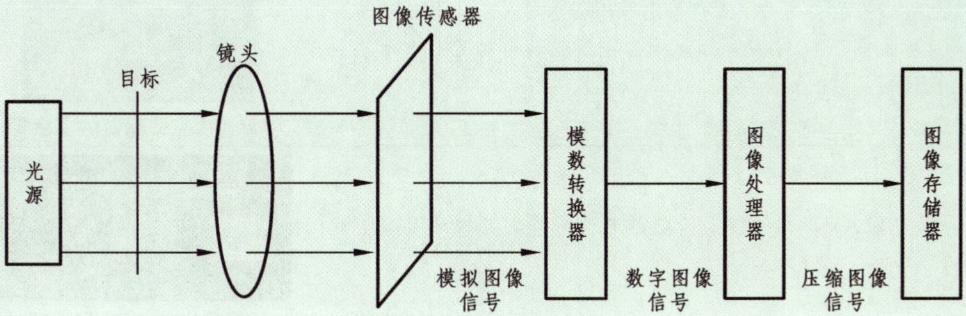

图 3-1-1　视觉传感器的组成

表 3-1-2　视觉传感器的组成及其作用

序　号	名　称	作　用
1		
2		
3		
4		
5		
6		
7		
8		

（2）工作原理。

结合视觉传感器的组成，查阅资料，请写出视觉传感器的工作过程。

3. 视觉传感器的特点

视觉传感器具有以下特点，如表 3-1-3 所示。

表 3-1-3　视觉传感器的特点

1	视觉传感器的图像信息极为丰富，尤其是彩色图像，不仅包含视野内目标的距离信息，而且还有该目标的颜色、纹理、深度和形状等信息
2	在视野范围内可同时实现车道线检测、车辆检测、行人检测、交通标志检测、交通信号灯检测等，信息量大。视觉传感器的多目标检测如图 3-1-2 所示。当智能网联汽车同时工作时，不会出现相互干扰的现象  图 3-1-2　视觉传感器的多目标检测
3	视觉 SLAM，利用视觉传感器进行同时定位和建图，如图 3-1-3 所示 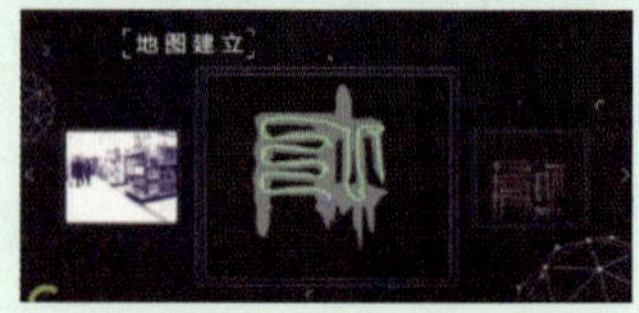 图 3-1-3　视觉 SLAM
4	视觉信息获取的是实时的场景图像，提供的信息不依赖于先验知识，有较强的适应环境的能力
5	视觉传感器与机器学习、深度学习等人工智能相融合，可以获得更佳的检测效果，必将扩大视觉传感器在智能网联汽车和无人驾驶汽车上的应用范围

4. 智能网联汽车对视觉传感器的要求

智能网联汽车对视觉传感器的要求与工业级别的视觉传感器要求不同，主要体现在工艺要求级别不同、功能要求不同、认证要求高等三个方面。请同学们通过资料查询，小组合作学习，分析智能网联汽车对视觉传感器的要求，填入表 3-1-4。

表 3-1-4　智能网联汽车与工业级别对视觉传感器的要求

序　号	维　度		要　求
1	工艺要求级别不同	（1）温度	
		（2）防磁抗震	
		（3）寿命	
2	功能要求的不同	（1）高动态稳定性	
		（2）像素要求	
		（3）角度要求	
3	认证要求不同	（1）厂商	
		（2）供应体系	
4	其他		

二、视觉传感器的功能和类型

1. 视觉传感器的功能

请同学们思考并回答：车载摄像头的功能是什么？

2. 视觉传感器的类型

现今，仅仅通过环视或二维视觉很难满足 L3 或 L3 以上的需求，对多维立体视觉的需求会越来越突出。在汽车智能驾驶中，通过不同焦距和不同仰角的摄像头，可以获得不同位置的交通标志、信号灯和各种道路标志的检测和识别能力。

视觉传感器的类型

任务布置：把班级同学分为 4 组，1 组负责单目摄像头，2 组负责双目摄像头，3 组负责三目摄像头，4 组负责环视摄像头，各组同学查阅资料，合作完成表 3-1-5 中内容的学习。完成学习后，各组同学指派同学进行讲解，帮助其他组的同学学懂相应视觉传感器知识。

表 3-1-5　智能网联汽车视觉传感器对比分析

视觉传感器	安装位置	测试距离	工作原理	优　点	不　足
 单目摄像头					
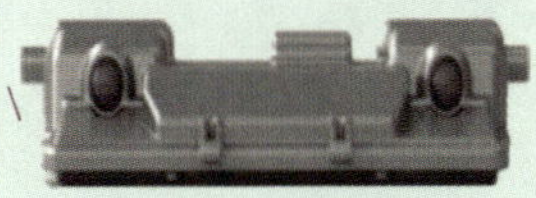 双目摄像头					
 三目摄像头					
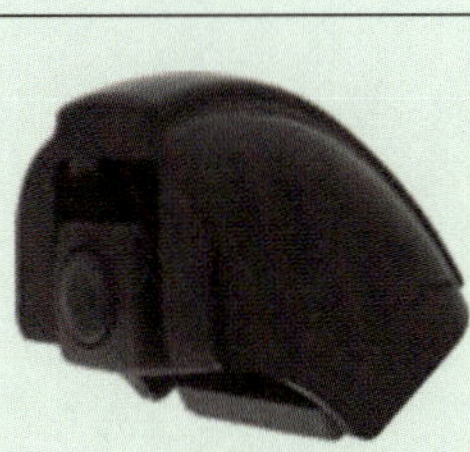 环视摄像头					

知识强化

视觉传感器的基本认知学习页

1. 填空题

（1）单目摄像头一般安装在 __________，用于探测车辆前方环境，识别道路、车辆、行人等。先通过图像匹配进行目标识别（各种车型、行人、物体等），再通过目标在图像中的大小去估算。

（2）三目摄像头，两个摄像头之间距离为 ________cm，像素数为 ________，水平视场角为 ________，垂直视场角为 25°，最大探测距离为 ________m，不仅可以用于自动制动系统，也可以用于车道偏离预警系统、交通标志识别系统等。

（3）三目摄像头实质上是 ________ 个不同焦距单目摄像头的组合。环视摄像头一般至少包括 4 个鱼眼摄像头，而且安装位置是朝向地面的，能够实现 ________ 度环境感知。

（4）人类通过眼耳鼻舌身去感受外界的信息，据统计有 ________ 以上的信息是通过我们的眼睛（即通过视觉）来获取的。

（5）根据镜头和布置方式的不同，视觉传感器主要有以下四种：________、________、________ 和 ________。

2. 判断题

（1）车载单目视觉系统的工作过程总体分图像获取、图像预处理、特征提取、目标识别四个步骤。（　　）

（2）多目视觉传感器使用的多个摄像头的焦距可以不同，用来增加视野与距离，提高测距精度。（　　）

（3）由于单目视觉传感器的算法还不成熟，所以存在两个致命的缺陷。（　　）

（4）单目视觉传感器可以判断所有物体的大小、远近关系。（　　）

（5）视觉传感器定位功能基于视觉 SLAM 技术，实时获取当前汽车的位置。（　　）

3. 单项选择题

（1）多目视觉传感器拥有（　　）视觉传感器。

A.2 个　　B.3 个　　C.2 个及以上　　D.3 个及以上

（2）对于双目视觉传感器，要根据数学换算得到物体的距离，不需要的信息是（　　）。

A. 像素　　B. 像素偏移量

C. 相机焦距　　D. 两个视觉传感器的实际距离

（3）以下传感器能够实现 360 度全景显示功能的传感器是（　　）。

A. 单目视觉传感器　　B. 多目视觉传感器

C. 环视视觉传感器　　D. 毫米波雷达

（4）双目视觉传感器通过（　　）判断距离。

A. 两个视觉传感器焦距差异　　B. 两个视觉传感器像素差异

C. 两个视觉传感器图像差异　　D. 两个视觉传感器芯片差异

（5）百度 APOLLO 2.0 无人驾驶汽车使用的 2 个视觉传感器镜头的焦距分别是（　　）。

A.6 mm，6 mm　　B.6 mm，15 mm

C.6 mm，25 mm　　D.25 mm，25 mm

4. 多项选择题

（1）智能网联汽车对视觉传感器的要求与工业级别的视觉传感器要求不同，主要体现在（　　）等方面。

A. 工艺要求级别不同　　B. 功能要求差异

C. 认证要求高　　D. 以上都对

（2）视觉传感器的类型有（　　）。

A. 单目摄像头　　B. 双目摄像头　　C. 三目摄像头　　D. 环视摄像头

（3）视觉传感器的组成包括（　　）。

A. 视频　　B. 模拟传感器　　C. 图像处理器　　D. 图像存储器

（4）视觉传感器特点（　　）。

A. 视觉传感器与机器学习、深度学习等人工智能相融合，可以获得更佳的检测效果，必将扩大视觉传感器在智能网联汽车和无人驾驶汽车上的应用范围。

B. 在视野范围内可同时实现车道线检测、车辆检测、行人检测、交通标志检测、交通信号灯检测等，信息量大。

C. 视觉 SLAM，通过摄像头可以实现同时定位和建图。

D. 视觉信息获取的是实时的场景图像，提供的信息不依赖于先验知识，有较强的适应环境的能力。

（5）分析智能网联汽车与工业级别对视觉传感器工艺要求级别不同的要求时。可以从以下（　　）三个方面入手。

A. 像素要求　　B. 温度　　C. 防磁抗震　　D. 寿命

实训工单

1. 参观实训室智能网联汽车整车、台架、模型或挂图，初步认识视觉传感器。

记录：____

____

____

2. 利用互联网查询视觉传感器的定义及其他相关资讯。

打开电脑或移动终端的浏览器、APP，利用“百度”等搜索引擎，分别搜索“视觉传感器”+“定义、组成、工作过程、分类”等关键词，查询、学习相关资讯，总结视觉传感器的特点。

（1）智能网联汽车视觉传感器的准确定义：____

____

（2）智能网联汽车视觉传感器的特点

特点 1：____

特点 2：____

特点 3：____

特点 4：____

特点 5：____

3. 结合智能网联汽车特点、分析总结智能网联汽车对视觉传感器的要求。

要求 1：____

要求 2：____

要求 3：____

要求 4：____

要求 5：____

其他要求：____

任务考评

表 3-1-6 任务考评

考核内容		考核评分		
项目	内容	配分	得分	批注
工作准备（30%）	能够正确理解学习过程的内容、范围及工作指令	10		
	能够查阅资料，小组合作完成所遇到的学习问题	5		
	通过互联网资源查阅资料进行归纳总结并进行结果展示	5		
	确认上课所需的学习资料是否齐全到位	10		
实施程序（50%）	正确了解视觉传感器的定义、组成及工作过程并进行记录	10		
	正确了解智能网联汽车对视觉传感器的要求并进行相关记录	10		
	正确了解视觉传感器的分类并进行相关记录	10		
	参观实训室的智能网联汽车或借助网上资料查询智能网联汽车视觉传感器的特点并进行记录	10		
	利用互联网查询智能网联汽车视觉传感器的发展及其他相关资讯，完成信息的收集	10		
完工清理（20%）	收集和储存可以再利用的原材料、余料	5		
	遵循维护工作程序清洁垃圾、清洁和整理工作区域	5		
	对学习环境和工作页面进行清洁	5		
	按照工作程序，填写完成作业单	5		
考核评语	考核人员： 日 期： 年 月 日	考核成绩		

任务二 视觉传感器在智能网联汽车上的应用

任务导入

表 3-2-1 任务导入

任务名称		视觉传感器在智能网联汽车上的应用			
姓　名		班　级		成　绩	
组　别		组　长		场　地	
日　期		学　时		指导教师	
任务目标	知识目标	1. 了解视觉传感器的技术参数； 2. 了解视觉传感器在智能网联汽车中的实际应用			
	能力目标	1. 能分析视觉传感各技术参数； 2. 能阐述视觉传感器的环境感知流程			
	素质目标	1. 树立安全意识； 2. 培养 8S 现场管理意识			
学习准备	手机等调研设备、互联网资源、展示白板				
情境导入	视觉传感器就像智能网联汽车的“眼睛”，作为一种仿生视觉，它跟生物眼睛获取信息的有效手段还是存在很大的差距，哪些指标可以评价视觉传感器的优劣？智能网联汽车的眼睛到底长在哪里？通过本任务的学习，我们就能得到答案。				

知识链接

一、视觉传感器的技术参数

1. 图像传感器的技术指标

图像传感器的技术指标主要有像素、帧率、靶面尺寸、感光度和信噪比等。请各组同学查找资料，写出这些指标的概念，及这些指标的影响因素。

（1）像素：________________

（2）帧率：________________

（3）靶面尺寸：________________

（4）感光度：________________

（5）信噪比：________________

2. 相机的内部参数

相机的内部参数是与相机自身特性相关的参数，主要有焦距、光学中心、图像尺寸和畸变系数等。

（1）焦距。焦距是指镜头的光学中心到图像传感器的距离，相机的焦点如图 3-2-1 所示。

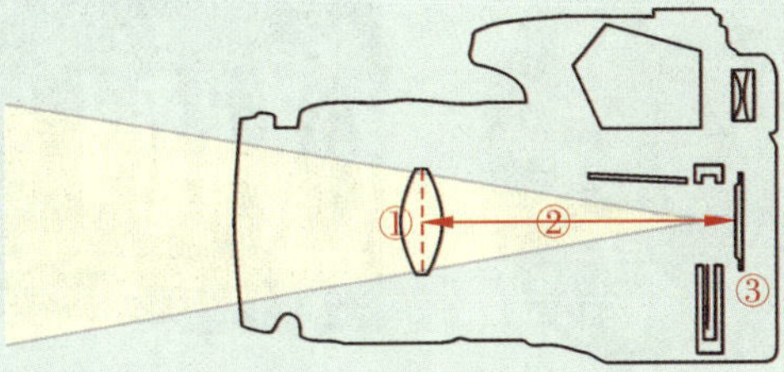

①—光学中心；②—焦距；③—图像传感器。

图 3-2-1 相机的焦距

焦距一般用 mm 表示，如 18 ~ 135 mm 代表着焦距可以从 18 mm 到 135 mm 进行变化，说明该摄像机的焦距是可变的；而 50 mm 代表摄像头的焦距只有 50 mm 说明该摄像头的焦距是不可变的。

焦距不同，拍摄的目标图像效果是不一样的。焦距对拍摄图像的影响如图 3-2-2 所示

（a）焦距为 24 mm　（b）焦距为 50 mm　（c）焦距为 100 mm

图 3-2-2 焦距对拍摄图像的影响

焦距与水平视角、图像大小密切相关。焦距越小，光学中心就越靠近图像传感器，水平视角越大，拍摄到的图像越大；焦距越大，光学中心就越远离图像传感器，水平视角越小，拍摄到的图像越小。因此，焦距与水平视角成反比。焦距与水平视角的关系如图 3-2-3 所示。

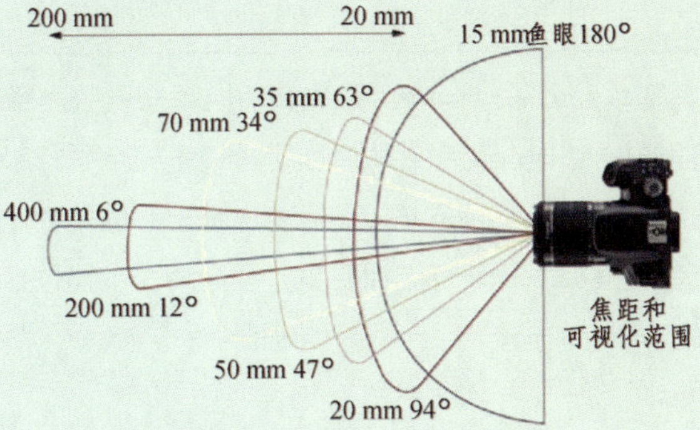

图 3-2-3 焦距与水平视角的关系

智能网联汽车或无人驾驶汽车通过不同焦距和视角的摄像头，可以获得不同位置的交通标

志、交通信号灯和各种道路标志的检测和识别能力。

（2）光学中心。相机的镜头是由多个镜片构成的复杂光学系统。相机镜头及其光学系统如图 3-2-4 所示。

图 3-2-4　相机镜头及其光学系统

光学系统的功能等价于一个薄透镜，实际上薄透镜是不存在的。光学中心是这一等价透镜的中心，如图 3-2-5 所示。不同结构的镜头，其光学中心位置也不一样，大部分在镜头内的某一位置，但也有在镜头前方或镜头后方的。

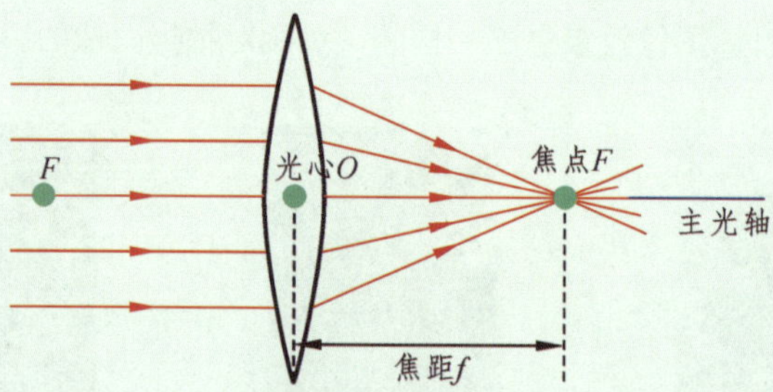

图 3-2-5　光学中心

（3）图像尺寸。图像尺寸是指构成图像的长度和宽度，可以用像素作为单位，也可以用 cm 作为单位。图像尺寸与分辨率有关。分辨率是指单位长度中所表达或截取的像素数目，即表示每英寸图像内的像素点数，单位是像素 / 英寸。图像分辨率越高，像素的点密度越高，图像越清晰。

请根据以上的信息，查阅资料，分析图像的像素、尺寸和分辨率之间的关系。

（4）畸变系数。畸变系数分为径向畸变系数和切向畸变系数。径向畸变发生在相机坐标系转向物理坐标系的过程中；切向畸变产生的原因是透镜不完全平行于图像。径向畸变就是沿着透镜半径方向分布的畸变，产生原因是光线在远离透镜中心的地方比靠近中心的地方更加弯曲，这种畸变在普通廉价的镜头中表现得更加明显。径向畸变主要包括枕形畸变和桶形畸变两种，如图 3-2-6 所示。

3. 相机的外部参数

外部参数是指相机的安装位置，即相机离地高度以及相机相对于车辆坐标系的旋转角度。

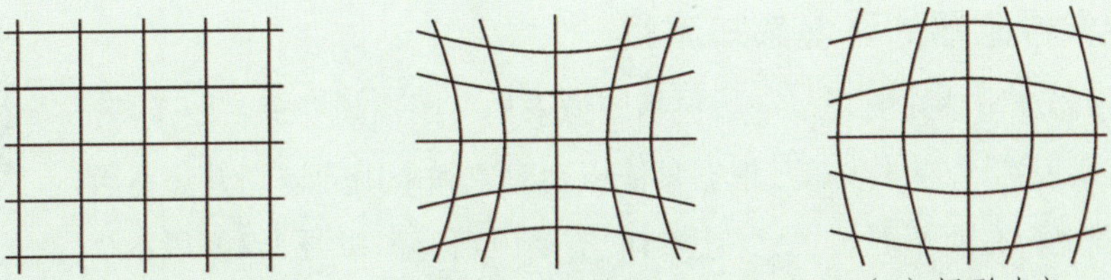

图 3-2-6　径向畸变

(1)离地高度。离地高度是指从地面到相机焦点的垂直高度。相机离地高度如图 3-2-7 所示。

图 3-2-7　相机离地高度

(2)旋转角度。相机相对于车辆坐标系的旋转角度有俯仰角、偏航角和横滚角。俯仰运动(Pitch)是指相机绕车辆坐标系 Y 轴的转动；偏航运动(Yaw)是指相机绕车辆坐标系 Z_V 轴的转动；横滚运动(Roll)是指相机绕车辆坐标系 X_V 轴的转动，如图 3-2-8 所示。

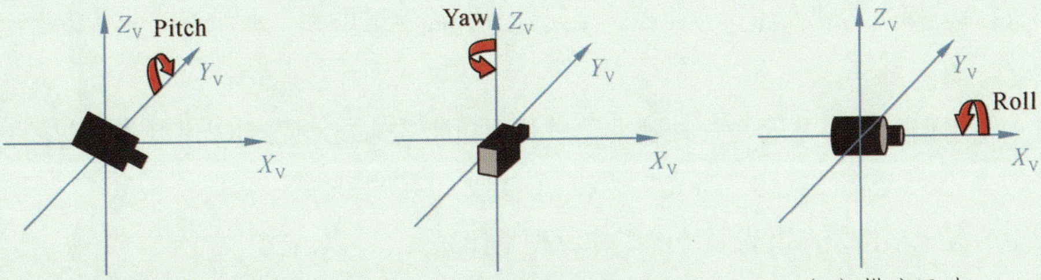

图 3-2-8　摄像头的旋转运动

俯仰角是指车辆的水平面与相机光轴之间的夹角；偏航角是指车辆的 Xv 轴与相机光轴之间的夹角；横滚角是指相机绕光轴的转角。外部参数可以通过棋盘格标定获得，但要注意标准镜头和鱼眼镜头的差别。

根据以上的信息，查阅资料，请各组同学讨论并分享该如何选择视觉传感器？应综合考虑哪些因素？

____

____

____

____

二、视觉传感器的环境感知流程

视觉传感器环境感知流程，一般包括图像采集、图像预处理、图像特征提取、图像模式识别、结果传输等，根据具体识别对象和采用的识别方法不同，环境感知流程也会有所不同。视觉传感器的道路识别流程如图 3-2-9 所示。

视觉传感器的环境感知流程

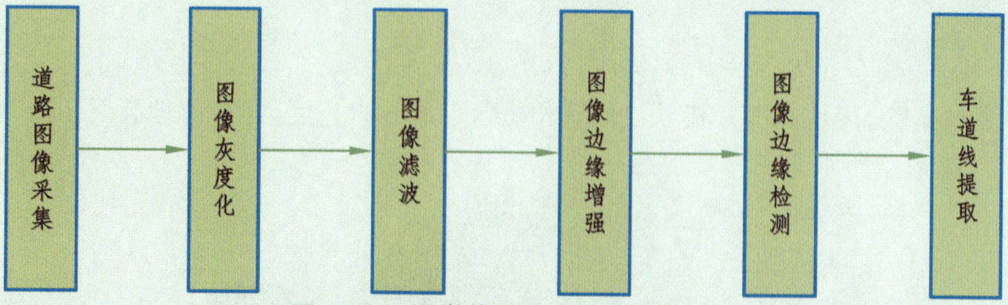

图 3-2-9　视觉传感器道路识别流程

请查阅资料，结合上图写出视觉传感器环境感知识别流程。

____

____

三、视觉传感器在智能网联汽车中的实际应用

随着电子化、信息化与人工智能技术的发展，小型化和嵌入式的视觉传感器得到了广泛应用，人们可以从车载摄像头中获得更智能的结果，即通过摄像头的视场，感知驾驶环境。

智能驾驶汽车的视觉传感器可实现车道偏离警告、前方碰撞预警、行人碰撞预警、交通标志识别、盲点监控、驾驶人注意力监控、全景停车、停车辅助和车道保持辅助等功能。

1. 车道偏离警告

（1）车道偏离警告系统是一种辅助驾驶员通过警告来减少因为车道偏离引起的交通事故的系统，主要包括毫米波雷达、激光雷达和 CCD 或 CMOS 摄像头等部件。

（2）请说说车道偏离警告系统的工作原理是什么？

____

____

（3）请根据所学知识和资料查找，在表 3-2-2 中写出车道偏离预警系统主要组成。

表 3-2-2　车道偏离预警系统组成

序　号	名　称
1	
2	
3	
4	
5	
6	
7	

2. 汽车防碰撞预警系统

汽车防撞预警系统主要用于协助驾驶员避免高速、低速追尾，高速中无意识偏离车道，与行人碰撞等重大交通事故。汽车防撞预警系统是基于智能视频分析处理技术，通过动态视频摄像技术、计算机图像处理技术来实现其预警功能。

（1）请说说汽车防撞预警系统的原理。

____

____

（2）请回答汽车防撞预警系统的功能。

____

____

____

____

3. 交通标志识别

车辆安全系统的交通标志识别系统通过特征识别算法，利用前置摄像头组合模式识别道路上的交通标志，提示警告或自动调整车辆运行状态，从而提高车辆的安全性和合规性，提醒驾驶员注意前方的交通标志。

请说说交通标志识别功能有哪些？

____

____

____

____

4. 盲点监测

盲点监测系统又称并线辅助系统，主要功能是扫除后视镜盲区并通过侧方摄像头或雷达将车左右后视镜盲区内的影像显示在车内。由于车辆后视镜中有一个视觉盲区，因此在换道前无法看到盲区中的车辆。如果盲区内有超车车辆，则会发生车道碰撞，在大雨、雾天、夜间光线暗淡的情况下，更难看到后面的车辆，换道更危险。

请说说盲点监测系统的原理是什么？

____

____

____

____

5. 驾驶员注意力监控系统

（1）驾驶员注意力监控也称为疲劳监测系统或注意力辅助系统，疲劳驾驶预警系统是一种基于驾驶员生理反应特性的驾驶员疲劳监测预警技术。通过不断检测驾驶员的驾驶习惯，可以感觉到驾驶员在疲劳驾驶后及时向驾驶员发出警告，提醒驾驶员应适当在安全岛停车休息。

结合图 3-2-10 请各组谈论并总结驾驶员注意力监控系统的工作原理。

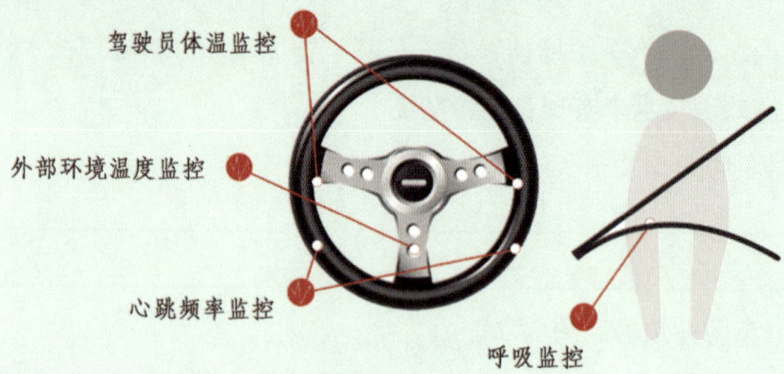

图 3-2-10　驾驶员注意力监控系统 1

（2）另一类主要的检测方法是通过图像分析对驾驶员的面部和眼睛特征进行疲劳评估，也称驾驶员安全警告系统，该系统在车速超过 65 km/h 时会被激活。如图 3-2-11 所示。

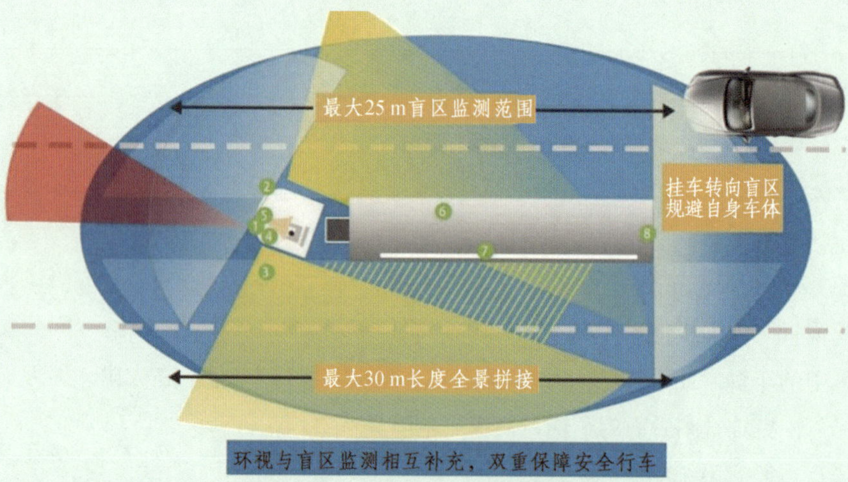

图 3-2-11　驾驶员注意力监控系统 2

（3）驾驶员安全警告系统由一个摄像头、多个传感器和一个控制单元组成。结合图 3-2-12，请各组讨论并总结其工作原理是什么？

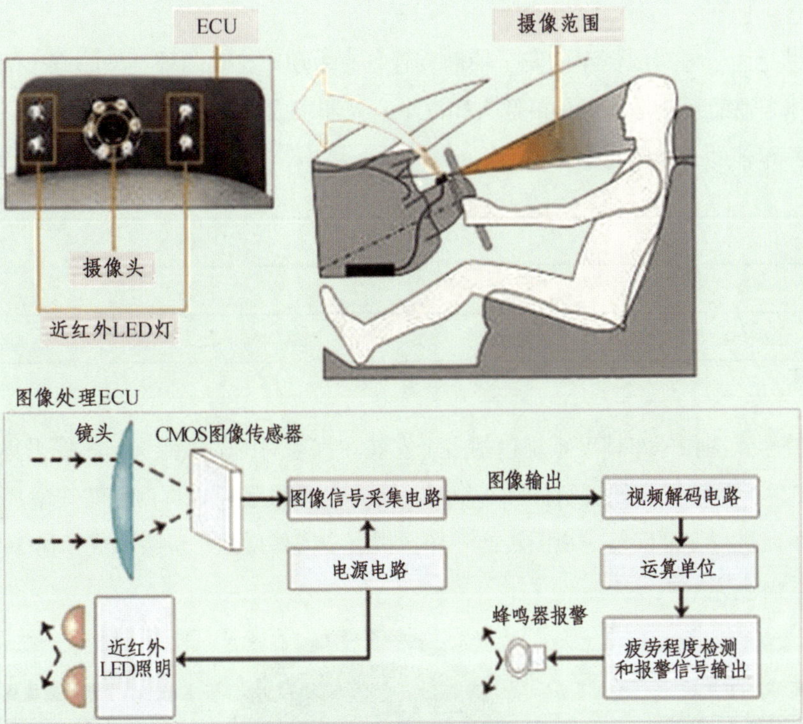

图 3-2-12　驾驶员安全警告系统

6. 车道保持辅助系统

车道保持辅助系统是智能驾驶辅助系统之一，基于车道偏离警告系统控制制动和转向控制协调装置，通常进入车道保持状态要求最低限速为 60 km/h。当检测到车辆即将偏离车道线时，向转向电机发出指令，以纠正车辆的行驶方向。

结合图 3-2-13，请各组讨论并总结车道保持辅助系统的工作原理是什么？

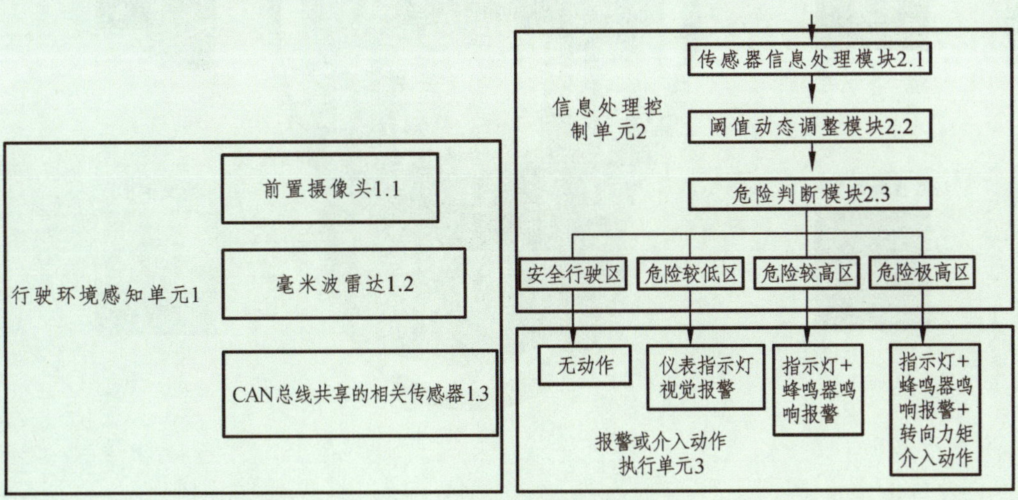

图 3-2-13　车道保持辅助系统

7. 停车辅助

泊车辅助是用于停车或倒车的安全辅助装置，有手动和自动两种类型的汽车倒车辅助。目前，主流的停车辅助系统是由倒车摄像头和汽车监视器组成。

请说说停车辅助有哪些技术特征？

____

____

____

____

8. 全景停车

汽车环绕全景图像停车辅助系统包括多个安装在汽车周围的摄像头、图像采集组件、视频合成 / 处理组件、数字图像处理组件和车辆显示器。这些装置可以同时采集车辆周围的图像，对图像处理单元进行变形恢复→视图转换→图像拼接→图像增强，最终形成车辆 360° 全景仰视图，如图 3-2-14 所示。

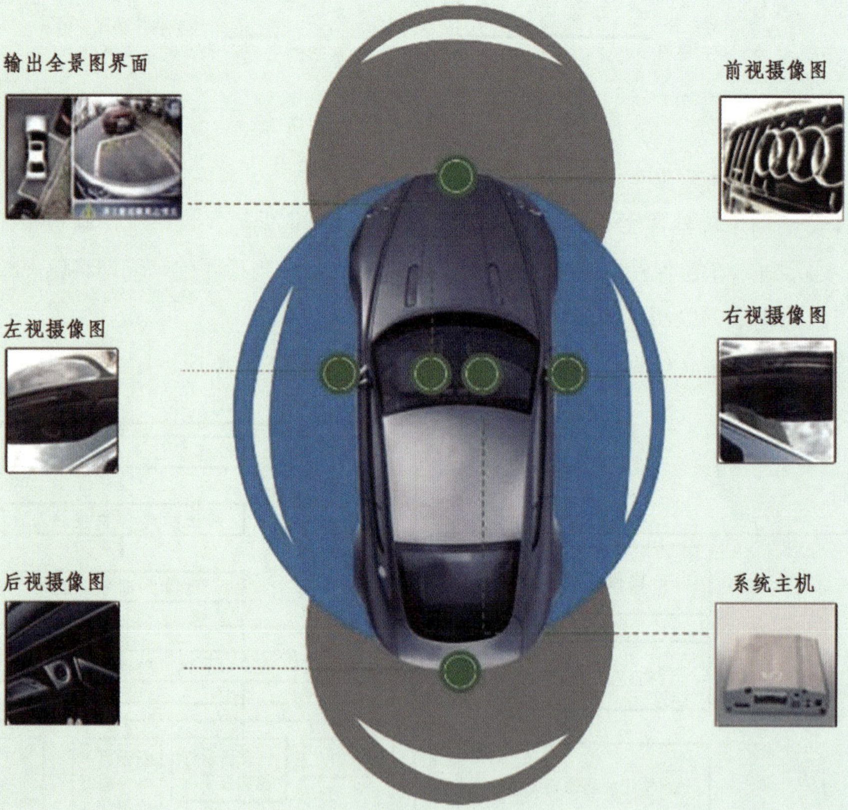

图 3-2-14　全景停车

9. 红外夜视系统

汽车夜视系统采用红外线技术，结构由红外摄像头和挡风玻璃上的灯光显示系统两部分组成。

安装这种夜视系统后，驾驶员可以像白天一样透过灯光显示系统看到道路的行驶条件。当两辆车相遇时，可以大大减少对车前驾驶员的视力刺激，也可以提高驾驶员在雾中辨别的能力，如图 3-2-15 所示。

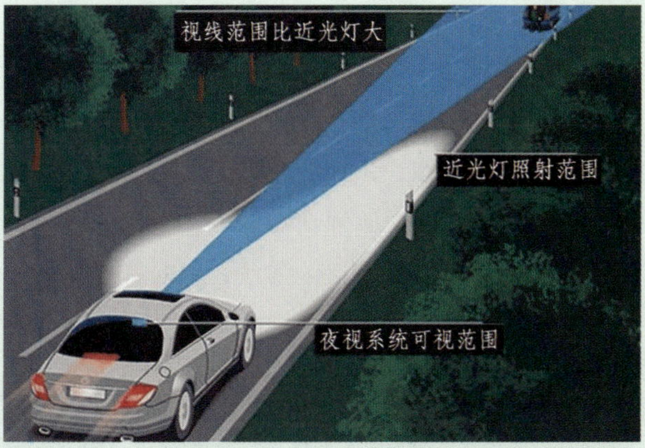

图 3-2-15　红外夜视系统

请说说红外夜视系统的工作原理。

结合图 3-2-16 及图 3-2-17，请各组讨论并总结被动红外夜视技术的概念和主动红外夜视技术的概念及区别。

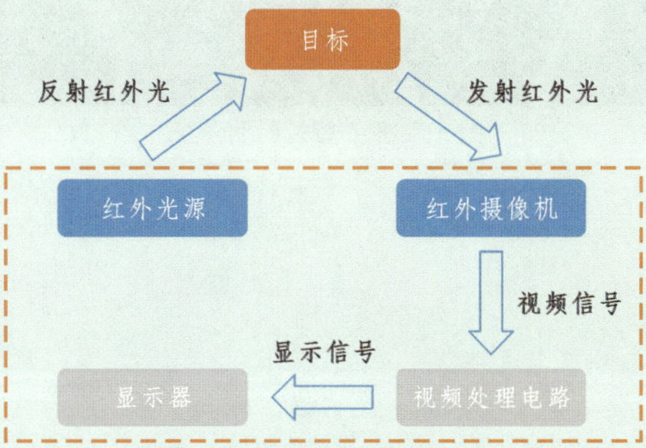

图 3-2-16　主动红外夜视技术

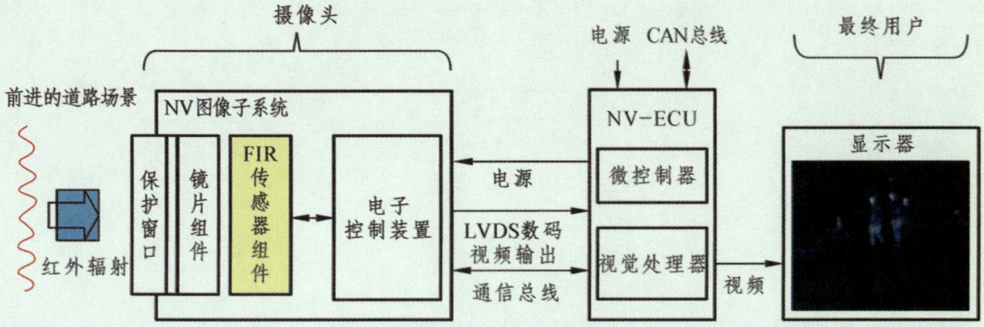

图 3-2-17　被动红外夜视技术

---

10. 智能照明系统

为了适应汽车自动驾驶和数字化的趋势，智能视觉传感器系统正逐步取代部分现代汽车照明系统。在新的照明系统中，软件用于处理传感器信号、检测和识别车辆周围的物体、建立三维环境和跟踪物体的运动，例如，采用四线激光雷达、超声波传感器、红外视觉感知等技术，将灯具的照明功能转化为外部照明通信接口。在自动驾驶模式下行驶中检测到潜在危险时，利用前大灯的投射技术可以改变光束的形状，并对其他车辆或行人发出警告。如图3-2-18 所示。

图 3-2-18　智能照明系统

知识强化

视觉传感器在智能网联汽车上的应用学习页

1. 填空题

（1）像素用两个数字来表示，如 720×480，720 表示 ________，480 表示 ________，二者的乘积就是该相机的像素数。

（2）畸变系数分为 ________ 和 ________ 系数。

（3）图像分辨率越高，像素的点密度 ________，图像越 ________。

（4）车道偏离警告系统是一种辅助驾驶员通过警告来减少因为车道偏离引起的交通事故的系统，主要包括 ________ 和 ________ 等部件。

（5）随着电子化、信息化与人工智能技术的发展，________ 的视觉传感器得到了广泛应用。

2. 判断题

（1）CCD 电荷耦合技术可直接将光学信号转换为数字电信号，实现图像的获取、存储、传输、处理和复现。（　）

（2）智能网联汽车或无人驾驶汽车通过不同焦距和视角的摄像头，可以获得不同位置的交通标志、交通信号灯和各种道路标志的检测和识别能力。（　）

（3）为了适应汽车自动驾驶和数字化的趋势，智能视觉传感器系统正逐步取代部分现代汽车照明系统。（　）

（4）红外线感光技术主要分两种：一种是主动式红外感光技术，一种是被动式红外感光技术。（　）

（5）根据所采用的相机感光技术可分为四类，分别为 CCD 电荷耦合器件技术、CMOS 互补金属氧化物半导体技术、IR 红外线感光技术、Stereo 立体感知技术。（　）

3. 单项选择题

（1）盲点监测系统又称（　），主要功能是扫除后视镜盲区并通过侧方摄像头或雷达将车左右后视镜盲区内的影像显示在车内。

A. 驾驶员注意力监控系统　　B. 车道保持辅助系统

C. 并线辅助系统　　D. 停车辅助

（2）全景停车可以实现（　）全景仰视图。

A.90°　　B.180°　　C.360°　　D.60°

（3）畸变系数分为径向畸变系数和（　）系数。

A. 正向畸变　　B. 反向畸变　　C. 随机畸变　　D. 切向畸变

（4）焦距一般用（　）表示

A. m　　B. mm　　C. cm　　D. dm

（5）焦距与水平视角成（　）。

A. 反比　　B. 正比　　C. 平行　　D. 以上都不正确

4. 多项选择题

（1）图像传感器的技术指标（　　）。

A. 像素　　B. 帧率

C. 靶面尺寸　　D. 感光度和信噪比

（2）视觉传感器环境感知流程，一般包括（　　）。

A. 图像采集　　B. 图像预处理

C. 图像特征提取　　D. 图像模式识别

（3）相机的外部参数（　　）。

A. 离地高度　　B. 光学中心

C. 图像尺寸　　D. 旋转角度

（4）相机的内部参数是与相机自身特性相关的参数，主要有（　　）。

A. 焦距　　B. 光学中心

C. 图像尺寸　　D. 畸变系数

（5）视觉传感器在智能网联汽车中的实际应用主要有（　　）。

A. 车道偏离警告　　B. 汽车防碰撞预警系统

C. 交通标志识别　　D. 驾驶员注意力监控系统

实训工单

1. 参观实训室智能网联汽车整车、台架、模型或挂图，进一步步认识视觉传感器在智能网联汽车上的应用。

记录：____

2. 利用互联网查询智能网联汽车的定义及其他相关资讯。

打开电脑或移动终端的浏览器、APP，利用“百度”等搜索引擎，分别搜索“视觉传感器”+“评价指标”等关键词，查询、学习相关资讯，总结智能网联汽车视觉传感器各参数对视觉传感器优劣的影响。

（1）像素：____

（2）帧率：____

（3）靶面尺寸：____

（4）感光度：____

（5）信噪比：____

3. 请各位同学根据所学知识完成表 3-2-3 的填写。

表 3-2-3　视觉传感器在智能网联汽车中的实际应用

ADAS	使用摄像头	功能应用
车道偏离预警系统		
盲区监测系统		
自动泊车辅助系统		
全景泊车系统		
车道偏离预警系统		
盲区监测系统		
驾驶员疲劳预警系统		
行人碰撞预警系统		
车道保持辅助系统		
交通标志识别系统		
前向碰撞预警系统		

任务考评

表 3-2-4　任务考评

<table>
<tr><th colspan="2">考核内容</th><th colspan="3">考核评分</th></tr>
<tr><th>项　目</th><th>内　容</th><th>配　分</th><th>得　分</th><th>批　注</th></tr>
<tr><td rowspan="5">工作准备（30%）</td><td>能够正确理解学习过程的内容、范围及工作指令</td><td>10</td><td></td><td></td></tr>
<tr><td>能够查阅资料，小组合作完成所遇到的学习问题</td><td>5</td><td></td><td></td></tr>
<tr><td>能够对视觉传感器在智能网联汽车上的应用知识进行预习</td><td>5</td><td></td><td></td></tr>
<tr><td>通过互联网资源查阅资料进行归纳总结并进行结果展示</td><td>5</td><td></td><td></td></tr>
<tr><td>确认上课所需的学习资料是否齐全到位</td><td>5</td><td></td><td></td></tr>
<tr><td rowspan="5">实施程序（50%）</td><td>正确了解视觉传感器的技术参数并进行记录</td><td>10</td><td></td><td></td></tr>
<tr><td>正确分析智能网联汽车视觉传感器性能并进行记录</td><td>10</td><td></td><td></td></tr>
<tr><td>正确了解视觉传感器对环境的感知流程并进行相关记录</td><td>10</td><td></td><td></td></tr>
<tr><td>正确了解视觉传感器在智能网联汽车上的应用并进行相关记录</td><td>10</td><td></td><td></td></tr>
<tr><td>参观实训室的智能网联汽车或借助网上资料对智能网联汽车视觉传感器存在问题及改进措施进行记录</td><td>10</td><td></td><td></td></tr>
<tr><td rowspan="4">完工清理（20%）</td><td>收集和储存可以再利用的原材料、余料</td><td>5</td><td></td><td></td></tr>
<tr><td>遵循维护工作程序清洁垃圾、清洁和整理工作区域</td><td>5</td><td></td><td></td></tr>
<tr><td>对学习环境和工作页面进行清洁</td><td>5</td><td></td><td></td></tr>
<tr><td>按照工作程序，填写完成作业单</td><td>5</td><td></td><td></td></tr>
<tr><td>考核评语</td><td>考核人员：　　　　日　期：　　　　年　月　日</td><td>考核成绩</td><td colspan="2"></td></tr>
</table>

>>>>>>>

项目四

雷达在智能网联汽车上的应用

项目描述

雷达是受到蝙蝠的启发而发明的。雷达波碰到物体，反射回来后测出目标距离，这是雷达基本原理。这和蝙蝠发出超声波，接收回波，来确定、捕捉目标所在的位置的原理是一模一样的。

随着自动驾驶的不断普及，全球汽车雷达市场如今取得了迅速且强劲的增长，2021 年的数据显示，全球汽车雷达市场已经达到 16 亿美元的规模，同比增长 37%。到 2024 年汽车雷达市场规模将达到 27 亿美元。本项目主要内容是雷达在智能网联汽车上的应用，包括以下 3 个任务：

任务一　超声波雷达在智能网联汽车上的应用

任务二　毫米波雷达在智能网联汽车上的应用

任务三　激光雷达在智能网联汽车上的应用

通过本任务的学习，我们可以认识到超声波雷达、毫米波雷达、激光雷达的结构、工作原理和在智能网联汽车上的应用。

项目四知识拓展

任务一 超声波雷达在智能网联汽车上的应用

任务导入

表 4-1-1 任务导入

<table>
<tr><td colspan="2">任务名称</td><td colspan="4">超声波雷达在智能网联汽车上的应用</td></tr>
<tr><td>姓　名</td><td></td><td>班　级</td><td></td><td>成　绩</td><td></td></tr>
<tr><td>组　别</td><td></td><td>组　长</td><td></td><td>场　地</td><td></td></tr>
<tr><td>日　期</td><td></td><td>学　时</td><td></td><td>指导教师</td><td></td></tr>
<tr><td rowspan="3">任务目标</td><td>知识目标</td><td colspan="4">1. 了解雷达的种类；
2. 了解超声波雷达的定义、组成、特点及应用</td></tr>
<tr><td>能力目标</td><td colspan="4">1. 能分析超声波雷达的工作原理；
2. 能分析超声波雷达的性能指标</td></tr>
<tr><td>素质目标</td><td colspan="4">1. 树立安全意识；
2. 培养 8S 现场管理意识</td></tr>
<tr><td>学习准备</td><td colspan="5">手机等调研设备、互联网资源、展示白板</td></tr>
<tr><td>任务背景</td><td colspan="5">汽车雷达全称是倒车防撞雷达或泊车辅助雷达，用来检测车身与其他车辆和障碍物之间的距离，以声音或是在显示屏告知驾驶员周围情况，避免在挪车、倒车时发生不必要的摩擦碰撞。作用是发现障碍物、自适应巡航控制。
汽车雷达可分为超声波雷达、毫米波雷达、激光雷达等。雷达的原理不同，其性能特点也有各自的特点，用于实现不同的功能。种类如图 4-1-1、图 4-1-2 所示。

超声波雷达传感器　毫米波雷达传感器　激光雷达传感器
图 4-1-1 雷达的种类</td></tr>
</table>

任务背景	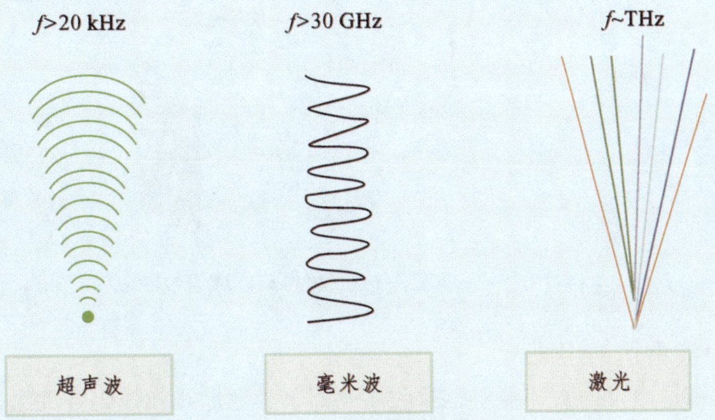 图 4-1-2　不同雷达波的特征

知识链接

一、超声波雷达基础知识

1. 声波的分类

声音以波的形式传播称为声波。声波分为次声波、可闻声波和超声波。

（1）次声波。次声波是频率小于 20 Hz 的声波，人耳听不到，但可与人体器官发生共振，7 ~ 8 Hz 的次声波会引起人的恐怖感，动作不协调，甚至导致心脏停止跳动。因此，要避免次声波的产生。

（2）可闻声波。可闻声波是指频率为 20 Hz ~ 20 kHz 的声波，是人能够听见的声波。不同频段的可闻声波，会给人带来不同的感觉。例如，人可以听见各种美妙的音乐，这些音乐都是不同频率声波的组合。

（3）超声波。超声波是指频率大于 20 kHz 的声波。人耳听不到超声波，但蝙蝠能发出和听见超声波，依靠超声波进行捕食。超声波与可闻声波不同，它可以被聚焦，具有能量集中的特点。超声波的指向性好，能量集中，穿透能力强，在遇到两种介质的分界面时，能产生明显的反射和折射现象。超声波的频率越高，其声场指向性越好。

超声波检测广泛应用在工业、国防、生物医学等方面，如超声波探伤仪、超声波诊断仪、超声波测距仪等。以超声波作为检测手段，必须发射超声波和接收超声波，完成这种功能的装置就是超声波传感器，也称为超声波雷达。

2. 超声波雷达的定义

超声波雷达是利用超声波的特性研制而成的传感器，是在超声波频率范围内将交变的电信号转换成声信号或将外界声场中的声信号转换为电信号的能量转换器件。汽车车载雷达技术源自军工技术，超声波雷达的工作原理是利用传感器中的超声波发生器产生 40 kHz 的超声波，然后接收探头接收障碍物反射的超声波，并根据超声波反射接收的时差计算出与障碍物的距离，如图 4-1-3 所示。

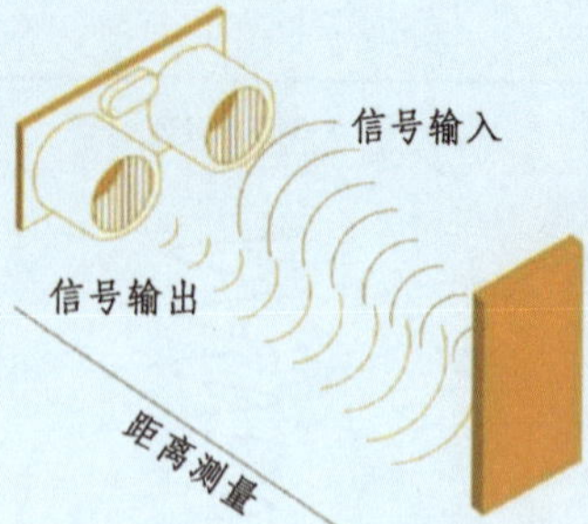

图 4-1-3　超声波雷达信号

3. 超声波雷达的组成

超声波雷达由发射头（器）、接收头（器）、数据线和拔码开关组成，如图 4-1-4 所示。发射头和接收头安装在同一面上，在有效的检测距离内，发射头发射特定频率的超声波，遇到检测面反射部分超声波；接收头接收返回的超声波，由芯片记录声波的往返时间，并计算出距离值；数据线将数据传输给控制单元。不同用途的超声波雷达，内部结构是有一定差异的。

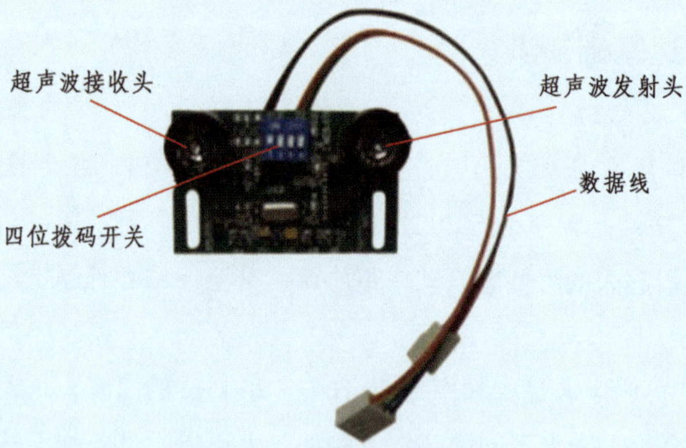

图 4-1-4　超声波雷达的组成

根据上面所学知识，填写表 4-1-2。

表 4-1-2　超声波雷达的组成

组　成	作　用

4. 安装位置

超声波雷达安装于汽车前后保险杠上，用于测量汽车前后障碍物；安装于汽车侧面，用于测量侧方障碍物距离，如图 4-1-5 所示。

5. 超声波的特点

超声波雷达的特点如图 4-1-6 所示。

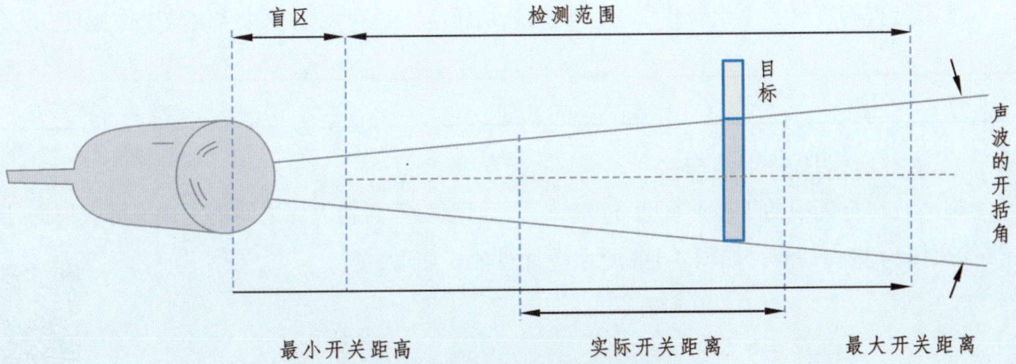

图 4-1-5　超声波传感器有效探测距离

图 4-1-6　超声波雷达特点

根据以上的信息，查找资料并总结超声波雷达的优缺点。

____

____

二、超声波雷达的结构和工作原理

1. 超声波雷达的结构

超声波传感器中最常用压电式超声发生器，利用压电晶体的共振来工作，如图 4-1-7 所示。

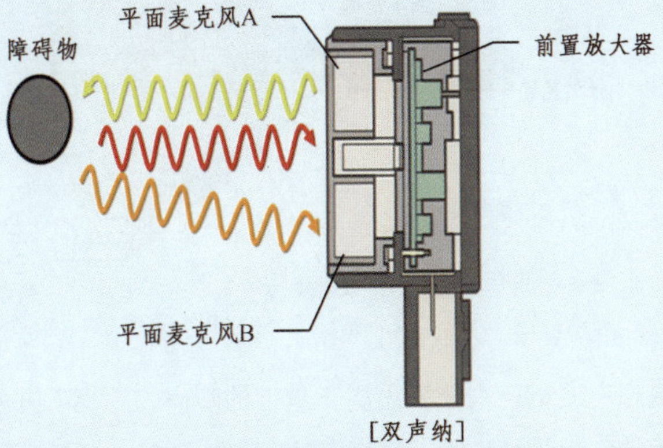

图 4-1-7　超声波雷达的结构

项目四 雷达在智能网联汽车上的应用

请通过查阅资料、小组合作学习，归纳总结压电式超声发生器的结构与工作原理。

2. 超声波雷达的测距原理

超声波在空气中的传播速度为 340 m/s，发射点与障碍物表面之间的距离 s 可以根据计时器记录的时间 t 进行计算，如图 4-1-8 所示。计算公式如下：

$$s=(t\times340)/2$$

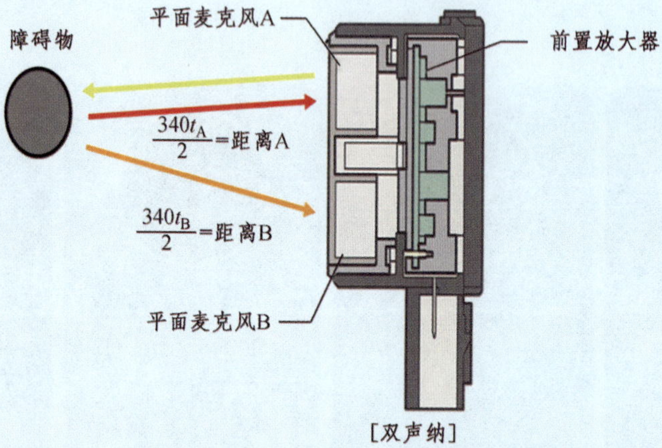

图 4-1-8　超声波雷达的测距原理

3. 倒车雷达系统的工作原理

倒车雷达系统的工作原理图如图 4-1-9 所示。倒车雷达系统的工作原理就是在车的后保险杠或前后保险杠设置超声波雷达器，用以侦测前后方的障碍物，帮助驾驶员看到前后方的障碍物，或停车时与其他车的距离。

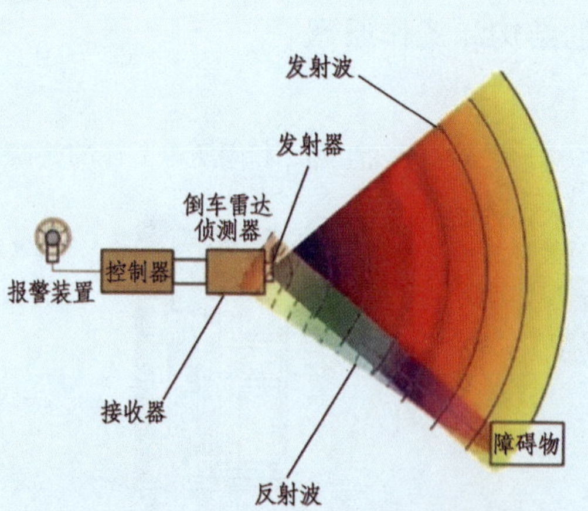

图 4-1-9　倒车雷达系统的工作原理

倒车雷达系统是以超声波雷达来侦测出离车最近的障碍物距离，并发出警笛声来警告驾驶员。警笛声音的控制通常分为两个阶段，当汽车的距离达到某一开始侦测的距离时，警笛声音开始以某一高频的警笛声鸣叫，而当车行至更近的某一距离时，则警笛声改以连续的警笛声，来告知驾驶员。倒车雷达系统的优点在于驾驶员可以用听觉获得有关障碍物的信息，或与其他车的距离。倒车雷达系统主要是协助停车的，所以当达到或超过某一车速时系统功能将会关闭。

倒车雷达的工作过程

请简述倒车雷达的工作过程：____

____

____

4. 探测距离与时间的关系

请通过查阅资料，小组合作学习，结合图 4-1-10，归纳总结汽车前方的超声波雷达传感器返回的探测距离与时间的关系是什么？

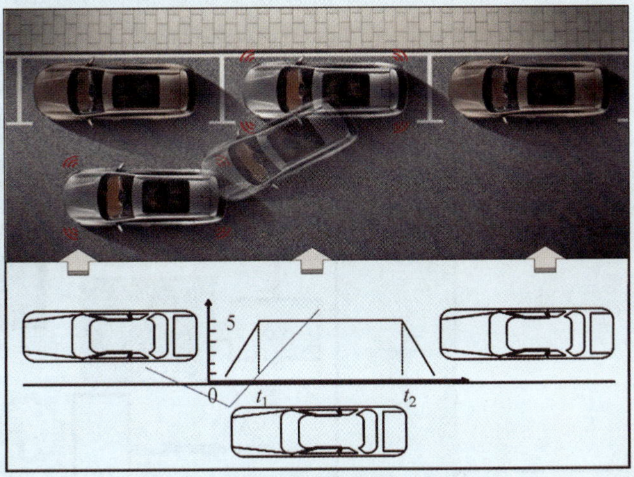

图 4-1-10　探测距离与时间的关系

____

____

三、超声波雷达的应用和性能指标

1. 超声波雷达的应用

车载超声波雷达主要分为 UPA 和 APA 两大类。

（1）UPA。

UPA 是一种短程超声波，主要安装在车身的前部与后部，检测范围为 25cm ~ 2.5m，由于检测距离大，多普勒效应和温度干扰小，检测更准确。

（2）APA。

APA 是一种远程超声波传感器，主要用于车身侧面，检测范围为 35cm ~ 5m，可覆盖一个停车位。方向性强，探头波的传播性能优于 UPA，不易受到其他 APA 和 UPA 的干扰。当然，检测距离越远，检测误差越大，如图 4-1-11 所示。

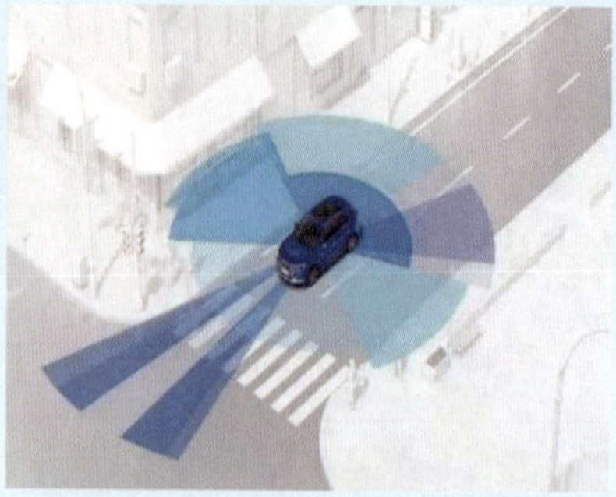

图 4-1-11　超声波雷达的应用

超声波通常由 LIN 总线驱动，每一个超声波都需要一个超声波雷达 ID 来帮助区分。超声波雷达是一种无源传感器。超声波能在 1 秒内传输最大 20Hz 的检测信息，在超声波接收到信号后，进行一轮超声波检测，然后将采集到的信息返回终端。如图 4-1-12 所示。

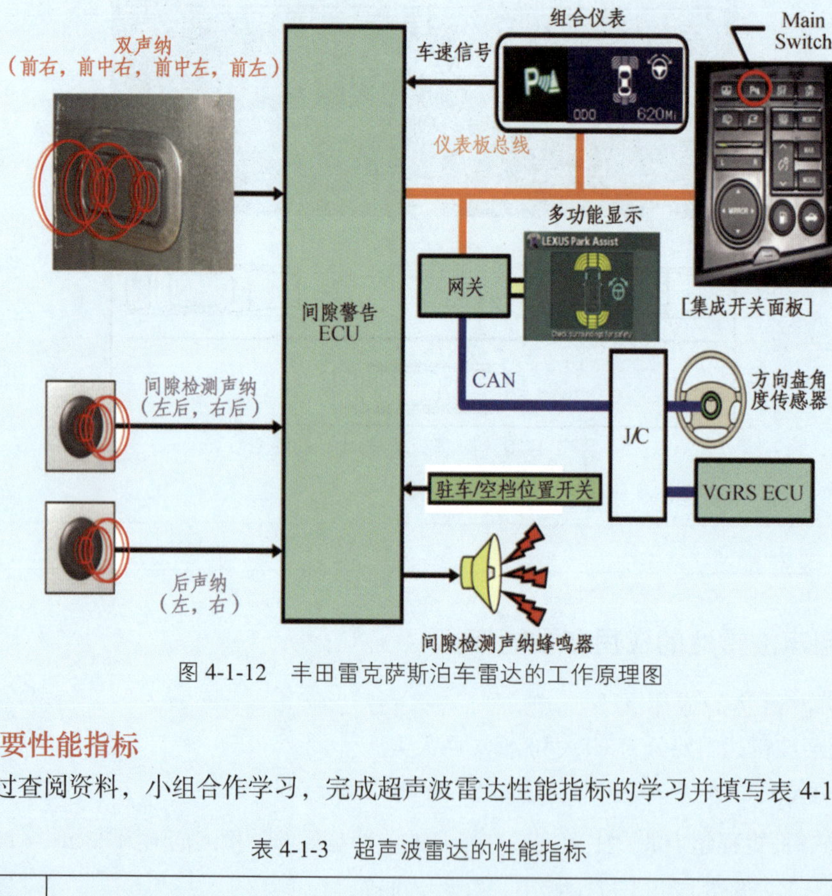

图 4-1-12　丰田雷克萨斯泊车雷达的工作原理图

2. 主要性能指标

请通过查阅资料，小组合作学习，完成超声波雷达性能指标的学习并填写表 4-1-3。

表 4-1-3　超声波雷达的性能指标

工作频率	
工作温度	
灵敏度	

知识强化

超声波雷达在智能网联汽车上的应用学习页

1. 填空题

（1）声波分为次声波、可闻声波和超声波。次声波是频率小 ____________ 的声波。人耳听不到。可闻声波是指频率为 ____________ 的声波，是人能够听见的声波。超声波是指频率大于 ______________ 的声波。

（2）超声波雷达由 _____________、_____________、数据线和拔码开关组成。

（3）超声波雷达安装于汽车前后 ____________，用于测量汽车前后障碍物；安装于汽车侧面，用于测量侧方障碍物 _____________。

（4）雷达是受到 _____________ 的启发而发明的。

（5）汽车车载雷达技术源自军工技术，超声波雷达的工作原理是利用传感器中的超声波发生器产生 _____________ 的超声波，然后接收探头接收障碍物反射的超声波，并根据超声波反射接收的时差计算出与障碍物的距离。

2. 判断题

（1）雷达主要由天线、放大器、接收机、信号处理机和终端设备等组成。（　　）

（2）超声波雷达是利用超声波的特性研制而成的传感器，是在超声波频率范围内将交变的电信号转换成声信号或将外界声场中的声信号转换为电信号的能量转换器件。（　　）

（3）超声波通常由 CIN 总线驱动，每一个超声波都需要一个超声波雷达 ID 来帮助区分。（　　）

（4）汽车前方的超声波雷达传感器返回的探测距离与时间没有关系。（　　）

（5）航空雷达可探测和跟踪海面、空中目标，为武器系统提供目标数据，引导舰载机飞行和着舰，躲避海上障碍物，保障舰艇安全航行和战术机动。（　　）

3. 单项选择题

（1）智能网联汽车推动了车用传感器的快速发展，（　　）目前已经成熟地应用到各量产车上，其技术相对成熟。

A. 超声波雷达　　B. 激光雷达　　C. 毫米波雷达　　D. 红外传感器

（2）雷达能够主动探测周边环境，比视觉传感器受外界环境（　　），是自动驾驶汽车的重要传感器之一。根据电磁波波段，雷达可细分为激光雷达、毫米波雷达和超声波雷达等3类。

A. 影响更小　　B. 影响更大　　C. 影响更广　　D. 影响更深

（3）超声波雷达主要用于（　　）目标物的探测。

A. 短距离　　B. 中距离　　C. 长距离　　D. 以上均不对

（4）超声波雷达主要用于（　　）。

A. 测距及识别，但识别质量的高低取决于激光束的数量和发射频率。

B. 停车或者倒车时的安全辅助装置。

C. 盲点检测、变道辅助等控制功能。

D. 泊车辅助、碰撞预警等控制功能。

（5）超声波雷达安装于汽车（　　）。

A. 挡风玻璃上　　B. 前后保险杠上　　C. 发动机舱　　D. 电脑板上

4. 多项选择题

（1）智能汽车常用的环境感知传感器有（　　）超声波雷达和红外线传感器等。

A. 视觉传感器　　B. 化学传感器　　C. 听觉传感器　　D. 激光雷达

（2）雷达主要由（　　）信号处理机和终端设备等组成。

A. 天线　　B. 发射机　　C. 接收机　　D. 数据转换机

（3）超声波雷达的特点是（　　）

A. 有效探测距离在 5 ~ 10 m 之间　　B. 对色彩、光照度不敏感

C. 对外界光线和电磁场不敏感　　D. 结构简单、体积小、成本低

（4）车载超声波雷达主要分为（　　）和（　　）两大类。

A. UPA　　B. CPA　　C. APA　　D. DPA

（5）超声波雷达的性能指标有（　　）。

A. 工作频率　　B. 工作温度　　C. 灵敏度　　D. 数据转换机

实训工单

1. 参观实训室智能网联汽车整车、台架、模型或挂图，初步认识智能网联汽车雷达。

记录：____

____

____

2. 利用互联网查询超声波雷达相关资讯。

打开电脑或移动终端的浏览器、APP，利用“百度”等搜索引擎，分别搜索“超声波雷达”+“定义、结构、特点、工作原理、应用”等关键词，查询、学习相关资讯，总结智能网联汽车的应用场景。

（1）超声波雷达的准确定义：____

____

____

（2）超声波雷达在智能网联汽车上的应用举例。

应用 1：____

____

____

应用 2：____

____

____

应用 3：____

____

____

3. 分析智能网联汽车超声波雷达的发展现状及趋势。

根据查询获取的资讯，结合性能指标分析超声波雷达发展趋势并填写表 4-1-4。

表 4-1-4　智能网联汽车超声波雷达分析

性能指标	现　状	发展趋势
工作频率		
工作温度		
灵敏度		

任务考评

表 4-1-5　任务考评

<table>
<tr><th colspan="2">考核内容</th><th colspan="3">考核评分</th></tr>
<tr><th>项　目</th><th>内　容</th><th>配　分</th><th>得　分</th><th>批　注</th></tr>
<tr><td rowspan="5">工作准备（30%）</td><td>能够正确理解学习过程的内容、范围及工作指令</td><td>10</td><td></td><td></td></tr>
<tr><td>能够查阅资料，小组合作完成所遇到的学习问题</td><td>5</td><td></td><td></td></tr>
<tr><td>对智能网联汽车雷达知识的了解</td><td>5</td><td></td><td></td></tr>
<tr><td>通过互联网资源查阅资料，进行归纳总结并进行结果展示</td><td>5</td><td></td><td></td></tr>
<tr><td>确认上课所需的学习资料是否齐全到位</td><td>5</td><td></td><td></td></tr>
<tr><td rowspan="5">实施程序（50%）</td><td>正确了解雷达的分类并进行正确区分并进行记录</td><td>10</td><td></td><td></td></tr>
<tr><td>正确了解超声波雷达概念、分类并进行正确区分记录</td><td>10</td><td></td><td></td></tr>
<tr><td>正确了解超声波雷达在智能网联汽车上应用及工作原理相关记录</td><td>10</td><td></td><td></td></tr>
<tr><td>参观实训室的智能网联汽车或借助网上资料对超声波雷达的认识进行记录</td><td>10</td><td></td><td></td></tr>
<tr><td>利用互联网查询智能网联汽车超声波雷达性能指标及其他相关资讯，完成智能网联汽车相关知识的收集</td><td>10</td><td></td><td></td></tr>
<tr><td rowspan="4">完工清理（20%）</td><td>收集和储存可以再利用的原材料、余料</td><td>5</td><td></td><td></td></tr>
<tr><td>遵循维护工作程序清洁垃圾、清洁和整理工作区域</td><td>5</td><td></td><td></td></tr>
<tr><td>对学习环境和工作页面进行清洁</td><td>5</td><td></td><td></td></tr>
<tr><td>按照工作程序，填写完成作业单</td><td>5</td><td></td><td></td></tr>
<tr><td>考核评语</td><td>考核人员：　　　　　　日　期：　　　　　　年　月　日</td><td>考核成绩</td><td colspan="2"></td></tr>
</table>

智能网联汽车概论

任务二 毫米波雷达在智能网联汽车上的应用

任务导入

表 4-2-1　任务导入

<table>
<tr><td colspan="2">任务名称</td><td colspan="4">毫米波雷达在智能网联汽车上的应用</td></tr>
<tr><td>姓　名</td><td></td><td>班　级</td><td></td><td>成　绩</td><td></td></tr>
<tr><td>组　别</td><td></td><td>组　长</td><td></td><td>场　地</td><td></td></tr>
<tr><td>日　期</td><td></td><td>学　时</td><td></td><td>指导教师</td><td></td></tr>
<tr><td rowspan="3">任务目标</td><td>知识目标</td><td colspan="4">1. 了解毫米波的定义、特点；
2. 了解毫米波雷达的定义、应用、优点及组成</td></tr>
<tr><td>能力目标</td><td colspan="4">1. 能分析毫米波雷达的工作原理；
2. 能分析毫米波雷达的性能指标</td></tr>
<tr><td>素质目标</td><td colspan="4">1. 树立安全意识；
2. 培养 8S 现场管理意识</td></tr>
<tr><td>学习准备</td><td colspan="5">手机等调研设备、互联网资源、展示白板</td></tr>
<tr><td>任务背景</td><td colspan="5">随着汽车保有量的增加，如何降低交通事故发生率已成为迫切需要解决的问题。解决该问题最有效的办法之一就是配置先进驾驶辅助系统，提高汽车行驶安全性，最大限度地降低交通事故发生率。先进驾驶辅助系统是利用环境感知技术采集汽车、驾驶员和周围环境的动态数据并进行分析处理，通过提醒驾驶员或执行器介入汽车操纵以实现驾驶安全性和舒适性的一系列技术的总称。毫米波雷达在智能网联汽车先进驾驶辅助系统中发挥着关键作用。智能网联汽车先进驾驶辅助系统如图 4-2-1 所示。
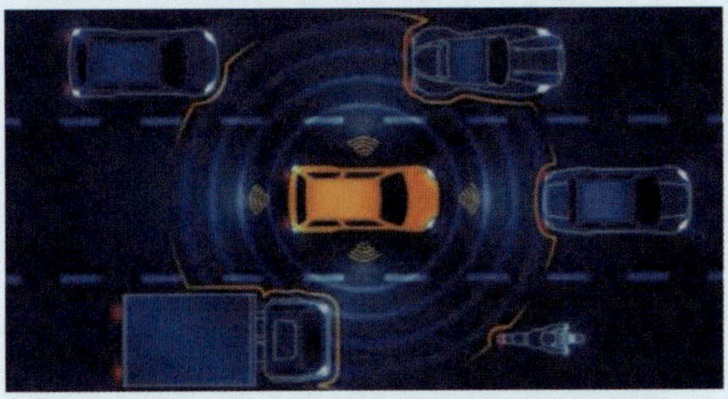
图 4-2-1　智能网联汽车先进驾驶辅助系统
毫米波雷达在智能网联汽车先进驾驶辅助系统中起什么作用？毫米波雷达的工作原理是什么？毫米波雷达有哪些技术参数？学习本活动，便可以得到答案。</td></tr>
</table>

知识链接

一、毫米波雷达基础知识

1. 毫米波的定义及特点

毫米波是指波长为 1 ~ 10 mm 的电磁波，它位于微波与远红外波相交叠的波长范围内，具有以下特点。

（1）极宽的带宽。毫米波频率范围为 30 ~ 300 GHz，带宽高达 270 GHz，广义毫米波频率范围为 20 ~ 30 GHz 。

（2）波束窄。在相同天线尺寸下，毫米波的波束要比微波的波束窄得多。例如，一个 12 cm 的天线，在 9.4 GHz 时波束宽度为 18°，而 94 GHz 时波束宽度仅为 1.8°，因此可以分辨相距更近的小目标或者更为清晰地观察目标的细节。

（3）与激光相比，毫米波的传播受气候的影响要小得多，可以认为具有全天候特性。

（4）和微波相比，毫米波元器件的尺寸要小得多，因此毫米波系统更容易小型化。

2. 毫米波雷达的定义及其应用

毫米波雷达是工作在毫米波频段的雷达，它通过发射与接收高频电磁波来探测目标，后端信号处理模块利用回波信号计算出目标的距离、速度和角度等信息。毫米波雷达是智能网联汽车核心传感器之一，主要用于自适应巡航控制系统（ACC）、自动制动辅助系统（AEB）、前向碰撞预警系统（FCW）、盲区监测系统（BSD）、变道辅助系统（LCA）等。毫米波雷达及其应用如图 4-2-2 所示。

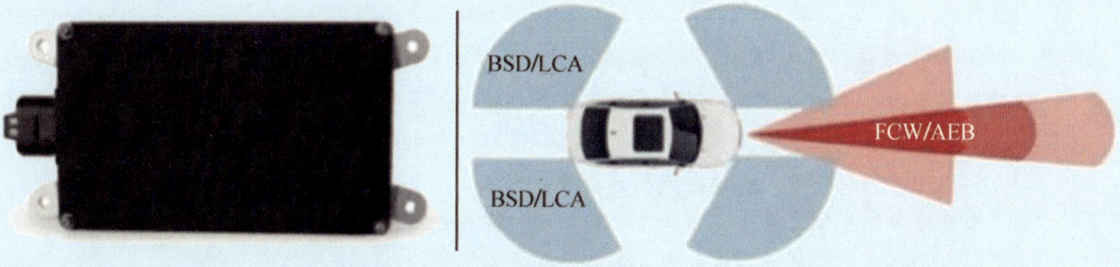

图 4-2-2　毫米波雷达及其应用

3. 毫米波雷达的优点

（1）探测距离远。毫米波雷达探测距离远，可达 200 m 以上。

（2）探测性能好。毫米波波长较短，汽车在行驶中的前方目标一般都是由金属构成的，这会形成很强的电磁反射，其探测不受颜色与温度的影响。

（3）响应速度快。毫米波的传播速度与光速一样，并且其调制简单，配合高速信号处理系统，可以快速地测量出目标的距离、速度和角度等信息。

（4）适应能力强。毫米波具有很强的穿透能力，在雨、雪、大雾等恶劣天气依然可以正常工作，而且不受颜色和温度的影响。

（5）抗干扰能力强。毫米波雷达一般工作在高频段，而周围的噪声和干扰处于中低频区，基本上不会影响毫米波雷达的正常运行。因此，毫米波雷达具有抗低频干扰的特性。

4. 毫米波雷达的缺点

（1）覆盖区域呈扇形，有盲点区域。

（2）无法识别交通标志。

（3）无法识别交通信号灯。

二、毫米波雷达的组及和工作原理

1. 毫米波雷达系统组成

毫米波雷达系统主要包括天线、收发系统、信号处理系统和收发芯片。印刷电路板是毫米波雷达的硬件核心。其中，收发芯片通常使用一种特殊的半导体，如硅锗双极晶体管。这些硅锗基芯片不能实现更高的集成度，因此，雷达系统通常需要多个芯片和外围设备。基于 SIGE 技术的 77 GHz 毫米波雷达系统可以满足汽车的应用需求，但它占用了大量的板空间，而且价格昂贵，使用成本较高。

单片微波集成电路（MMIC）芯片和天线印制电路板是毫米波雷达的硬件核心。以调频连续波汽车雷达系统为例，天线的结构主要包括天线、收发模块和信号处理模块。

（1）MMIC 单片微波集成电路。

MMIC 具有电路损耗低、噪声低、频带宽、动态范围大、功率大、抗电磁辐射能力强等特点。包括各种各样的功能电路，如低噪声放大器（LNA）、功率放大器、混频器、探测器、调制器、压控振荡器（VCO）、移相器等等（见图 4-2-3）。

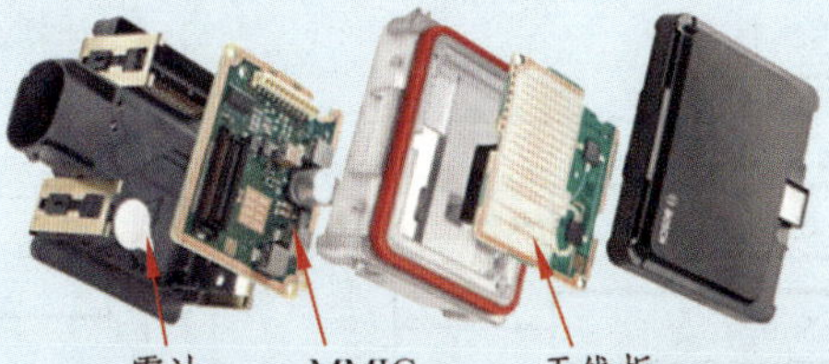

图 4-2-3　毫米波雷达外形及内部结构

（2）雷达天线高频印刷电路板。

毫米波雷达结构包括天线、收发模块、信号处理模块等。射频收发器前端是雷达系统的核心部件，如图 4-2-4 所示。

前端主要包括波导结构的前端、微带结构的前端和前端的单片集成。

典型的射频前端主要包括天线、线性 VCO、放大器和平衡混频器部分，前端混频输出的中频信号通过中频放大送至下一级的数据处理部分。

数据处理部分的基本目标是消除不必要的信号（如杂波）和干扰信号，处理经中频放大的混频信号，从信号频谱中提取目标距离、速度等信息。

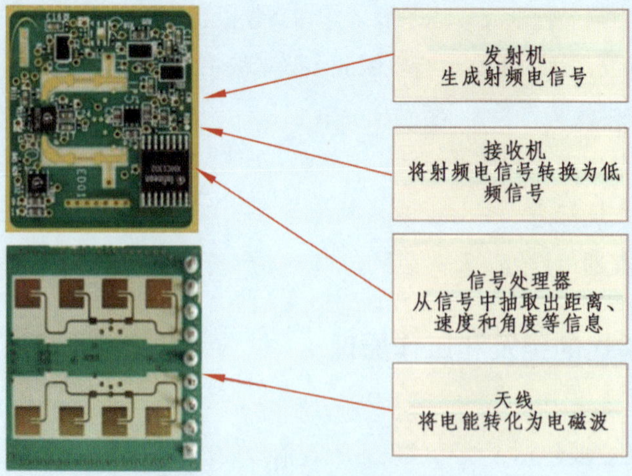

图 4-2-4 英飞凌汽车毫米波雷达

2. 车载毫米波雷达工作原理

（1）请根据以上的信息，结合查阅资料，结合图4-2-5，说说毫米波雷达的测量原理是什么？

____

____

____

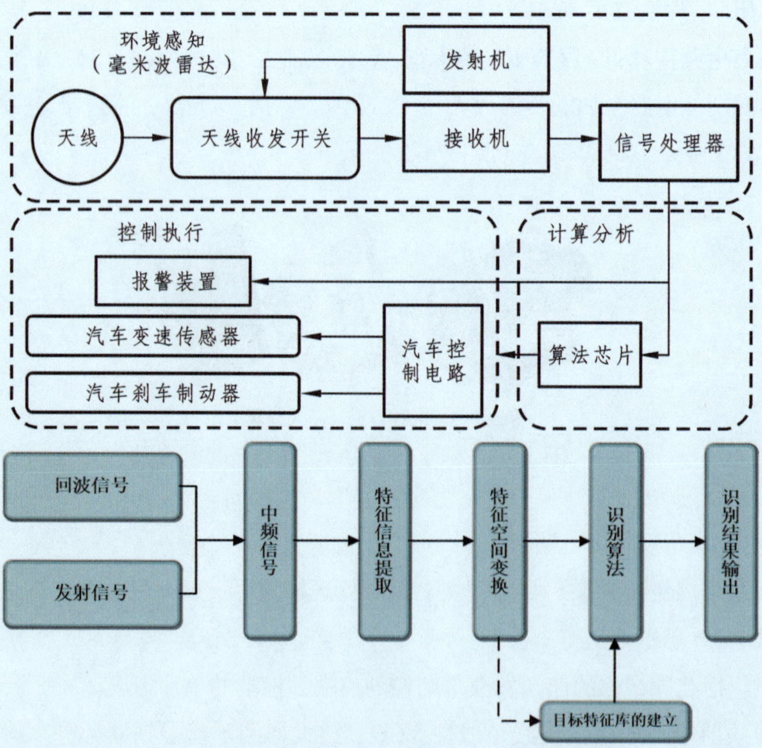

图 4-2-5 ADAS 毫米波雷达工作路径

毫米波位于微波和远红外波重叠的波长范围内，根据波传播理论，频率越高，波长越短，分辨率越高，穿透能力越强，但传播过程中损耗越大，传输距离越短。相对而言，频率越低，波长越长，绕射能力越强，传输距离越远。因此，与微波相比，毫米波具有分辨率高、方向性好、抗干扰能力强、检测性能好等特点。与红外线相比，毫米波具有大气衰减小、对烟雾的穿透性好、受天气影响小等特点，毫米波雷达具有全天候工作的能力。

（2）FMCW 毫米波雷达系统。

FWCW（调频连续波）雷达是目前最常用的车载毫米波雷达，FWCW 雷达系统主要包括发射接收天线、射频前端、调制信号和信号处理模块。毫米波雷达是通过对接收信号和发射信号的处理，实现对目标的探测距离、方位和相对速度的测量，如图 4-2-6 所示。

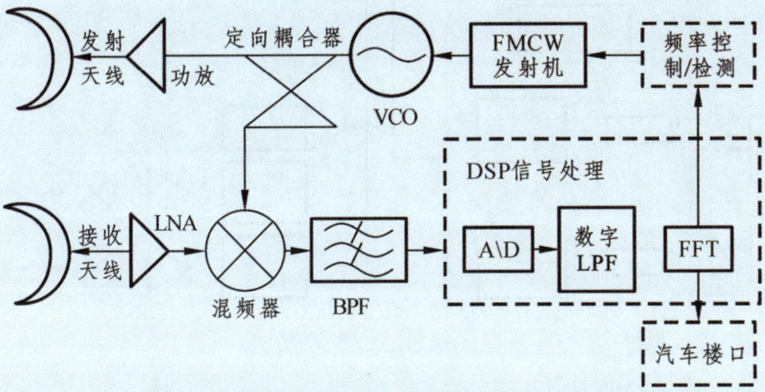

图 4-2-6 FMCW 毫米波雷达系统结构与原理

（3）查阅资料，结合图 4-2-7，请探讨并说说 FWCW 雷达的载波频率与天线调制频率的关系。

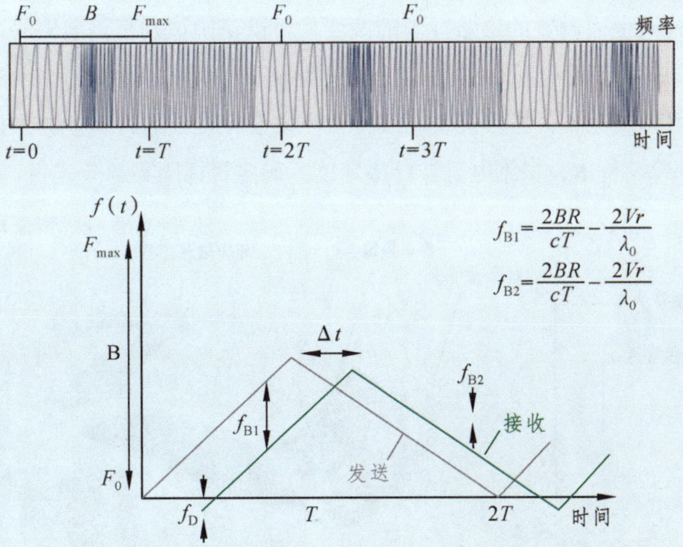

图 4-2-7 FMCW 毫米波雷达载波频率与天线调制频率的关系

____

____

____

（4）根据电磁波辐射方式的不同，毫米波雷达主要有两种工作系统：脉冲系统和连续波系统。结合图 4-2-8，请说说车用毫米波雷达技术原理。

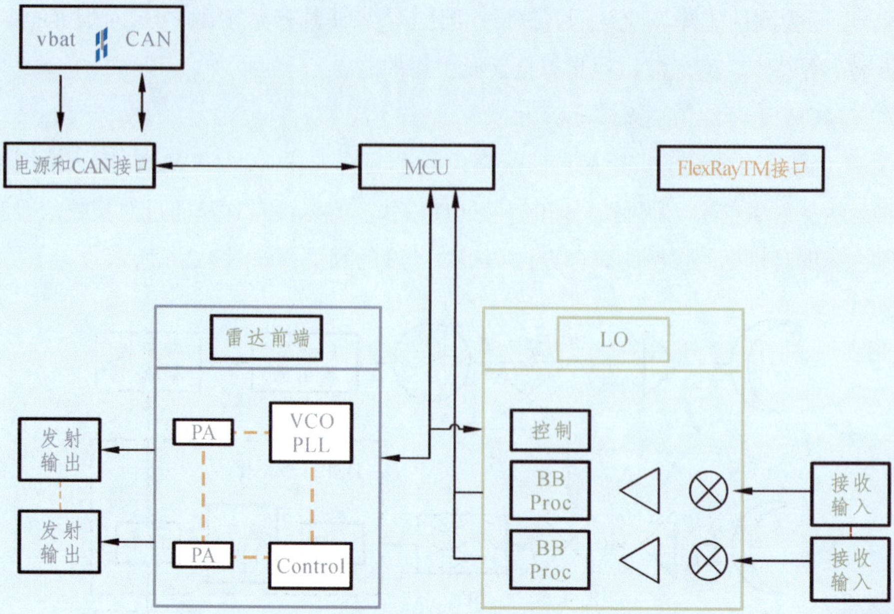

图 4-2-8　车用毫米波雷达技术原理

车用毫米波雷达
技术原理

（5）通过三维扫描，可以更可靠地检测出物体的正面、左侧和右侧以及上下方向。

例如，通过检测上面设置的道路标志的高度，可以正确识别车辆前面的物体。道路上的障碍物可以从更远的位置识别，从而提高高速区域碰撞安全系统的性能。毫米波雷达测距方法非常简单，即先发射无线电波，然后接收回波，根据发射和接收的时间差测量目标的位置数据和相对距离。如图 4-2-9 所示，根据电磁波传播速度，确定目标距离的公式为：$s=ct/2$。

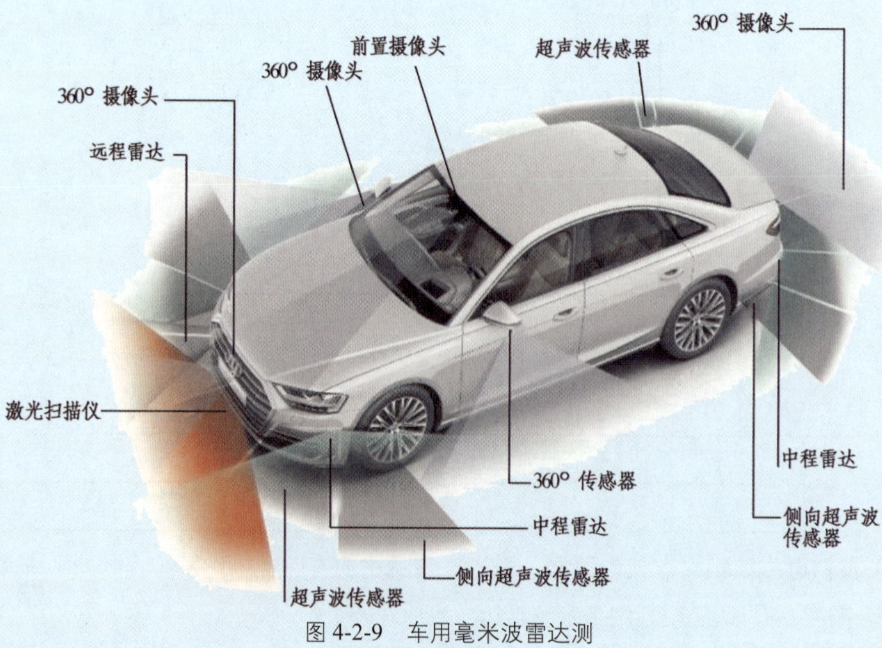

图 4-2-9　车用毫米波雷达测

请说说目标距离测定的原理是什么？

（6）雷达主要测量目标的三个参数：位置、速度和方位角。

① 位置和速度。

测量位置和速度的精确方法取决于雷达使用的调制方法，雷达调制就是简单地实现雷达回波识别和传递时间测量，对于雷达发射的电磁波，需要增加标记和时间基准。在车载雷达中，主要采用幅度调制和频率调制两种方法。

查阅资料，结合图 4-2-10，请说说位置和速度如何测量？

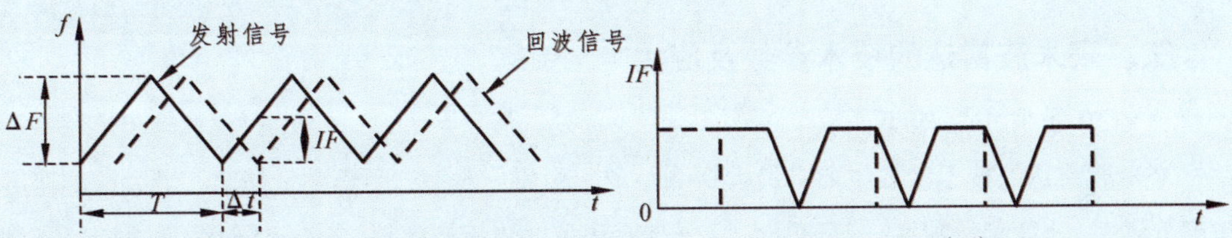

图 4-2-10　车用毫米波雷位置和速度测量

查阅资料，结合图 4-2-11，小组合作学习，说说雷达测距原理。

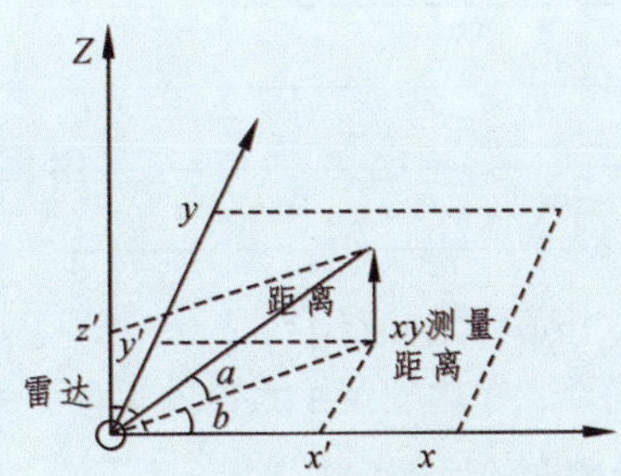

图 4-2-11　车用毫米波雷测距原理

② 方位角。

查阅资料，结合图 4-2-12，小组合作学习，请说说方位角测量的原理与方法。

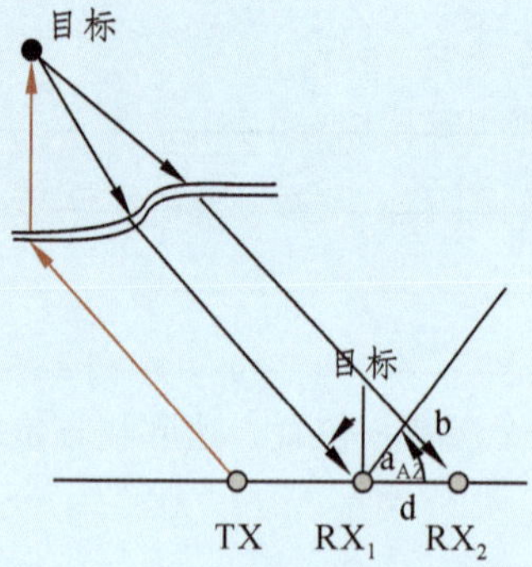

图 4-2-12　车用毫米波雷方位角测量

______

______

______

三、毫米波雷达的技术参数及应用

1. 毫米波雷达的技术参数

毫米波雷达的技术参数主要有最大探测距离、距离分辨率、距离测量精度、最大探测速度、速度分辨率、速度测量精度、视场角、角度分辨率和角度测量精度等。各小组同学，通过资料查询，写出各性能参数表示什么。

（1）最大探测距离：______

（2）距离分辨率：______

（3）距离测量精度：______

（4）最大探测速度：______

（5）速度分辨率：______

（6）速度测量精度：______

（7）视场角：______

（8）角度分辨率：______

（9）角度测量精度：______

2. 毫米波雷达在智能网联汽车上的应用

为了满足不同探测距离的需要，车内安装了大量的短程、中程和远程毫米波雷达。不同的毫米波雷达在车辆的前部、车身侧面和后部起着不同的作用。

毫米波雷达可实现自适应巡航控制、前向防撞报警、盲点检测、辅助停车、辅助变道、自主巡航控制等先进的巡航控制功能，如图 4-2-13 所示。

（1）自适应巡航（ACC）.

自适应巡航是一种驾驶辅助功能，它可以按照设定的车速或距离跟随前面的车辆，或者根据前面的车速主动控制车辆的行驶速度，最终使车辆与前面的车辆保持安全距离。其优点是可以有效地解放驾驶员的脚，提高驾驶舒适性，如图 4-2-14 所示。

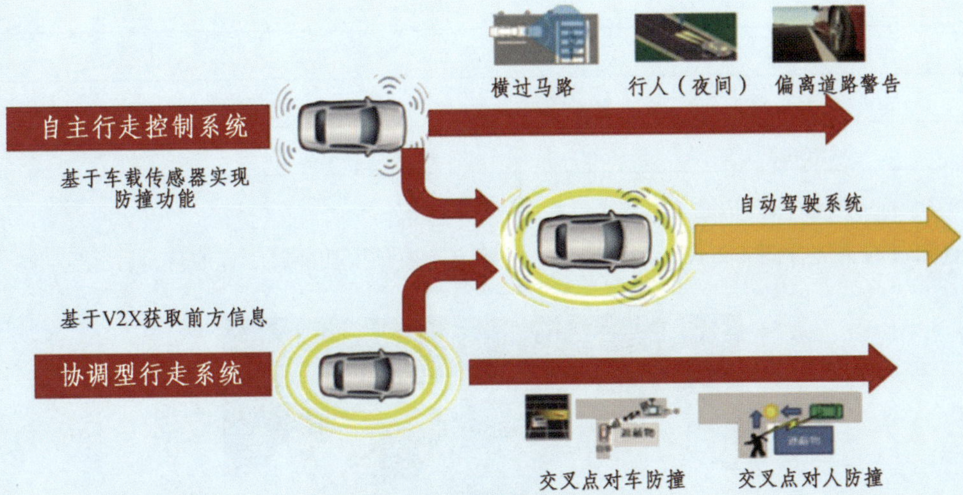

图 4-2-13　车用毫米波雷应用

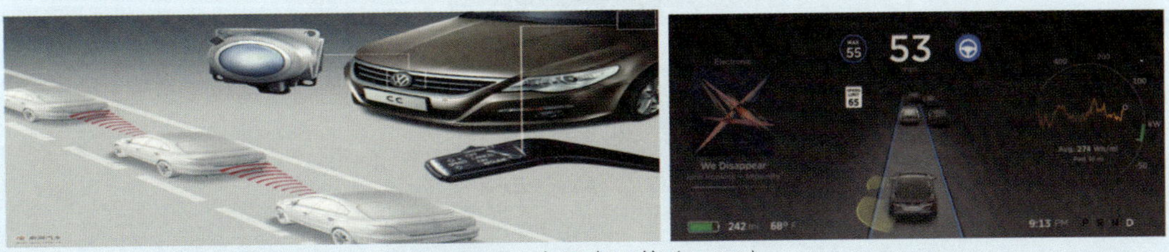

图 4-2-14　自适应巡航（ACC）

查阅资料，结合图 4-2-14，请说说自适应巡航的工作原理？

____

____

____

（2）自动紧急制动（AEB）。

查阅资料，结合图 4-2-15，请说说自动紧急制动的工作原理？

图 4-2-15　自动紧急制动（AEB）

（3）前方防撞预警功能（FCV）。

查阅资料，结合图 4-2-16，请说说什么是前方防撞预警功能？工作原理是什么？

图 4-2-16　前方防撞预警功能（FCV）

（4）变道辅助系统。

查阅资料，结合图 4-2-17，请说说什么是变道辅助系统？工作原理是什么？

图 4-2-17　变道辅助系统

知识强化

毫米波雷达在智能网联汽车的应用学习页

1. 填空题

（1）毫米波是指波长为 ________ 的电磁波，它位于微波与远红外波相交叠的波长范围内。

（2）毫米波雷达主要测量目标的三个参数：位置、________ 和 ________。

（3）毫米波位于微波和远红外波重叠的波长范围内，根据波传播理论，频率越高，波长越 ________，分辨率越 ________，穿透能力越 ________，但传播过程中损耗越 ________，传输距离越 ________。

（4）先进驾驶辅助系统是利用环境感知技术采集汽车、驾驶员和周围环境的动态数据并进行分析处理，通过 ________ 实现驾驶安全性和舒适性的一系列技术的总称。

（5）毫米波雷达探测距离远，可达 ________ 以上。

2. 判断题

（1）毫米波雷达系统主要包括天线、收发系统、信号处理系统、收发芯片和天线。（　）

（2）毫米波雷达优点：隐蔽性好、抗干扰能力强、体积小、质量轻、可测距离远。（　）

（3）毫米波雷达的技术参数主要有最大探测距离、距离分辨率、距离测量精度、最大探测速度、速度分辨率、速度测量精度、视场角、角度分辨率和角度测量精度等。（　）

（4）车内安装了大量的短程、中程和远程毫米波雷达。不同的毫米波雷达在车辆的前部、车身侧面和后部起着相同的作用。（　）

（5）毫米波的波长介于分米波和厘米波之间，因此毫米波雷达兼有厘米波雷达和光电雷达的一些优点。（　）

3. 单项选择题

（1）毫米波雷达的优点是频带宽、隐蔽性好、抗干扰能力强、（　）。

A. 重量轻　　B. 体积大　　C. 角分辨力低

（2）雷达按照工作频段进行分类，可分为（　）。

A. 米波雷达　　B. 分米波雷达　　C. 毫米波雷达　　D. 以上都是

（3）毫米波雷达从优化到大量生产，以及安装校准，都需要对雷达性能进行规范化、标准化的检测及诊断，实现对毫米波雷达的发射机性能、回波接收性能以及抗扰能力的测试。毫米波雷达的测试主要是从两方面进行的：射频信号的性能测试、（　）。

A. 功能测试　　B. 延时测试　　C. 结构性测试　　D. 随机测试

（4）下列关于毫米波雷达的描述正确的是（　）。

A. 是工作在毫米波波段探测的雷达。通常毫米波是指 30 ~ 300 GHz 频域、波长为 1 ~ 10 mm 的电磁波。

B. 属于长波雷达，它带有自己的发射机，主要用于长距离探测。

C. 工作波长为 10 cm ~ 1 m、频率为 3000 ~ 300 MHz 的雷达。

（5）自适应巡航是一种驾驶辅助功能，它可以按照设定的（　　）跟随前面的车辆。

A. 车辆目标　　B. 参数　　C. 车速或距离　　D. 理念

4. 多项选择题

（1）毫米波的特点是（　　）

A. 极宽的带宽　　B. 波束窄

C. 与激光相比，毫米波被认为具有全天候特性

D. 和微波相比，毫米波元器件的尺寸要小得多

（2）毫米波雷达频率越高，检测的分辨率越（　　），探测距离越（　　）。

A. 高　　B. 近　　C. 低　　D. 远

（3）毫米波雷达主要应用于（　　）

A. ACC　　B. AEB　　C. FCW　　D. BSD

（4）雷达主要测量目标的三个参数是（　　）。

A. 位置　　B. 速度　　C. 方位角　　D. 偏移量

（5）毫米波位于（　　）和（　　）重叠的波长范围内

A. 微波　　B. 速度　　C. 远红外波　　D. 偏移

实训工单

1. 参观实训室智能网联汽车整车、台架、模型或挂图，认识智能网联汽车毫米波雷达。

记录：____

____

____

2. 利用互联网查询毫米波雷达的定义及其他相关资讯。

打开电脑或移动终端的浏览器、APP，利用“百度”等搜索引擎，分别搜索“毫米波雷达”+“定义、结构、特点、工作原理、应用”等关键词，查询、学习相关资讯，总结智能网联汽车的应用场景。

（1）毫米波雷达的准确定义：____

____

____

（2）毫米波雷达在智能网联汽车上的应用举例并简单说明其工作原理

应用 1：____

应用 2：____

应用 3：____

3. 分析智能网联汽车毫米波雷达发展现状及趋势。

根据查询获取的资讯，结合所学知识，分析毫米波雷达发展现状及发展趋势，并填写表 4-2-2。

表 4-2-2　智能网联汽车毫米波雷达发展分析

现　状	
发展趋势	

任务考评

表 4-2-3　任务考评

考核内容		考核评分		
项　目	内　容	配　分	得　分	批　注
工作准备（30%）	能够正确理解学习过程的内容、范围及工作指令	10		
	能够查阅资料，小组合作完成所遇到的学习问题	5		
	对智能网联汽车毫米波雷达知识的了解	5		
	通过互联网资源查阅资料进行归纳总结并进行结果展示	5		
	确认上课所需的学习资料是否齐全到位	5		
实施程序（50%）	正确了解毫米波雷达的定义、组成并进行记录	10		
	正确了解毫米波雷达结构及工作原理并进行正确记录	10		
	正确了解毫米波雷达在智能网联汽车上应用并进行相关记录	10		
	参观实训室的智能网联汽车或借助网上资料对毫米波雷达的认识进行记录	10		
	利用互联网查询智能网联汽车毫米波雷达性能指标及其他相关资讯，完成智能网联汽车毫米波雷达相关知识的收集	10		
完工清理（20%）	收集和储存可以再利用的原材料、余料	5		
	遵循维护工作程序清洁垃圾、清洁和整理工作区域	5		
	对学习环境和工作页面进行清洁	5		
	按照工作程序，填写完成作业单	5		
考核评语	考核人员：　　　　日　期：　　　　年　月　日	考核成绩		

任务三 激光雷达在智能网联上的应用

任务导入

表 4-3-1　任务导入

<table>
<tr><td colspan="2">任务名称</td><td colspan="4">激光雷达在智能网联上的应用</td></tr>
<tr><td>姓　名</td><td></td><td>班　级</td><td></td><td>成　绩</td><td></td></tr>
<tr><td>组　别</td><td></td><td>组　长</td><td></td><td>场　地</td><td></td></tr>
<tr><td>日　期</td><td></td><td>学　时</td><td></td><td>指导教师</td><td></td></tr>
<tr><td rowspan="3">任务目标</td><td>知识目标</td><td colspan="4">1. 了解激光雷达的定义、分类及特点；
2. 了解激光雷达的组成及优、缺点</td></tr>
<tr><td>能力目标</td><td colspan="4">1. 能分析激光雷达的工作原理；
2. 能分析激光雷达的性能指标</td></tr>
<tr><td>素质目标</td><td colspan="4">1. 树立安全意识；
2. 培养 8S 现场管理意识</td></tr>
<tr><td>学习准备</td><td colspan="5">手机等调研设备、互联网资源、展示白板</td></tr>
<tr><td>任务背景</td><td colspan="5">激光雷达是无人驾驶汽车必备的传感器，也是目前制约无人驾驶汽车发展的关键部件。无人驾驶汽车行驶必备的条件之一是精准定位，高精度感知周围环境。激光雷达利用扫描出来的点云数据绘制高精度地图，达到实时路况及移动物体的高精度感知，并进行精准定位，确定可行驶空间，保障无人驾驶汽车安全行驶。无人驾驶汽车周围 3D 环境如图 4-3-1 所示。
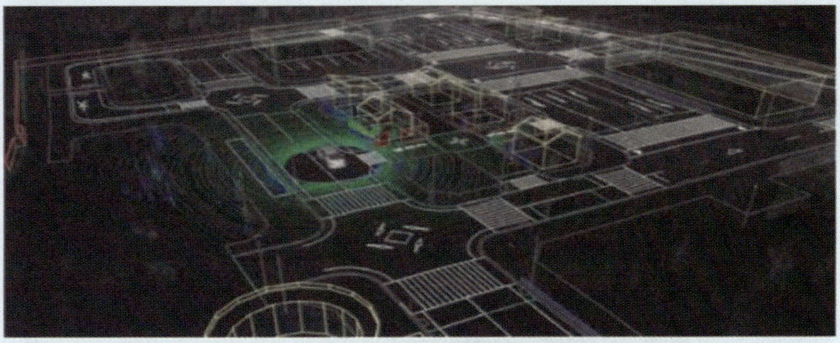
图 4-3-1　无人驾驶汽车周围 3D 环境
激光雷达在无人驾驶汽车中起什么作用？激光雷达有哪些技术参数？激光雷达如何进行标定？学习本任务，便可以得到答案。</td></tr>
</table>

知识链接

一、激光雷达基础知识

1. 激光雷达的定义

激光雷达是工作在光频波段的雷达，它利用光频波段的电磁波先向目标发射探测信号，然后将其接收到的回波信号与发射信号相比较，从而获得目标的位置（距离、方位和高度）、运动状态（速度、姿态）等信息，实现对目标的探测、跟踪和识别，如图 4-3-2 所示。

激光雷达传感器　　全固态激光雷达传感器　　多线束激光雷达传感器

图 4-3-2　激光雷达

2. 激光雷达的分类

请根据以上的信息，结合资料，完成表 4-3-2 的填写。

表 4-3-2　激光雷达分类

分类方法	名　称	特　点
按有无机械旋转部件		
线束数量多少		

3. 激光雷达的组成

请根据以上的信息，查阅资料，结合图 4-3-3，完成表 4-3-3 的填写。

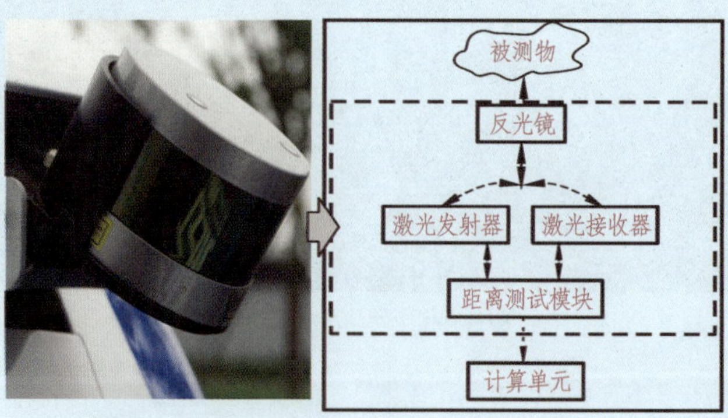

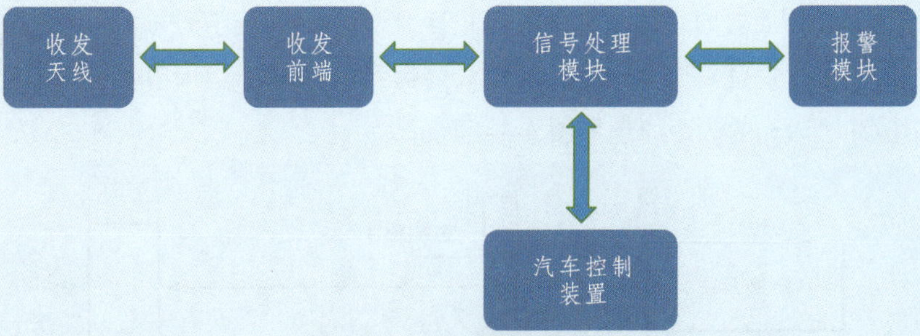

图 4-3-3　激光雷达的组成

表 4-3-3　激光雷达各组成及作用

组　成	作　用

4. 激光雷达的优点

（1）探测范围广。探测距离可达 300 m 以上。

（2）分辨率高。激光雷达可以获得极高的距离、速度和角度分辨率。通常激光雷达的距离分辨率可达 0.1 m；速度分辨率能达到 10 m/s 以内；角度分辨率不低于 0.1 mard，也就是说可以分辨 3 km 距离内相距 0.3 m 的两个目标，并可同时跟踪多个目标。

（3）信息量丰富。可直接获取探测目标的距离、角度、反射强度、速度等信息，生成目标多维度图。

（4）可全天候工作。激光主动探测，不依赖于外界光照条件或目标本身的辐射特性，它只需发射自己的激光束，通过探测发射激光束的回波信号来获取目标信息。

5. 激光雷达的缺点

（1）与毫米波雷达相比，产品体积大，成本高。

（2）不易识别交通标志和交通信号灯。

三、激光雷达的工作原理

激光雷达的测距原理是通过测算激光发射信号与激光回波信号的往返时间，从而计算出目标的距离。首先，激光雷达发出激光束，激光束碰到障碍物后被反射回来，被激光接收系统接收并进行处理，从而得知激光从发射至被反射回来并接收之间的时间，即激光的飞行时间，根据飞行时间，可以计算出障碍物的距离。

根据所发射激光信号的不同形式，激光测距方法有脉冲测距法、干涉测距法和相位测距法等。

1. 脉冲测距法

用脉冲法测量距离时，首先激光器发出一个光脉冲，同时设定的计数器开始计数，当接收系统接收到经过障碍物反射回来的光脉冲时停止计数，计数器所记录的时间就是光脉冲从发射到接收所用的时间。光速是一个固定值，所以只要得到发射到接收所用的时间就可以算出所要测量的距离。脉冲法激光的测距原理如图 4-3-4 所示。

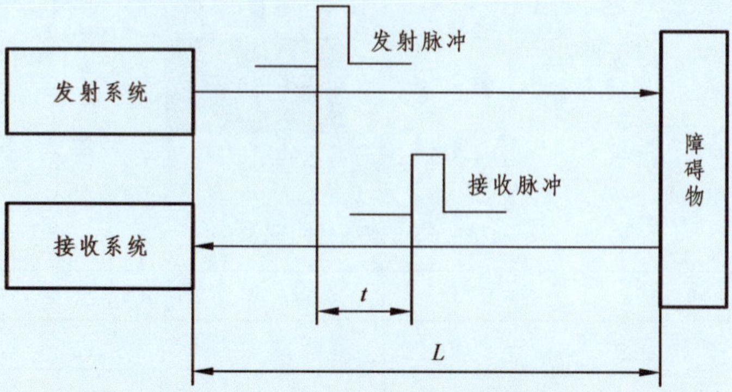

图 4-3-4　脉冲法激光的测距原理

设 c 为光在空气中传播的速度，c=3×108 m/s，光脉冲从发射到接收的时间为，则待测距离为 $L=ct/2$。

脉冲式激光测距所测的距离比较远，发射功率较高，一般从几瓦到几十瓦不等，最大射程可达几十千米。脉冲激光测距的关键之一是对激光飞行时间的精确测量。激光脉冲测量的精度和分辨率与发射信号带宽或处理后的脉冲宽度有关，脉冲越窄，性能越好。

2. 干涉测距法

干涉测距法的基本原理是利用光波的干涉特性而实现距离测量的方法。根据干涉原理，产生干涉现象的条件是两列有相同频率、相同振动方向的光相互叠加，并且这两列光的相位差固定。

干涉法激光测距原理如图 4-3-5 所示，通过激光器发射出一束激光，通过分光镜分为两束相干光波，两束光波各自经过反射镜 M1 和 M2 反射回来，在分光镜处又汇合到一起。由于两束光波的路程差不同，通过干涉后形成的明暗条纹也不同，因此传感器将干涉条纹转换为电信号之后就可以实现测距。

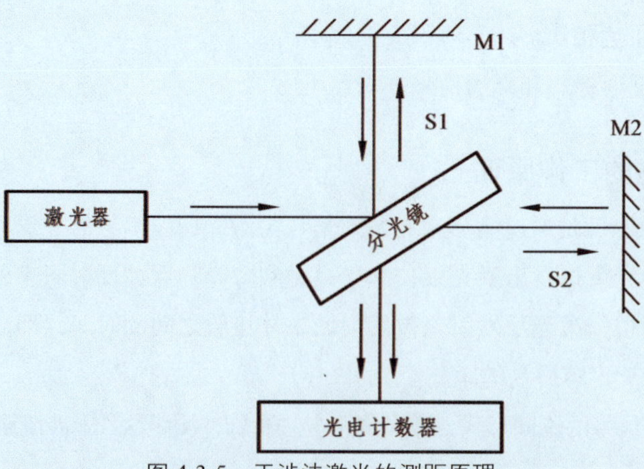

图 4-3-5　干涉法激光的测距原理

干涉法测距技术虽然已经很成熟，并且测量精度也很好，但是它一般是用在测量距离的变化中，不能直接用它测量距离，所以干涉测距一般应用于干涉仪、测振仪、陀螺仪中。

请简述激光雷达干涉测距过程：____

____

____

3. 相位测距法

相位法激光测距原理是利用发射波和返回波之间形成的相位差来测量距离的。首先经过调制的频率通过发射系统发出一个正弦波的光束，然后通过接收系统接收经过障碍物之后反射回来的激光。只要求出这两束光波之间的相位差，便可通过此相位差计算出待测距离。相位法激光测距原理如图 4-3-6 所示。

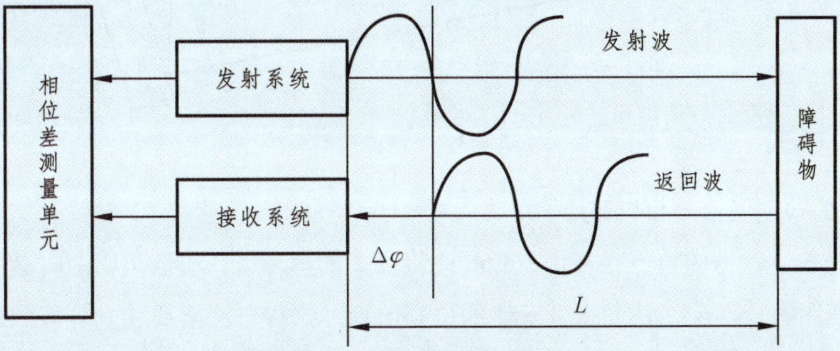

图 4-3-6　相位测距法测距原理

请简述激光雷达相位测距过程：____

____

____

____

四、激光雷达的技术参数及应用

1. 激光雷达的技术参数

激光雷达技术指标主要有最大探测距离、距离分辨率、测距精度、测量帧频、数据采样率、视场角、角度分辨率、波长等。

请各同学查阅资料，写出下列技术参数的概念及对激光雷达的影响。

（1）最大探测距离：________________________________

（2）距离分辨率：________________________________

（3）测距精度：________________________________

（4）测量帧频：________________________________

（5）数据采样率：________________________________

（6）视场角：________________________________

（7）角度分辨率：________________________________

（8）波　长：________________________________

2. 激光雷达在智能网联汽车上的应用

（1）定位导航。

在运动定位中，位置传感器提供了智能车的大致的定位信息，在此基础上，激光雷达从环境中感知的信息用来在小范围内和已知地图匹配，实现对位置传感器定位的校正。激光雷达在定位中的最主要的作用就是对位置传感器定位的校正，如图 4-3-7 所示。

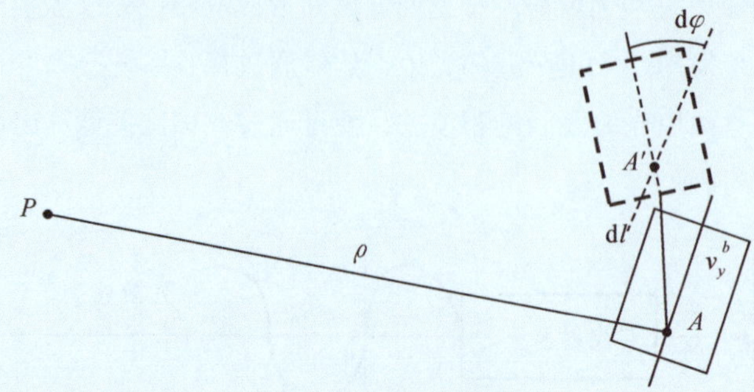

图 4-3-7　定位导航

（2）障碍检测及运动目标跟踪。

根据激光雷达数据的特点，利用点和线段特征来描述环境；提取出当前时刻的点或线段特征，与已知地图进行匹配，从而得到车辆的位姿估计。这种方法需要建立环境的地图，并在已知地图的基础上进行定位，解决对环境地图的描述和地图自动生成问题、环境地图的匹配问题以及定位的精度问题。在无人驾驶系统中，实现障碍物检测常用的传感器有双目立体相机、激光雷达等。相比于双目立体相机，激光雷达在深度信息的准确性以及检测范围上要更为出色，如图 4-3-8 所示。

图 4-3-8　障碍检测及运动目标跟踪

（3）在车辆检测与智能交通信号控制中的应用。

在重要交通路口的信号控制系统中，通过地面三维激光扫描仪对一定距离道路进行连续扫描，可以获得道路上的实时的、动态的车流量点云数据，可以得到高精度的车流 DEM 数据，利用这些车流 DEM 数据可以获取道路车辆到达信息。

弥补视频检测和监控的不足，使智能交通信号控制系统能够获取实时的交通模型和车流实时信息反馈，并检测车辆排队长度，预测短暂未来交通流趋势，从而实时调整周期、绿信比和相位差以适应不同的交通流，减少拥堵，降低延误，提高道路通行能力，如图 4-3-9 所示。

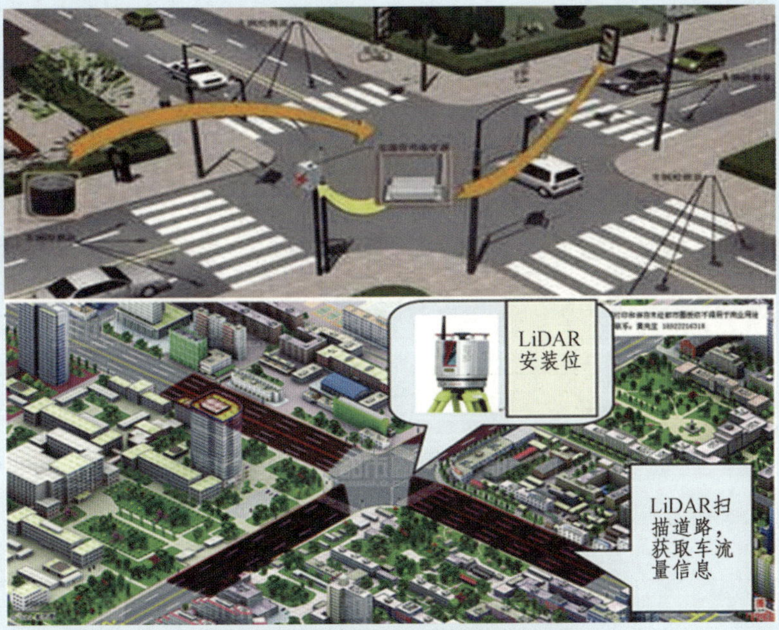

图 4-3-9　车辆检测与交通信号控制

请同学简述激光雷达如何实现车辆检测与交通信号的控制。

（4）为实现无人驾驶目标，目前较好的整体解决方法。

车辆辅助驾驶和无人驾驶的整体解决方法是激光雷达 + 多传感器融合算法 + 高性能嵌入式算法控制板 + 可视化界面配置软件，采用单线或多线激光雷达 + 摄像头 + 毫米波雷达检测车辆周围的道路环境，实现多传感器功能互补。采用数据融合算法提取道路的车道线信息、障碍物属性和障碍物运行状态信息，综合分析给出警告信息，提醒驾驶员对车辆进行相应的控制，确保安全驾驶，如图 4-3-10、图 4-3-11 所示。

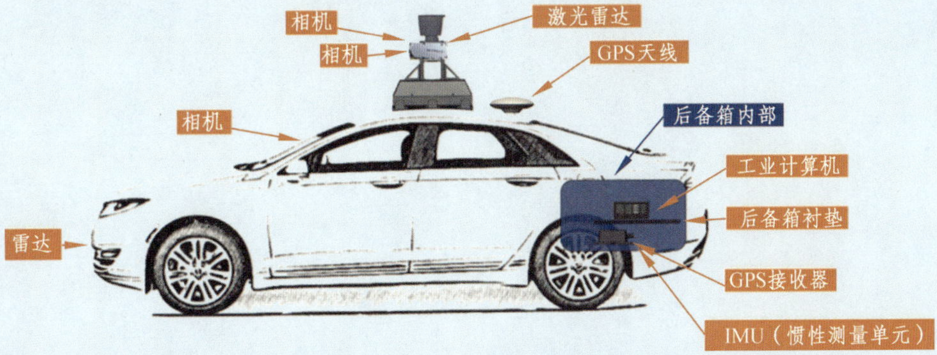

图 4-3-10　无人驾驶传感功能互补

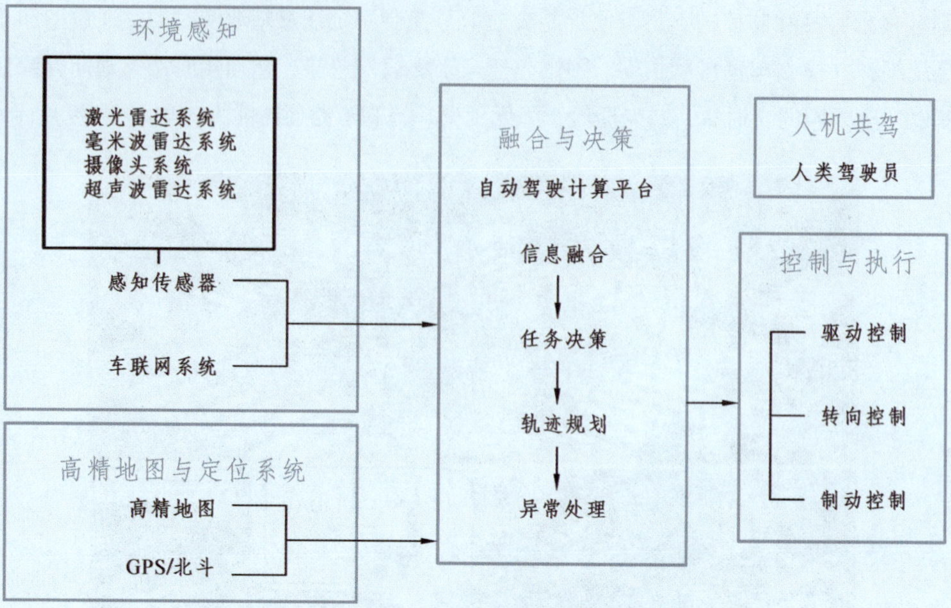

图 4-3-11　智能网联汽车自动驾驶系统技术实现路径

请同学简述激光雷达如何在无人驾驶中发挥关键作用的？

知识强化

激光雷达在智能网联汽车上的应用学习页

1. 填空题

（1）按有无机械旋转部件，激光雷达可分为__________、__________。按线束数量多少，激光雷达可分为__________、__________。

（2）激光雷达主要由__________、__________、__________等组成。

（3）根据所发射激光信号的不同形式，激光测距方法有__________、__________和__________等。

（4）激光雷达是无人驾驶汽车__________的传感器，也是目前制约无人驾驶汽车发展的关键部件。

（5）用脉冲法测量距离时，__________是一个固定值，所以只要得到发射到接收所用的时间就可以算出所要测量的距离。

2. 判断题

（1）一般情况下，激光雷达激光发射器越多，需要处理的数据越少。（　　）

（2）脉冲雷达发射的是连续波信号。（　　）

（3）单线激光雷达主要用于规避障碍物，扫描速度快、分辨率强、可靠性高。缺点是只能平面式扫描，不能测量物体高度，有一定局限性。（　　）

（4）激光雷达技术指标主要有最大探测距离、距离分辨率、测距精度、测量帧频、数据采样率、视场角、角度分辨率、波长等。（　　）

（5）激光雷达按激光介质的不同进行分类有气体激光雷达、固体激光雷达、半导体激光雷达等。（　　）

3. 单项选择题

（1）关于激光雷达说法错误的是（　　）。

A. 全天候工作，不受白天和黑夜光照条件的限制

B. 可以获得目标反射的幅度、频率和相位等信息

C. 不受大气和气象限制　　D. 抗干扰性能好

（2）脉冲雷达发射的是（　　）。

A. 周期性的高频脉冲　B. 连续波信号　C. 宽脉冲信号

（3）激光雷达在测量物体距离和表面形状上的精确度一般达到（　　）。

A. 毫米级　B. 厘米级　C. 米级　D. 以上均不对

（4）激光雷达结构中主要用来接收返回光强度信息的部件是（　　）。

A. 激光发射器　B. 扫描与光学部件　C. 感光部件　D. 以上均不对

（5）为了使激光雷达数据从激光雷达坐标统一转换到车体坐标上，需要对激光雷达进行（　　）参数标定。

A. 横摆角　B. 侧倾角　C. 俯仰角　D. 以上均是

4. 多项选择题

（1）激光雷达比较重要的测评参数包含（　　）。

A. 最大测距　　B. 检测距离

C. 最佳分类测距　　D. 激光的波长

（2）激光雷达按照功能划分，可分为（　　）、（　　）、激光跟踪雷达和激光成像雷达。

A. 固体激光雷达　　B. 激光测距雷达、

C. 激光测速雷达　　D. 气体激光雷达

（3）激光雷达在智能网联汽车上的应用有（　　）。

A. 定位导航　　B. 障碍检测及运动目标跟踪

C. ACC　　D. DCS

（4）激光测距方法有（　　）。

A. 定位导航　　B. 干涉测距法

C. 脉冲测距法　　D. 相位测距法

实训工单

1. 参观实训室智能网联汽车整车、台架、模型或挂图，认识智能网联汽车激光雷达。

记录：____

2. 利用互联网查询智能网联汽车激光雷达的定义及其他相关资讯。

打开电脑或移动终端的浏览器、APP，利用“百度”等搜索引擎，分别搜索“激光雷达”+“定义、结构、特点、工作原理、应用”等关键词，查询、学习相关资讯，总结智能网联汽车的应用场景。

（1）激光雷达的准确定义：____

____

（2）激光雷达在智能网联汽车上的应用举例。

应用1：____

应用2：____

应用3：____

应用4：____

应用5：____

3. 智能网联汽车传感器的优劣势对比。

结合前面所学知识，结合性能指标，请各同学对智能网联汽车各传感器进行对比分析并完成表4-3-4中信息的填写。

表4-3-4 智能网联汽车传感器的优劣势对比

性 能	摄像头	超声波雷达	毫米波雷达	激光雷达
测距/测速				
感知距离				
行人物体识别				
道路标线 交通信号				
恶劣天气（雨雪雾）				
光 照				
电磁干扰 电磁屏蔽				
算法、技术成熟度				
成 本				

任务考评

表 4-3-5　任务考评

<table>
<tr><th colspan="2">考核内容</th><th colspan="3">考核评分</th></tr>
<tr><td>项　目</td><td>内　容</td><td>配　分</td><td>得　分</td><td>批　注</td></tr>
<tr><td rowspan="5">工作准备（30%）</td><td>能够正确理解学习过程的内容、范围及工作指令</td><td>10</td><td></td><td></td></tr>
<tr><td>能够查阅资料，小组合作完成所遇到的学习问题</td><td>5</td><td></td><td></td></tr>
<tr><td>对智能网联汽车激光雷达知识的了解</td><td>5</td><td></td><td></td></tr>
<tr><td>通过互联网资源查阅资料进行归纳总结并进行结果展示</td><td>5</td><td></td><td></td></tr>
<tr><td>确认上课所需的学习资料是否齐全到位</td><td>5</td><td></td><td></td></tr>
<tr><td rowspan="5">实施程序（50%）</td><td>正确了解激光雷达的定义、分类并进行记录</td><td>10</td><td></td><td></td></tr>
<tr><td>正确了解激光雷达的组成、优缺点并进行记录</td><td>10</td><td></td><td></td></tr>
<tr><td>正确了解激光雷达的测距原理并进行相关记录</td><td>10</td><td></td><td></td></tr>
<tr><td>借助网上资料学习实现无人驾驶的解决方案并进行记录</td><td>10</td><td></td><td></td></tr>
<tr><td>利用互联网查询智能网联汽车激光雷达性能指标及其他相关资讯，完成智能网联汽车激光雷达相关信息的收集</td><td>10</td><td></td><td></td></tr>
<tr><td rowspan="4">完工清理（20%）</td><td>收集和储存可以再利用的原材料、余料</td><td>5</td><td></td><td></td></tr>
<tr><td>遵循维护工作程序清洁垃圾、清洁和整理工作区域</td><td>5</td><td></td><td></td></tr>
<tr><td>对学习环境和工作页面进行清洁</td><td>5</td><td></td><td></td></tr>
<tr><td>按照工作程序，填写完成作业单</td><td>5</td><td></td><td></td></tr>
<tr><td>考核评语</td><td>考核人员：　　　　　日　期：　　　　　年　月　日</td><td>考核成绩</td><td colspan="2"></td></tr>
</table>

项目五

高精度定位与导航系统及其应用

项目描述

要实现智能网联汽车的自动驾驶功能，离不开车辆的高精度定位和导航，要想实现高精度定位和导航，仅仅依赖传统地图是不够的，必须使用更精细、更准确的高精度地图。高精度定位与导航系统包括地面控制部分、空间部分和用户设备部分三部分组成。

高精度地图的定义分为两种：狭义高精度地图和广义高精度地图。狭义高精度地图是由传统图形商定义的精度更高、内容更详细的地图。例如，定义更详细信息（如车道和交通标志）的地图。广义的高精度地图直接为我们构建了一个真实的三维世界。除了绝对位置的形状信息和拓扑关系外，还包括点云、语义和特征等属性。那它是如何工作呢？它的特点和应用有哪些？本项目的主要内容是高精度定位与导航系统的组成、作用、工作原理及实际运用学习，包含以下 2 个任务：

任务一　智能网联汽车高精度地图的特点及应用

任务二　GPS 和北斗卫星定位系统工作原理及实际应用

通过 2 个任务的学习，掌握高精度定位与导航系统的组成与原理，能够对高精度定位与导航系统的组成、作用及工作原理进行准确描述。

项目五知识拓展

任务一 智能网联汽车高精度地图的特点及应用

任务导入

表 5-1-1 任务导入

<table>
<tr><td colspan="2">任务名称</td><td colspan="4">智能网联汽车高精度地图的特点及应用</td></tr>
<tr><td>姓 名</td><td></td><td>班 级</td><td></td><td>成 绩</td><td></td></tr>
<tr><td>组 别</td><td></td><td>组 长</td><td></td><td>场 地</td><td></td></tr>
<tr><td>日 期</td><td></td><td>学 时</td><td></td><td>指导教师</td><td></td></tr>
<tr><td rowspan="3">任务目标</td><td>知识目标</td><td colspan="4">1. 能通过走访或查阅资料的方法，了解高精度地图包含的信息，采集和生成过程；
2. 能通过走访或查阅资料的方法，了解高精度地图在智能网联汽车中的作用</td></tr>
<tr><td>能力目标</td><td colspan="4">1. 能总结并归纳调研报告，撰写智能网联汽车高精度地图的特点及应用的标准报告；
2. 能总结并归纳调研内容，辨清智能网联汽车高精度地图与普通地图的区别</td></tr>
<tr><td>素质目标</td><td colspan="4">1. 树立安全意识；
2. 培养 8S 现场管理意识</td></tr>
<tr><td>学习准备</td><td colspan="5">手机等调研设备、各种自制的走访调研表、互联网资源、展示白板</td></tr>
<tr><td>任务背景</td><td colspan="5">要实现智能网联汽车的自动驾驶功能，离不开车辆的高精度定位和导航，要想实现高精度定位和导航，仅仅依赖传统地图是不够的，必须使用更精细、更准确的高精度地图。
高精度地图的定义分为两种：狭义高精度地图和广义高精度地图。狭义高精度地图是由传统图形商定义的精度更高、内 容更详细的地图。例如，定义更详细信息（如车道和交通标志）的地图。广义的高精度地图直接为我们构建了一个真实的三维世界。除了绝对位置的形状信息和拓扑关系外，还包括点云、语义和特征等属性。
对于自动驾驶系统，导航系统需要提供更高精度的路径，引导车辆达到目的地，需要将环境中尽可能丰富的信息提供给自动驾驶系统。作为存储静态、准静态交通信息的数据库，为了满足自动驾驶系统的导航、路径规划要求，高精度地图需要提供更精细、精确的交通信息，如图 5-1-1 所示。

图 5-1-1 高精度地图与传统地图信息对比示意图</td></tr>
</table>

知识链接

一、高精度地图包含的信息

高精度地图在自动驾驶中，不仅可以用于导航、路径规划，还可以为环境感知和理解提供先验知识，辅助车载传感器实现高精度定位。高精度地图被普遍认为是 L3 级及以上自动驾驶不可缺少的关键技术。

与传统地图相比，高精度地图信息的丰富性和准确性都有显著的提升。表 5-1-2 中分别给一些图片，请你结合生活实际感受，写出对应的特点。

表 5-1-2　高精度地图包含的信息和特点

序　号	信号名称	高精度地图包含的信息	特　点
1	道路考线	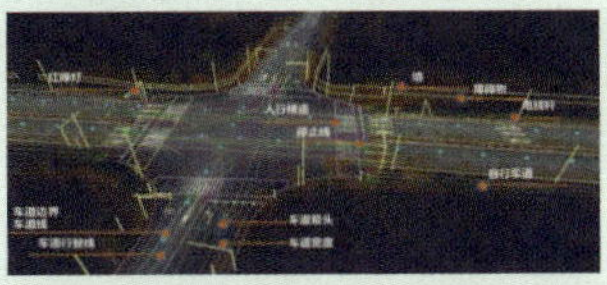	
2	道路连通性		
3	车道模型		
4	对象模型	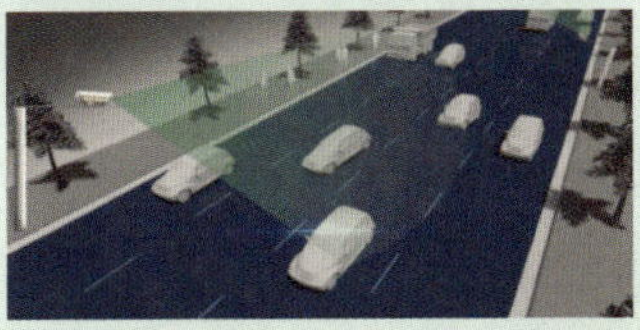	
5	高精度定位		
6	辅助环境感知		
7	规划决策	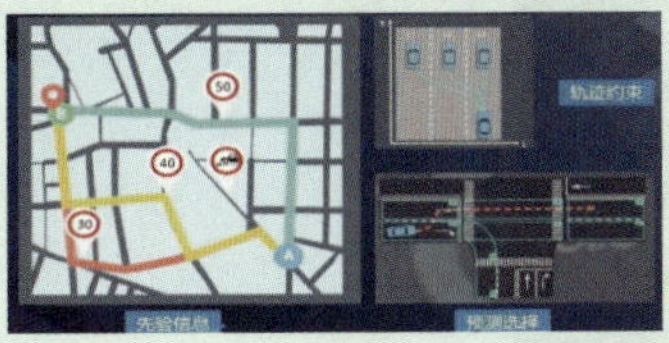	

二、高精度地图采集和生成过程

高精度地图与传统地图相比，具有不同的采集原理和数据存储结构。传统地图依赖于拓扑结构和传统的数据库，将各种元素作为对象堆放在地图上，将道路存储为路径。

高精度地图中，为了提高存储效率和机器可读性，地图在存储时分为矢量层和对象层。在高精度地图生产过程中，通过提取车辆上传感器采集的原始数据，获取高精度地图特征值，构成特征地图；在此基础上，进一步提取、处理和标注矢量图形，包括道路网络信息、道路属性信息、道路几何信息和道路上主要标志的抽象信息。高精度地图的生成过程如图 5-1-2 所示。

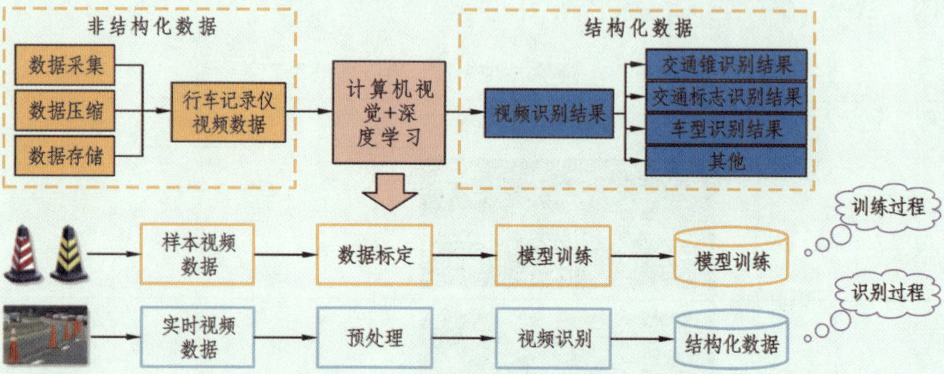

图 5-1-2　高精度地图的生成

1. 高精度地图生成过程的特点

请你根据高精度地图生成过程的图片在表 5-1-3 写出其特点。

表 5-1-3　高精度地图生成过程及特点

序　号	生成方法	图　片	特　点
1	原始点云	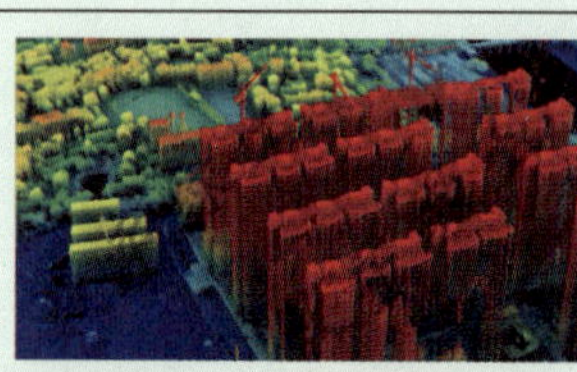	
2	分类点云	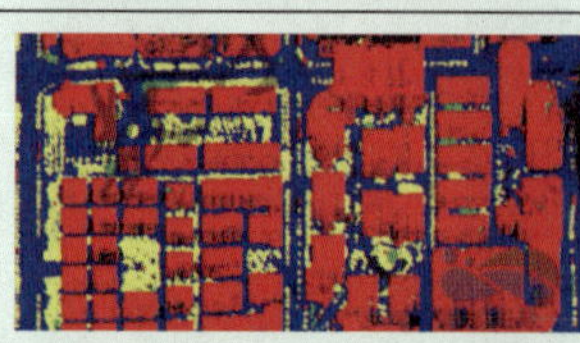	
3	单体白膜		
4	精细模型		

2. 高精度地图采集方法的特点

请你根据高精度地图采集方法的图片在表中 5-1-4 写出其特点。

表 5-1-4　高精度地图采集方法及特点

序　号	采集方法	图　片	特　点
1	采集设备	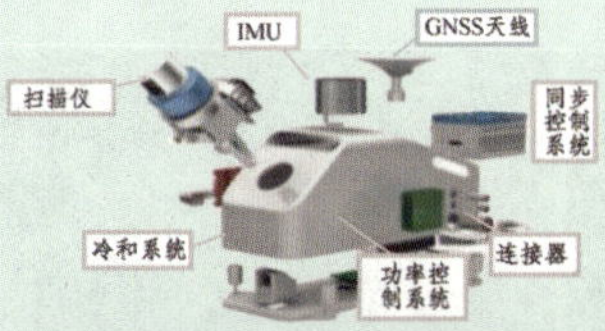	
2	实地采集		
3	信息加工	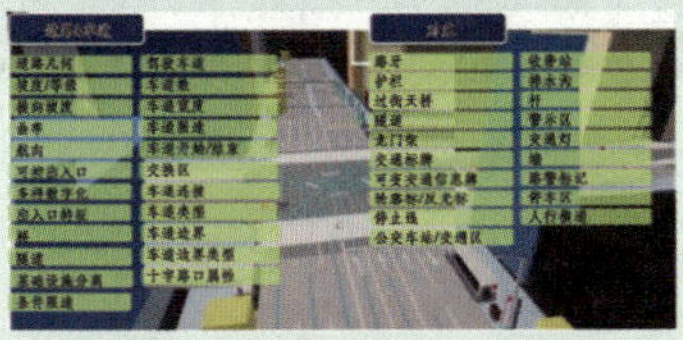	
4	后续更新	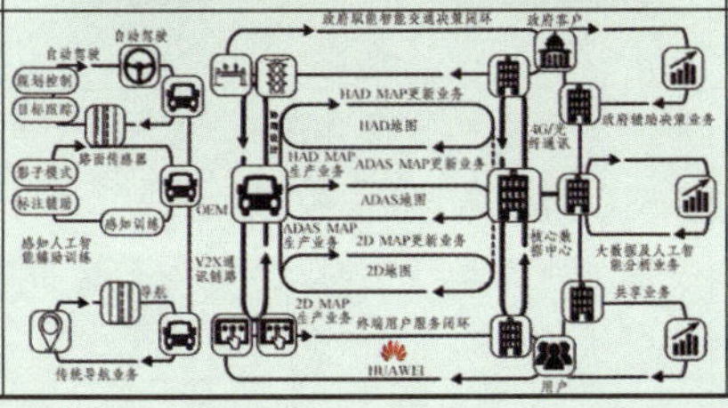	

3. 其他高精地图采集方法的特点

请你根据其他高精度地图采集方法的图片在表 5-1-5 中写出其特点。

表 5-1-5　其他高精度地图采集方法及特点

序　号	其他采集方法	图　片	特　点
1	众包数据构建高精度地图	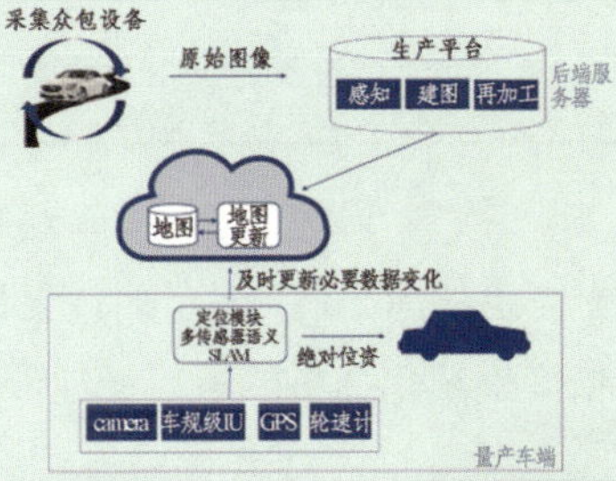	
2	实时定位与地图构建（SLAM）	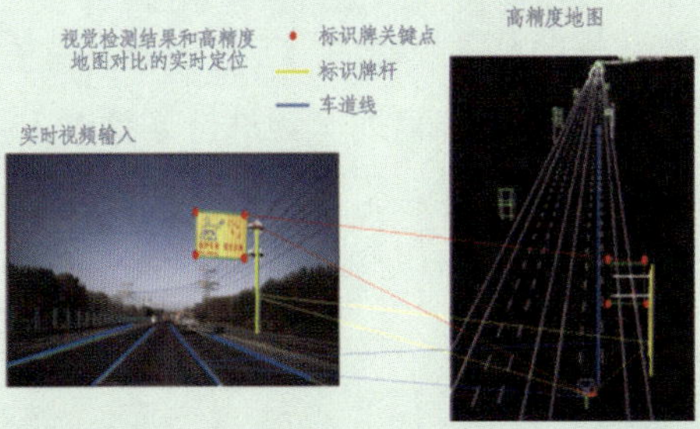	

4. 高精地图的含义

地图是地理信息空间的载体，它是将客观现实世界中的空间特征以一定的数学法则（即模式化），符号化、抽象化，将空间特征表示为形象符号模型或者称为图形数学模型，如图 5-1-3 所示。高精度地图的优势如表 5-1-6 所示。

图 5-1-3　高精地图模型

表 5-1-6　高精地图优势

对比内容	普通电子地图	高精度地图
精度	一般电子地图精度在 10 米左右，商用 GPS 精度为 5 米	高精度地图的精度在厘米级别（Google、Here 等高精度地图精度在 10 ~ 20 厘米级别）
数据维度	传统电子地图数据只记录道路级别的数据	高精度地图不仅增加了车道属性相关数据，还能够明确区分车道线类型、路边地标等细节
作用及功能	传统地图起的是辅助驾驶的导航功能，本质上与传统经验化的纸质地图是类似的	高精度地图通过“高精度 + 高动态 + 多维度”数据，起的是为自动驾驶提供自变量和目标函数的功能。高精地图相比传统地图有更高的重要性
使用对象	普通的导航电子地图是面向驾驶员，供驾驶员使用的地图数据	高精度地图是面向机器的供自动驾驶汽车使用的地图数据
数据的实时性	数据的实时性要求较低	高精度地图对数据的实时性要求更高

5. 高精地图的应用

高精度地图数据中提供道路甚至车道的曲率值，当车辆转弯时可以根据曲率进行提前减速，控制传感器甚至大灯转向辅助。高精度地图也提供隧道等详细信息，车辆在进入前可以提前开启大灯或调整传感器感光参数。

高精度地图提供了坡度，能够辅助车辆控制油门节省能源。高精度地图提供了各种交通标志和提示信息标牌的精确位置及形状，能够辅助车辆进行高精度定位。高精度地图的限速信息精确到车道，能够为车辆提供精准的限速信息，智能网联汽车用以精准控制执行器操作。

高精度地图在自动驾驶中的作用、作用过程及特点

请你在表 5-1-7 中写出高精度地图在自动驾驶中的作用过程及特点。

表 5-1-7　高精度地图在自动驾驶中的作用、作用过程及特点

序　号	在自动驾驶中的应用	高精度地图在自动驾驶中的作用	作用过程及特点
1	提供道路甚至车道的曲率值		
2	提供了坡度	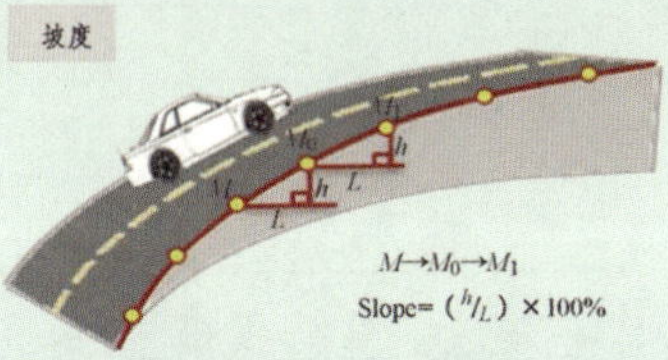	
3	限速信息精确到车道	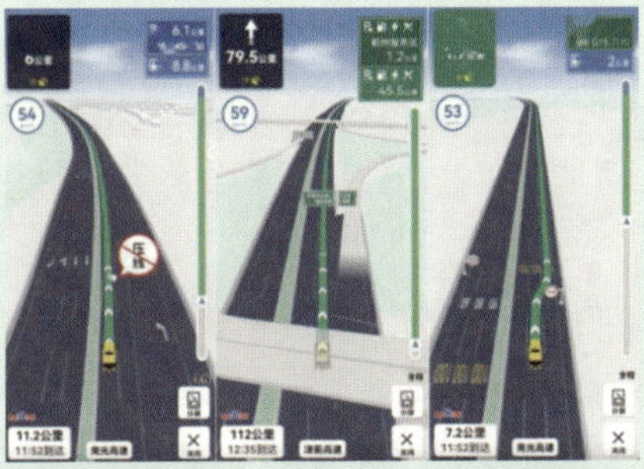	
4	辅助汽车超视距感知		
5	快速识别道路环境		
6	周边固定物体及车道标线		
7	车道级动态路径规划		

知识强化

智能网联汽车高精度地图的特点及应用学习页

1. 填空题

（1）要实现智能网联汽车的自动驾驶功能，离不开车辆的__________和__________，要想实现高精度定位和导航，仅仅依赖传统地图是不够的，必须使用更__________、更__________的__________。

（2）高精度地图的定义分为两种：__________高精度地图和__________高精度地图。

（3）狭义高精度地图是由__________定义的__________更高、__________更详细的地图。

（4）广义的高精度地图直接为我们构建了一个真实的__________。除了绝对位置的形状信息和__________外，还包括__________、__________和__________等属性。

（5）对于自动驾驶系统，导航系统需要提供更高__________，引导车辆达到__________，需要将__________中尽可能丰富的__________提供给自动驾驶系统。

（6）高精度地图在自动驾驶中，不仅可以用于__________、__________，还可以为__________和__________提供先验知识，辅助车载传感器实现__________。

2. 判断题

（1）高精度地图与传统地图相比，具有不同的采集原理和数据存储结构。（　　）

（2）高精度地图中，为了提高存储效率和机器可读性，地图在存储时分为矢量层和对象层。（　　）

（3）地图不是地理信息空间的载体，它是将客观现实世界中的空间特征以一定的数学法则。（　　）

（4）高精度地图数据中提供道路甚至车道的曲率值，当车辆转弯时可以根据曲率进行提前减速，控制传感器甚至大灯转向辅助。（　　）

（5）高精度地图不能提供隧道等详细信息，车辆在进入前可以提前开启大灯或调整传感器感光参数。（　　）

3. 单项选择题

（1）高精度地图提供了（　　），能够辅助车辆控制油门节省能源。

A. 信息服务　　B. 控制　　C. 坡度　　D. 以上都正确

（2）高精度地图的限速信息精确到（　　），能够为车辆提供精准的限速信息，智能网联汽车用以精准控制执行器操作。

A. 路段　　B. 车道　　C. 标识　　D. 时间

（3）普通电子地图的精度精确到（　　）。

A.1 米　　B.2 米　　C.10 米　　D.20 米

（4）高精度地图的精度精确到（　　）。

A.1 厘米　　B.5 厘米　　C.15 厘米　　D. 30 厘米

（5）高精度地图是面向（　　）的供自动驾驶汽车使用的地图数据。

A. 机器　　B. 驾驶员　　C. 乘客　　D. 交通辅助人员

4. 多项选择题

（1）高精度地图提供了各种（　　）和（　　）的精确位置及（　　），能够辅助车辆进行高精度定位。

A. 交通标志　　B. 特点　　C. 提示信息标牌

D. 信息　　E. 形状

（2）高精度地图不仅增加了（　　）属性相关数据，还能够明确区分车道线（　　）、路边（　　）等细节。

A. 车道　　B. PA　　C. 类型

D. HA　　E. 地标

（3）高精度地图通过"（　　）+（　　）+（　　）"数据，起到为自动驾驶提供自变量和目标函数的功能。高精地图相比传统地图有更高的重要性。

A. 基础设施　　B. 信息交互　　C. 高精度

D. 高动态　　E. 多维度

（4）高精度地图中，为了提高存储效率和机器可读性，地图在存储时分为矢量层和对象层。（　　）。

A. 环境感知　　B. 矢量层　　C. 对象层

D. 辅助技术　　E. 人机界面

（5）在高精度地图生产过程中，通过提取车辆上传感器采集的（　　），获取高精度地图（　　），构成特征地图。

A. 原始数据　　B. 智能决策　　C. 控制执行

D. 系统设计　　E. 特征值

实训工单

1. 参观实训室智能网联汽车传统地图与高精度地图模型或挂图，初步认识智能网联汽车高精度地图。

记录：____

____

____

2. 利用互联网查询智能网联汽车高精度地图的定义及其他相关资讯。

打开电脑或移动终端的浏览器、APP，利用“百度”等搜索引擎，分别搜索“高精度地图”+“定义、分级、结构、关键技术、标准体系”等关键词，查询、学习相关资讯，总结智能网联汽车高精度地图的应用场景。

（1）高精度地图的准确定义：______________________________

____

____

（2）高精度地图的应用场景举例

应用场景 1：______________________________

应用场景 2：______________________________

应用场景 3：______________________________

应用场景 4：______________________________

应用场景 5：______________________________

3. 分析当前市场上的地图，具备高精度地图的属性。

根据查询获取的资讯，结合你所学的知识，分析当前市场上的车辆已经具备高精度地图的功能属性，并填写表 5-1-8。

表 5-1-8　当前市场上的车辆已经具备高精度地图的功能属性

序　号	品牌车型	是否有高精度地图	主要功能特点	其他应用
1				
2				
3				
4				
5				

任务考评

表 5-1-9 任务考评

考核内容		考核评分		
项 目	内 容	配 分	得 分	批 注
工作准备（30%）	能够正确理解学习过程的内容、范围及工作指令	10		
	能够查阅资料，小组合作完成所遇到的学习问题	5		
	各种自制的走访调研表，格式不定	5		
	通过互联网资源查阅资料进行归纳总结并进行结果展示	5		
	确认上课所需的学习资料是否齐全到位	5		
实施程序（50%）	正确了解高精度地图的发展趋势和背景并进行记录	10		
	正确了解高精度地图概念并与相关概念进行正确区分并进行记录	10		
	正确了解高精度地图的定义及分级并进行相关记录	10		
	参观实训室的高精度地图或借助网上资料对高精度地图的认识进行记录	10		
	利用互联网查询高精度地图的定义及其他相关资讯，完成高精度地图相关场景的收集	10		
完工清理（20%）	收集和储存可以再利用的原材料、余料	5		
	遵循维护工作程序清洁垃圾、清洁和整理工作区域	5		
	对学习环境和工作页面进行清洁	5		
	按照工作程序，填写完成作业单	5		
考核评语	考核人员： 日 期： 年 月 日	考核成绩		

任务二 GPS 和北斗卫星定位系统工作原理及实际应用

任务导入

表 5-2-1 任务导入

任务名称		GPS 和北斗卫星定位系统工作原理及实际应用			
姓　名		班　级		成　绩	
组　别		组　长		场　地	
日　期		学　时		指导教师	
任务目标	知识目标	1. 能通过走访或查阅资料的方法，了解 GPS 卫星定位系统工作原理及应用； 2. 能通过走访或查阅资料的方法，了解北斗卫星定位系统的工作原理及应用			
	能力目标	1. 能总结并归纳调研报告，撰写 GPS 和北斗卫星定位系统工作原理及实际应用标准报告； 2. 能总结并归纳调研内容，辨清 GPS 和北斗卫星定位系统工作原理及实际应用的区别			
	素质目标	1. 树立安全意识； 2. 培养 8S 现场管理意识			
学习准备	手机等调研设备、各种自制的走访调研表、互联网资源、展示白板				
任务背景	全球导航卫星系统（GNSS）是人类历史上的重大技术突破，给航海、航空以及日常生活各方面带来了巨大变革。该系统是由多颗覆盖全球的卫星组成的卫星系统，可以保证地球上任何一点在任何时候都能观测到四颗卫星，以便获取观测点的经纬度、高度，为全球导航、定位、定时等功能提供三维位置和三维速度等信息。目前，全球有四大卫星导航定位系统，分别是美国的全球定位系统（GPS）、俄罗斯的格洛纳斯（GLONASS）系统、中国的北斗卫星导航系统、欧洲的伽利略卫星导航系统（GALILEO）。				
情境导入	使用最为广泛的是美国 GPS 卫星定位导航系统，20 世纪 70 年代初，美国国防部设计开发了 GPS 系统并于 1993 年建成。GPS 定位卫星的星座如图 5-2-1 所示，24 颗卫星均匀分布在 6 个轨道面上，轨道倾角为 55°，每一轨道面相距 60°，即轨道的高度为 60°。各轨道平面上卫星间的仰角相隔 90°，其中一个轨道平面上的卫星比西部相邻轨道平面上相应的卫星提前 30°。 卫星导航定位系统是如何工作的呢？  图 5-2-1　GPS 卫星定位导航系统				

知识链接

一、全球导航卫星系统的分类、组成及工作原理

1. 四大全球导航卫星系统

表 5-2-2 分别给出四大全球导航卫星系统的图片，请你结合生活实际感受，写出各导航卫星的特点。

四大全球导航卫星系统的特点

表 5-2-2　四大全球导航卫星系统的特点

序　号	全球导航卫星系统的类别	卫星系统图	特　点
1	美国的全球定位系统 GPS		
2	中国北斗卫星导航 BDS	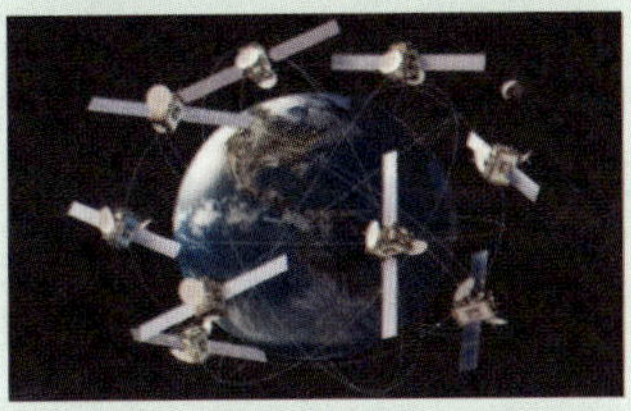	
3	俄罗斯的格洛纳斯（GLONASS）系统		
4	欧洲的伽利略卫星导航 GALILEO		

20 世纪后期，我国开始探索适合中国国情的卫星导航系统发展道路，逐步形成了“三步走”发展战略：2000 年底，建成北斗一号系统，向中国提供服务；2012 年底，建成北斗二号系统，向亚太地区提供服务；2020 年前后，建成北斗全球系统，向全球提供服务；2035 年前还将建设完善更加泛在、融合、智能的综合时空体系。

在定位原理和功能上，以上导航卫星系统基本一致，只是在技术细节上有一些差异。全球四大导航卫星系统参数比较见表 5-2-3。

表 5-2-3　全球四大导航卫星系统参数对比

导航系统	卫星数量 / 颗	轨道高度 /km	位置精度 /m	授时精度 /ns	速度精度 / (m/s)
GPS	24 以上	20 200	6	20	0.1
GLONASS	24 以上	19 100	12	25	0.1
北斗卫星	30 以上	21 500	10	50	0.2
伽利略卫星	30 以上	24 126	1	20	0.1

2. GPS 的组成及特点

智能汽车带给人们生活便利。汽车的一些新技术也给我们的汽车驾驶带来很多安全和乐趣。表 5-2-4 分别给出一些图片，请你结合生活实际感受，写出对应图片的 GPS 卫星定位导航系统的组成特点。

GPS 的组成及特点

表 5-2-4　GPS 的组成及特点

序　号	GPS 的组成	示意图	特点
1	GPS 地面控制部分	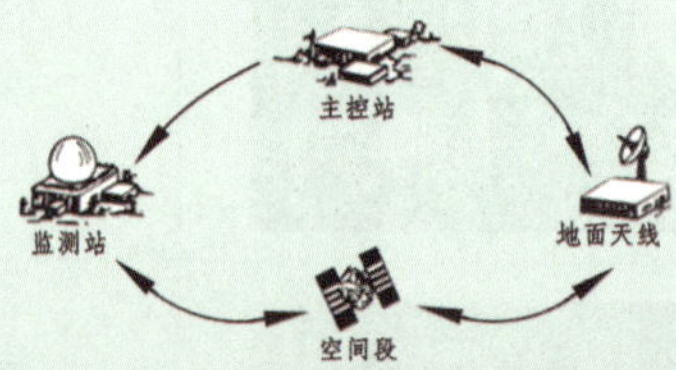	
2	GPS 空间部分	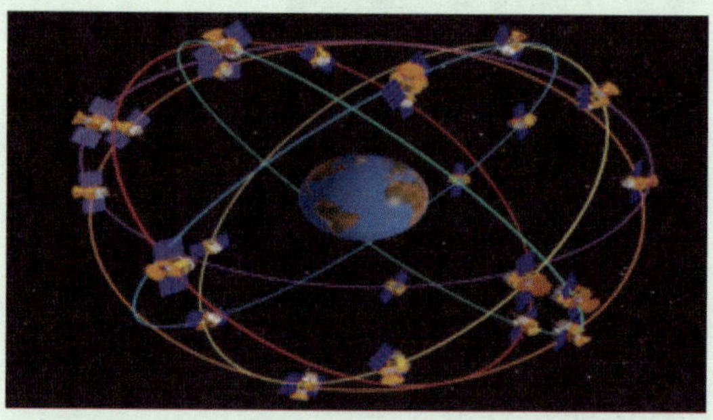	
3	GPS 用户设备部分		

3. 北斗卫星定位导航系统（BDS）的组成及特点

北斗卫星定位导航系统是中国自行研制的全球卫星定位导航系统，北斗卫星定位导航系统（简称北斗系统）服务区为中国及周边国家，已广泛应用于船舶运输、公路运输、铁路运输、海上作业、渔业生产、水文预报、森林防火、环境监测等行业，以及军事、公安、海关等有特殊指挥调度要求的单位。覆盖范围为东经 70° ~ 140° 左右，北纬 5° ~ 55° 左右，在地球赤道面上配备了两颗地球同步卫星，赤道角约为 60°。

与其他卫星定位导航系统相比，北斗系统有以下特点：首先，系统空间段采用三种轨道卫星组成的混合星座，与其他卫星定位导航系统相比，高轨卫星更多，抗遮挡能力强，尤其低纬度地区性能特点更为明显；第二，北斗系统提供多个频点的导航信号，能够通过多频信号组合使用等方式提高定位精度；第三，北斗系统创新融合了导航与通信能力，具有实时导航、快速定位、精确授时、位置报告和短报文通信服务五大功能。北斗系统如图 5-2-2 所示。

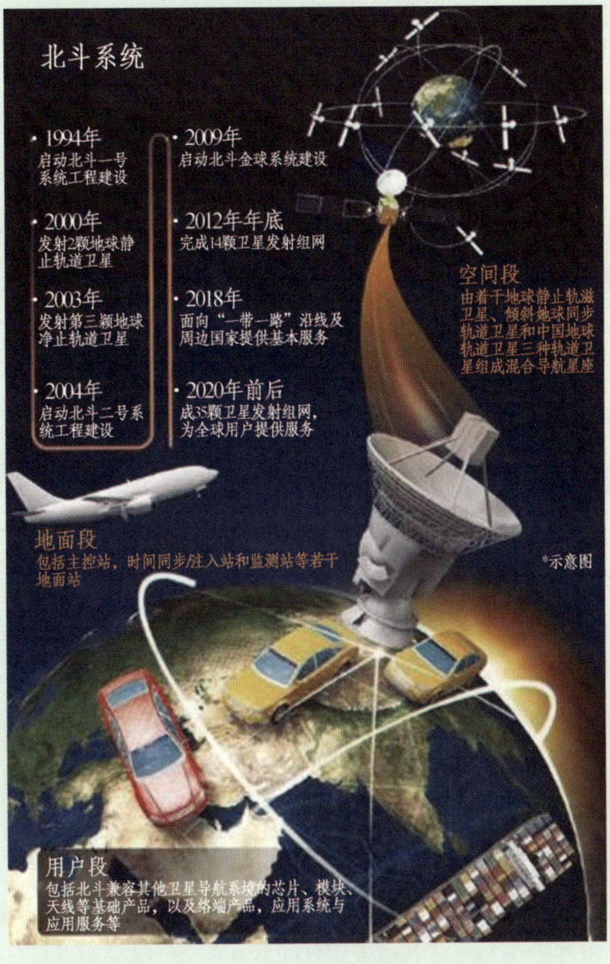

图 5-2-2　北斗系统的组成示意图

表 5-2-5 分别给出一些图片，请你结合生活实际感受，写出对应图片的中国北斗卫星定位导航系统的组成及特点。

北斗导航系统的组成及特点

项目五 高精度定位与导航系统及其应用

表 5-2-5　北斗导航系统的组成及特点

序号	北斗导航系统的组成	示意图	特　点
1	北斗导航地面控制部分	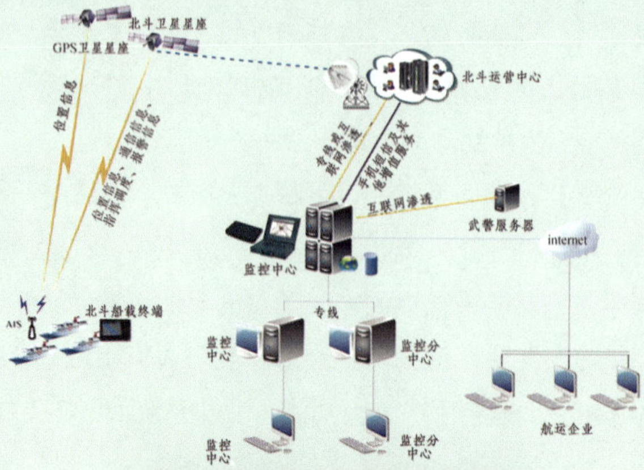	
2	北斗导航空间部分		
3	北斗导航用户设备部分	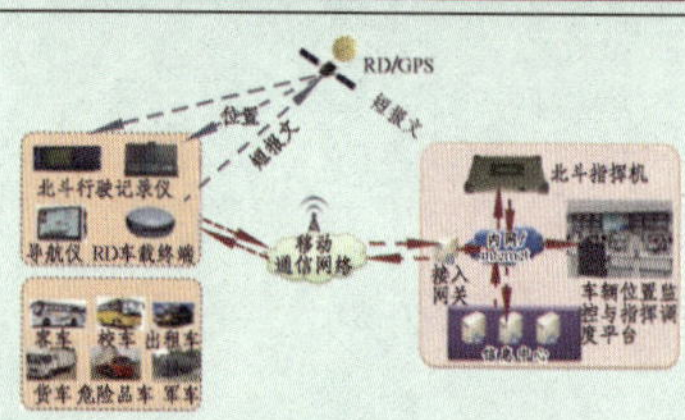	

北斗系统用户终端系统最多可容纳 54 万 / 时的用户，具有双向消息通信功能，用户可一次发送 40 ~ 60 个汉字的短报文信息。一次可以传输多达 120 个汉字的信息。北斗系统具有精确的定时功能，为用户提供 20 ~ 100 ns 的时间同步精度，标准站的水平精度为 100 m（1σ）、20 m（类似于差分状态），北斗系统工作频率：2491.75 MHz。

4. 全球导航卫星定位系统定位原理

全球导航卫星定位系统定位原理是利用卫星作为参考点，即在卫星位置已知的前提下，用户接收卫星信号并计算到卫星的距离，在地面上进行三角交叉测量，从而计算接收器的位置。定位方法是测量未知点与已知位置卫星之间的瞬时距离，主要有虚拟测距观测和载波相位观测两种测量方法。

由于载波相位观测的精度远高于虚拟距离观测，因此载波相位观测主要用于高精度测量。无论是虚拟距离观测还是载波相位观测，观测的都是卫星到接收器的距离。

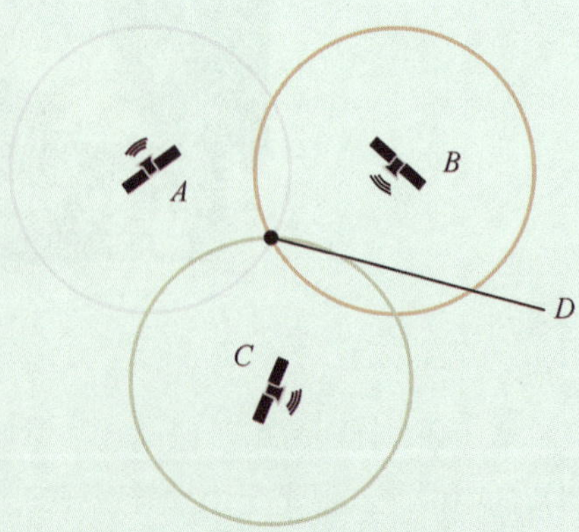

图 5-2-3　三球交叉定位的原理

计算过程依据三球交叉定位的原理，如图 5-2-3 所示，只要同时观测三颗卫星，获得三个空间距离，并根据每颗卫星的广播星历计算出每颗卫星的空间位置，就可以将接收器所在位置计算出来。

5. 卫星定位与惯性导航的融合

全球导航卫星系统是应用最广泛的定位系统，它使用方便，成本低，定位精度可达到 5 m。然而，定位导航系统的应用也面临着易受干扰、动态环境可靠性差、数据输出频率低、高层建筑卫星信号闭塞等问题。如果将卫星定位导航和惯性导航系统结合起来，两个导航系统可以相互补充，形成一个有机的整体。

6. 惯性导航系统的原理与构成

惯性导航系统（INS）是利用惯性测量单元（IMU）的角度和加速度信息来计算载体的相对位置的一种定位技术。IMU 利用陀螺仪或加速度传感器等惯性传感器的参考方向和初始位置信息来确定载体位置。惯性导航涉及力学、控制理论、计算机技术、测试技术、精密机械技术等，是一门综合性很强的应用技术。

表 5-2-6 分别给出一些图片，请你结合生活实际感受，写出对应图片的惯性导航系统的组成及特点。

表 5-2-6　惯性导航系统的组成及特点

序　号	惯性导航系统的组成	示意图	特　点
1	陀螺仪	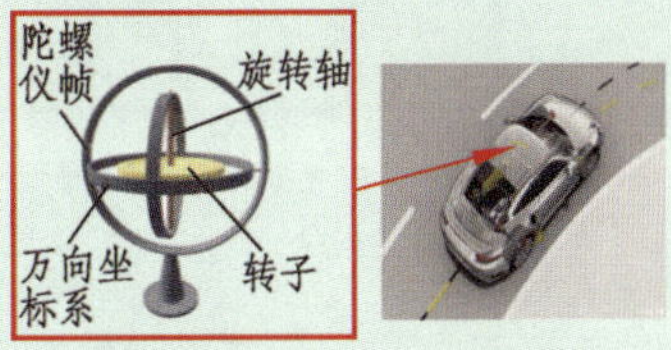	
2	加速度传感器	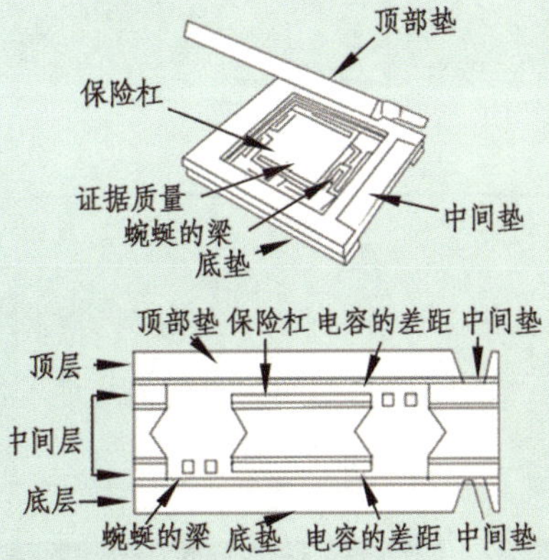	

惯性导航系统的另一功能是辅助激光雷达、摄像头等车载局部环境感知系统，获取车辆与环境的高精度位置关系。在车辆行驶过程的侧倾、俯仰、横摆等运动情况下，惯性导航系统为车载传感器提供车辆的空间位置和姿态，用于修正传感器对环境的检测，建立更加准确的环境感知。

智能网联汽车的自动（无人）驾驶系统通过定位系统准确感知自身在全局环境中的位置，并使环境信息与车辆信息融合成为一个系统性的整体；再通过导航系统准确感知汽车所要行驶的方向和路径等信息，自动控制车辆行驶到目的地。定位（Location）和导航（Navigation）技术负责实时提供载体（如智能机器人、飞机、轮船、火车、汽车甚至是徒步旅行者等）的运动信息，包括位置、速度、姿态、加速度、角速度等。表 5-2-7 是四大全球卫星导航定位系统的性能参数特点。

表 5-2-7　四大全球卫星导航定位系统的性能参数特点

定位系统	定位原理	定位精度	卫星数量	优　势	劣　势
GPS	根据高速运动的卫星瞬间位置作为已知的起算数据。采用空间距离后方交会的方法，确定待测点的位置	定位精度可达厘米级甚至毫米波，但民用领域开放的精度约为 10 m	由 28 颗卫星组成，其中 4 颗备用卫星，已经全部完成布局	覆盖全球，全天候工作，可以为高动态、高精度平台服务，已经得到普遍应用	位置延时等有提升空间；受环境影响较大
GLONASS	原理与 GPS 类似，24 颗卫星分布在 3 个轨道平面上，这 3 个平面两两相隔 120°，同平面内卫星直接相隔 45°	广域差分系统提供 5 ~ 15 m 位置精度，区域差分提供 3 ~ 10 m 精度，局域差分系统为离站 40 km 内提供 10 cm 精度	系统标准配置为 24 颗卫星，3 颗备用，已经完成组网	全球覆盖，高精度，应用范围和领域广	工作稳定性有待提升；用户设备发展缓慢
CALILEO	采用中高度圆轨道卫星定位方案，共发射 30 颗卫星，还有 2 个地面控制中心	可提供实时米级精度信息	系统标准配置对 30 颗卫星，3 颗备用，已经完成组网	精度高，系统先进，安全系数高	系统的稳定性及卫星的质量有待提高
BDS	35 颗以上卫星在 2 万 km 高空绕地球运行，任意时间、任意地点都可观测到 4 颗以上卫星	“北斗一号”精确度在 10 m 之内，而“北斗二号”可以精确到厘米之内；测速精度 0.2 m/s；授时精度 10 ns	系统由 35 卫星组成，5 颗静止轨道卫星和 30 颗非静止轨道卫星	系统兼容、操作便利、卫星数量多	起步时间晚，2020 年才全部完成组网；覆盖区域和社会渗透率（应用程度）不高

7. 激光雷达定位及优缺点

通过激光雷达的地图信息进行匹配的方法也是一种绝对位姿估计方法。该方法通过事先建立的地图信息，在自动（无人）驾驶过程中，不断将检测到的数据特征与地图信息进行对比匹配，从而得到车辆在地图中的绝对位置，如图 5-2-4、图 5-2-5 所示。

图 5-2-4　自动驾驶中的激光雷达

图 5-2-5　激光雷达进入 4D 时代

基于地图信息匹配定位方法的优点在于无累积误差，不需要对道路进行改造，其缺点在于包含地图生成和地图匹配两个步骤，而地图生成需要提前采集制作，在室外场景中，绘制地图的数据量巨大，而且对地图匹配中的实时性带来很大挑战。

与普通微波雷达相比，激光雷达由于使用的是激光束，工作频率较微波高了许多，因此带来了很多优点，主要有：

（1）分辨率高。

激光雷达可以获得极高的角度、距离和速度分辨率。通常角分辨率不低于 0.1 mard，也就是说可以分辨 3 km 距离上相距 0.3 m 的两个目标（这是微波雷达无论如何也办不到的），并可同时跟踪多个目标；距离分辨率可达 0.1 m；速度分辨率能达到 10 m/s 以内。距离和速度分辨率高，意味着可以利用距离——多普勒成像技术来获得目标的清晰图像。分辨率高，是激光雷达的最显著的优点，其多数应用都是基于此优点。

（2）隐蔽性好、抗有源干扰能力强。

激光直线传播、方向性好、光束非常窄，只有在其传播路径上才能接收到，因此敌方截获非常困难，且激光雷达的发射系统（发射望远镜）口径很小，可接收区域窄，有意发射的激光干扰信号进入接收机的概率极低；另外，与微波雷达易受自然界广泛存在的电磁波影响的情况不同，自然界中能对激光雷达起干扰作用的信号源不多，因此激光雷达抗有源干扰的能力很强，适于工作在日益复杂和激烈的信息战环境中。

（3）低空探测性能好。

微波雷达由于存在各种地物回波的影响，低空存在有一定区域的盲区（无法探测的区域）。而对于激光雷达来说，只有被照射的目标才会产生反射，完全不存在地物回波的影响，因此可以“零高度”工作，低空探测性能较微波雷达强了许多。

（4）体积小、质量轻。

通常普通微波雷达的体积庞大，整套系统质量数以吨计，天线口径就达几米甚至几十米。而激光雷达就要轻便、灵巧得多，发射望远镜的口径一般只有厘米级，整套系统的质量最小的只有几十千克，架设、拆收都很简便。而且激光雷达的结构相对简单，维修方便，操纵容易，价格也较低。

激光雷达的缺点：

首先，工作时受天气和大气影响大。激光一般在晴朗的天气里衰减较小，传播距离较远。而在大雨、浓烟、浓雾等坏天气里，衰减急剧加大，传播距离大受影响。如工作波长为 10.6 μm 的 CO_2 激光，是所有激光中大气传输性能较好的，在坏天气环境里的衰减是晴天的 6 倍。地面或低空使用的 CO_2 激光雷达的作用距离，晴天为 10 ~ 20 km，而坏天气则降至 1 km 以内。而且，大气环流还会使激光光束发生畸变、抖动，直接影响激光雷达的测量精度。

其次，由于激光雷达的波束极窄，在空间搜索目标非常困难，直接影响对非合作目标的截获概率和探测效率，只能在较小的范围内搜索、捕获目标，因而激光雷达较少单独直接应用于战场进行目标探测和搜索。

请你查阅相关资料，根据实际生活中的感受，在表 5-2-8 中写出激光雷达的结构组成、优点、缺点、分类及用途。

表 5-2-8　激光雷达的结构组成、优点、缺点、分类及用途

<table>
<tr><th>激光雷达</th><th>结构图片</th><th>介　绍</th></tr>
<tr><td>结构原理</td><td>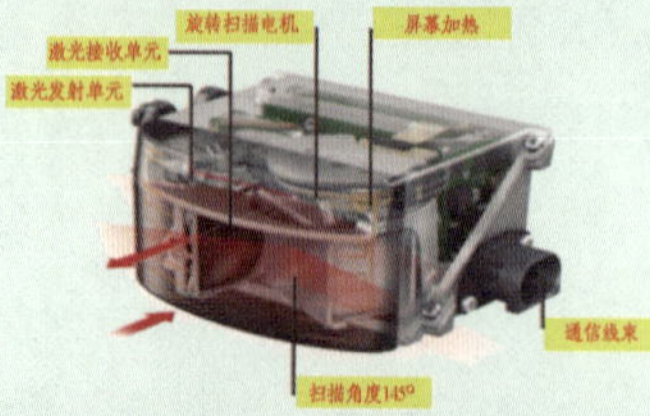
</td><td></td></tr>
<tr><td>优　点</td><td>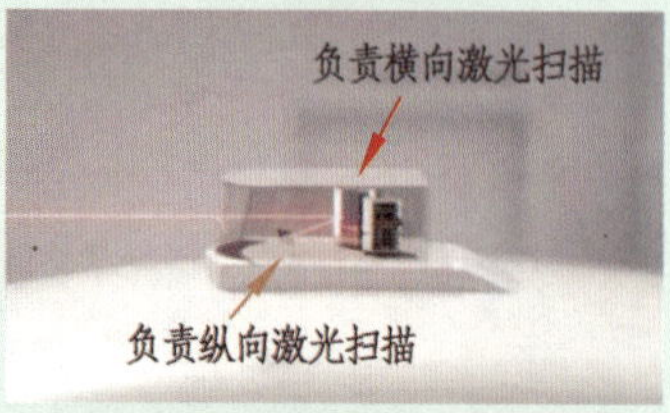
</td><td></td></tr>
<tr><td>缺　点</td><td>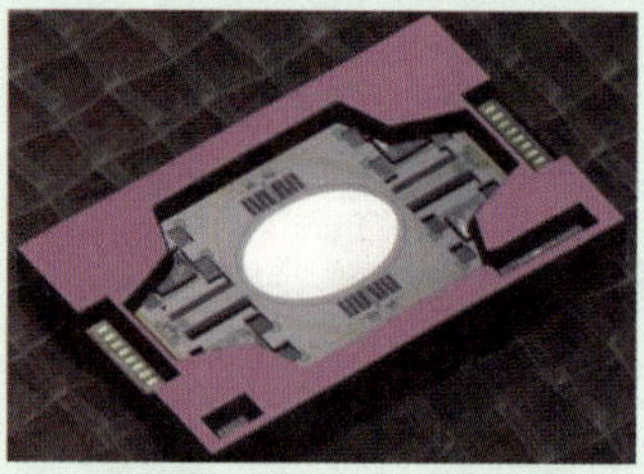</td><td></td></tr>
<tr><td>分　类</td><td>
<table>
<tr><th colspan="4">半固态激光雷达类型 + 厂商 + 车型 + 价格</th></tr>
<tr><th>半固态激光雷达类型</th><th>典型厂商</th><th>应用类型</th><th>价格（美元）</th></tr>
<tr><td rowspan="4">转　镜</td><td>法雷奥</td><td>奥迪 A8、奔驰</td><td>预估 500</td></tr>
<tr><td>华为</td><td>极狐、AITO 问界、长安</td><td>200</td></tr>
<tr><td>Velodyne</td><td>福特、现代</td><td>预估 500</td></tr>
<tr><td>镭神智能</td><td>东风 Sharing-Van</td><td>预估 500</td></tr>
<tr><td></td><td>Aeva</td><td>奥迪 e-tron、大众 DBUZZ、保时捷 SE</td><td>500</td></tr>
<tr><td rowspan="2">振镜 + 转镜</td><td>Luminar</td><td>沃尔沃 SPA2、上汽飞凡、戴姆勒</td><td>500</td></tr>
<tr><td>Lnnovusion（图达通）</td><td>爵来 ET7、宝马 X</td><td>800</td></tr>
<tr><td rowspan="2">硅基 MEMS</td><td>速鸽聚创</td><td>Luoid、埃安 LX</td><td>预估 500</td></tr>
<tr><td>Innoviz</td><td>宝马、威马</td><td>400 ~ 500</td></tr>
<tr><td>棱　镜</td><td>大疆 Livow</td><td>小鹏 P5</td><td>300</td></tr>
</table>
</td><td></td></tr>
<tr><td>用　途</td><td>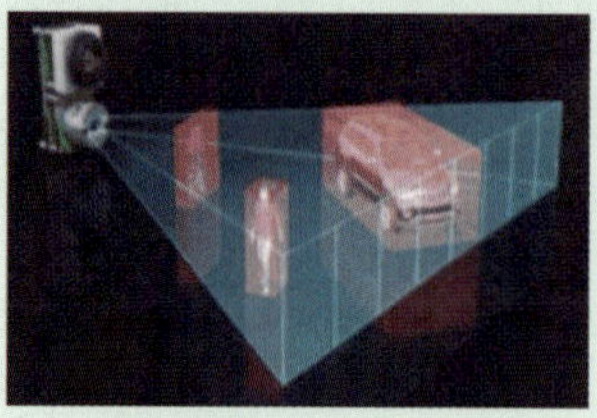</td><td></td></tr>
</table>

知识强化

GPS 和北斗卫星定位系统工作原理及实际应用学习页

1. 填空题

（1）全球导航卫星系统（GNSS）是人类历史上的重大技术突破，给 ________、________ 以及 ________ 各方面带来了巨大变革。

（2）全球导航卫星系统是由多颗覆盖全球的 ________ 组成的卫星系统，可以保证地球上任何一点在任何时候都能观测到 ________，以便获取观测点的经 ________、________，为全球导航、定位、定时等功能提供 ________ 和 ________ 等信息。

（3）全球有四大卫星导航定位系统，分别是美国的 ________（GPS）系统、俄罗斯的 ________（GLONASS）系统、中国的 ________ 系统、欧洲的 ________ 系统。

（4）使用最为广泛的是美国 ________ 系统，20 世纪 70 年代初，美国国防部设计开发了 GPS 系统并于 ________ 年建成。

（5）20 世纪后期，我国开始探索适合中国国情的卫星导航系统发展道路，逐步形成了“________”发展战略：2000 年底，建成 ________ 系统，向中国提供服务。

2. 判断题

（1）中国 2020 年前后，建成北斗全球系统，向全球提供服务。（　　）

（2）2035 年前还将建设完善更加泛在、融合、智能的综合时空体系。（　　）

（3）北斗卫星定位导航系统是中国自行研制的全球卫星定位导航系统，北斗卫星定位导航系统（简称北斗系统）服务区为中国及周边国家。（　　）

（4）北斗卫星定位导航系统覆盖范围为东经 5° ~ 55° 左右，北纬 70° ~ 140° 左右，在地球赤道面上配备了两颗地球同步卫星，赤道角约为 60°。（　　）

（5）北斗卫星定位导航系统空间段采用五种轨道卫星组成的混合星座，与其他卫星定位导航系统相比，高轨卫星更多，抗遮挡能力强，尤其低纬度地区性能特点更为明显。（　　）

3. 单项选择题

（1）人类导航不关心的基本信息是（　　）。

A. 坐标　　B. 方向　　C. 天气　　D. 距离

（2）在大地测量、制图以及比较精确的导航计算中所采用的第二近似是将地球形状假设为（　　）。

A. 圆球体　　B. 椭球体　　C. 圆柱体　　D. 圆锥体

（3）本初子午线是指（　　）。

A.0° 经线　　B.45° 经线　　C.180° 经线　　D.90° 经线

（4）（　　）不是描述或定义坐标系的关键因素。

A. 坐标系原点的位置　　B. 坐标系轴的定向

C. 在所属的坐标系中以什么参数来确定某点的位置　　D. 坐标轴的长度

（5）具有（　　）的周期运动，可以作为时间的基准。

A. 充分的稳定性和复现性　　B. 充分的稳定性和快速性

C. 充分的快速性和复现性　　D. 充分的快速性和持续性

4. 多项选择题

（1）北斗系统提供多个频点的（　　），能够通过（　　）组合使用等方式提高（　　）。

A. 导航信号　　B. 多频信号　　C. 多频信息

D. 准确位置　　E. 定位精度

（2）北斗系统创新融合了（　　）与（　　）能力，具有实时导航、快速（　　）、精确授时、位置报告和（　　）服务五大功能。

A. 定位　　B. 导航　　C. 通信

D. 定位　　E. 短报文通

（3）北斗系统用户终端系统最多可容纳（　　）/ 时的用户，具有双向消息通信功能，用户可一次发送（　　）个汉字的短报文信息。

A.54 万　　B.64 万　　C.74 万

D.40 ～ 60　　E.60 ～ 80

（4）北斗系统具有精确的（　　）功能，可以为用户提供（　　）ns 的时间同步精度。

A. 定位　　B. 定时　　C. 导航

D. 20 ～ 100　　E.40 ～ 150

（5）北斗系统一次可以传输多达（　　）个汉字的信息。北斗系统具有精确的定时功能，为用户提供 20 ～ 100 ns 的时间同步精度，标准站的水平精度为 100 m（1σ）、（　　）m（类似于差分状态），北斗系统工作频率：2491.75 MHz。

A.200　　B.180　　C.120

D.20　　E.40

实训工单

1. 参观实训室 GPS 和北斗卫星定位系统台架、模型或挂图，初步认识 GPS 和北斗卫星定位系统。

记录：____

____

____

2. 利用互联网查询 GPS 和北斗卫星定位系统的定义及其他相关资讯。

打开电脑或移动终端的浏览器、APP，利用"百度"等搜索引擎，分别搜索"GPS 和北斗卫星定位系统"+"定义、分级、结构、关键技术、标准体系"等关键词，查询、学习相关资讯，总结 GPS 和北斗卫星定位系统的应用场景。

（1）GPS 和北斗卫星定位系统的准确定义：________________________

____

____

（2）GPS 和北斗卫星定位系统的应用场景举例。

应用场景 1：____

____

应用场景 2：____

____

应用场景 3：____

____

应用场景 4：____

____

应用场景 5：____

____

3. 分析当前市场上的汽车，具备 GPS 和北斗卫星定位系统的属性。

根据查询获取的资讯，结合你所学的知识，分析当前市场上的车辆已经具备 GPS 和北斗卫星定位系统的功能属性，并填写表 5-2-9。

表 5-2-9　当前市场上的车辆已经具备 GPS 和北斗卫星定位系统的功能属性

序　号	品牌车型	GPS 或北斗卫星定位系统	主要功能描述	其他属性
1				
2				
3				
4				
5				

项目五 高精度定位与导航系统及其应用

任务考评

表 5-2-10　任务考评

考核内容		考核评分		
项　目	内　容	配　分	得　分	批　注
工作准备（30%）	能够正确理解学习过程的内容、范围及工作指令	10		
	能够查阅资料，小组合作完成所遇到的学习问题	5		
	各种自制的走访调研表，格式不定	5		
	通过互联网资源查阅资料进行归纳总结并进行结果展示	5		
	确认上课所需的学习资料是否齐全到位	5		
实施程序（50%）	正确了解高精度地图的发展趋势和背景并进行记录	10		
	正确了解高精度地图概念并与相关概念进行正确区分并进行记录	10		
	正确了解高精度地图的定义及分级并进行相关记录	10		
	参观实训室的高精度地图或借助网上资料对高精度地图的认识进行记录	10		
	利用互联网查询高精度地图的定义及其他相关资讯，完成高精度地图相关场景的收集	10		
完工清理（20%）	收集和储存可以再利用的原材料、余料	5		
	遵循维护工作程序清洁垃圾、清洁和整理工作区域	5		
	对学习环境和工作页面进行清洁	5		
	按照工作程序，填写完成作业单	5		
考核评语	考核人员：　　　　日　期：　　　年　月　日	考核成绩		

项目六 智能网联汽车路径规划与决策控制

项目描述

未来智能网联汽车能够在道路上进行有序安全行驶，特别是无人驾驶汽车，智能网联汽车或者无人驾驶汽车是依靠什么技术完成路径规划？通过本次项目学习，可以得到答案。

本项目的主要内容是智能网联汽车的认知，包含以下 2 个任务：

任务一　智能网联汽车驾驶环境感知与路径规划

任务二　智能网联汽车行为决策与车辆控制

通过 2 个任务的学习，掌握智能网联汽车路径规划的方法，全面了解智能网联汽车决策控制策略。

项目六知识拓展

任务一

智能网联汽车驾驶环境感知与路径规划

任务导入

表 6-1-1　任务导入

<table>
<tr><td colspan="2">任务名称</td><td colspan="4">智能网联汽车驾驶环境感知与路径规划</td></tr>
<tr><td>姓　名</td><td></td><td>班　级</td><td></td><td>成　绩</td><td></td></tr>
<tr><td>组　别</td><td></td><td>组　长</td><td></td><td>场　地</td><td></td></tr>
<tr><td>日　期</td><td></td><td>学　时</td><td></td><td>指导教师</td><td></td></tr>
<tr><td rowspan="3">任务目标</td><td>知识目标</td><td colspan="4">1. 能通过走访或查阅资料的方法，了解智能网联汽车环境感知与路径规划的发展现状；
2. 能通过调研智能网联汽车环境感知技术的发展，掌握汽车自动驾驶功能构架及模块组成</td></tr>
<tr><td>能力目标</td><td colspan="4">1. 能总结并归纳调研报告，理解汽车智能驾驶环境感知的含义和实现方法；
2. 能总结并归纳调研内容，辨清汽车智能驾驶全局路径规划和局部路径规划的含义及区别</td></tr>
<tr><td>素质目标</td><td colspan="4">1. 树立安全意识；
2. 培养 8S 现场管理意识</td></tr>
<tr><td>学习准备</td><td colspan="5">手机等调研设备、各种自制的走访调研表、互联网资源、展示白板</td></tr>
<tr><td>任务背景</td><td colspan="5">环境感知模块通过各类传感器信息的融合，使自动驾驶系统能够充分了解和认识环境，并根据车辆行驶目标做出路径规划，使车辆沿车道或者高精度地图规划的轨迹行驶。路径规划模块需要根据局部环境感知、可用的全局车道级路径、相关交通规则，提供能够引导车辆驶向目的地的路径。行为决策模块根据路径规划，对汽车将要采取的驾驶行为做出决策、确定车辆应该保持车道、换道、跟车、超车或者完成任务后泊车。执行控制模块根据行为决策模块确定的行为模式，控制发动机、变速器、制动、转向以及车身电器等系统，完成具体的动作。</td></tr>
</table>

知识链接

一、智能网联汽车驾驶环境感知

1. 多传感器融合

在前面我们已经了解一部分传感器，智能网联汽车要实现驾驶的环境感知功能（见图 6-1-1），各种传感器就需要发挥各自的功能。我们首先要了解各种传感器的优缺点，下面我们来总结毫米波雷达和激光雷达的优缺点，总结它们是如何进行优势互补的。

图 6-1-1　环境感知

各类传感器因其测量原理，在环境感知方面都有各自明显的优缺点：毫米波雷达具有耐气候性，可以全天候工作，但分辨率不够高，无法区分人与物；摄像头具有较高的分辨率，可以感知颜色，但受强光影响较大。激光雷达可以提供具有三维信息的特性，对环境的可重构性很强，但受天气影响较大，毫米波雷达可以弥补激光雷达、视觉传感器在环境适应性上的不足。视觉传感器或者激光雷达可以弥补毫米波雷达在目标分类上的不足等。在表 6-1-2 中填写毫米波雷达和激光雷达的优缺点，及如何实现互补。

表 6-1-2　毫米波雷达和激光雷达的优缺点

图　片		
名　称		
优　点		
缺　点		
毫米波雷达和激光雷达如何实现互补		

从以上毫米波雷达和激光雷达优缺点的对比分析中，我们可以得出以下的结论：传感器各自的优点及缺点需要相互融合，才能使智能网联汽车更加准确地理解环境，进而做出准确的决策。

2. 环境感知传感器

环境感知要实现其功能，离不开传感器的数据采集周边环境信息和车辆状态信息。

请根据以上学习内容，查阅资料，在表 6-1-3 中写出环境感知需要的传感器名称。

表 6-1-3　环境感知传感器

序　号	名　称
1	
2	
3	
4	

3. 环境感知传感器的感知内容

环境感知要通过以上的各种传感器的共同工作来实现对周边环境信息和车辆状态信息的采集。

环境感知传感器要感知信息是需要明确的，查阅资料，结合学习内容，在表 6-1-4 中写出环境感知的信息和包含的内容。

表 6-1-4　环境感知的信息内容

感知信息	具体内容

4. 传感器的融合方法

汽车自动化的程度越高，集成在车辆中的传感器数量和类型也越多，只有这样才能够保证信息获取充分且有冗余保障车辆自动行驶的安全。

为了保证安全，必须对传感器进行信息融合，如图 6-1-2 所示。多传感器融合可以显著提高系统的冗余度和容错性，从而保证决策的速度和正确性，这是自动驾驶系统向先进的自动驾驶方向发展，最终实现无人驾驶的必然趋势。

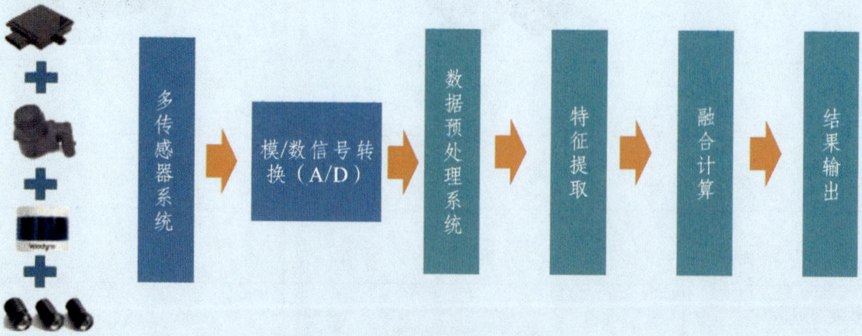

图 6-1-2　传感器信息融合

传感器融合的理论方法有哪些呢？查阅资料，结合以上学习内容，进行归纳总结。

____

____

____

软件算法能够实现虚拟摄像头和环境传感器数据融合算法，从而得到更精确的数据分析与自主控制决策，如图 6-1-3 所示，完成空白框信息的填写。

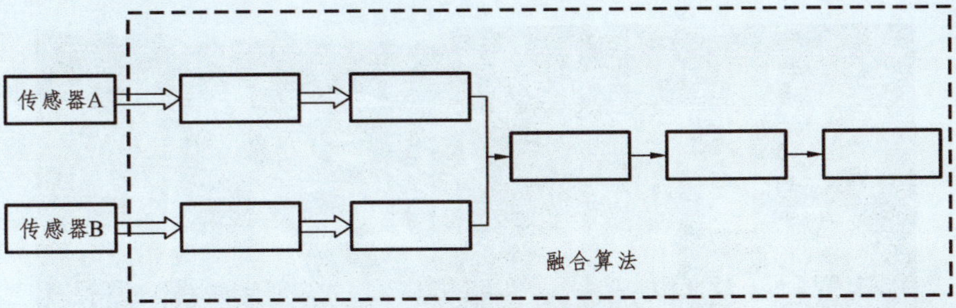

图 6-1-3　传感器融合算法

传感器融合从融合等级上分为原始数据级融合、特征数据级融合和目标数据级融合。

传感器融合算法

单一传感器中，越靠近原始数据，干扰信号和真实信号并存的可能性越大，即越早启动融合，真实信息的保留和干扰信息的去除效果越好，但同时也为数据同步、处理算法计算量带来相应的挑战。

实际应用中，应结合感知需求、芯片计算能力选择合适的融合架构和方法，构建由各类传感器信息组成的数字环境，实现智能网联汽车的环境理解，下面列举了一些图片，结合图片，查阅资料，小组讨论，总结传感器融合的系统方法，填入表 6-1-5。

表 6-1-5　传感器融合的系统方法

图　片	融合方法
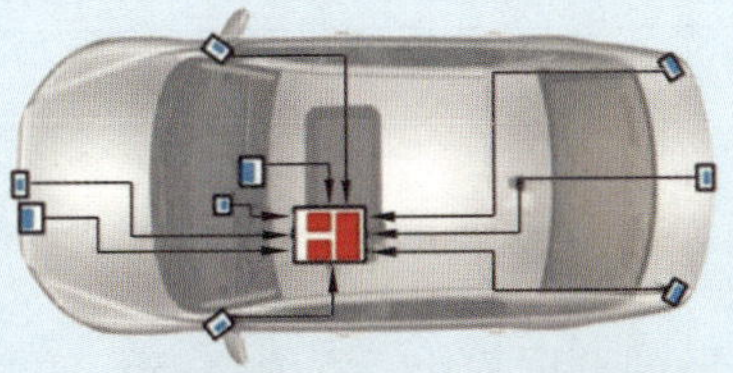	
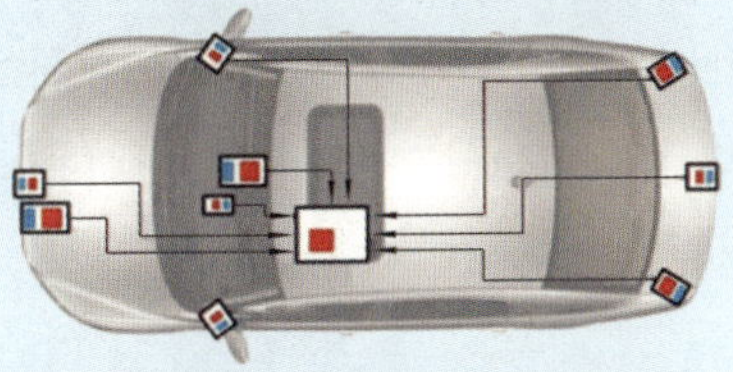	
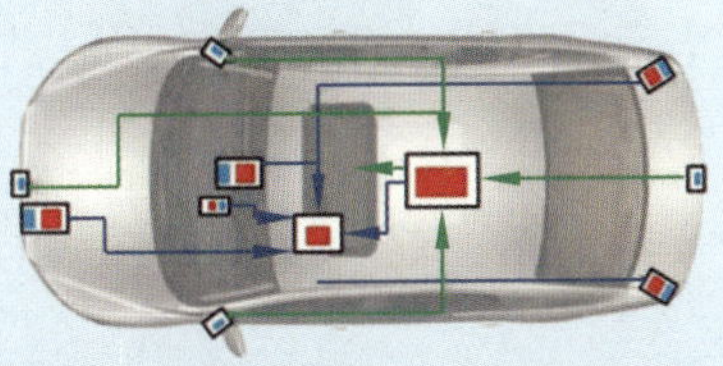	

5. 智能网联汽车环境感知数据库

目前，专门用于无人驾驶的数据集有 KITTI 和 Cityscapes 等，数据集的主要作用是对汽车上安装的各种传感器采集的外部场景数据进行分析，并呈现无人驾驶车辆的实际情况。

以 KITTI 数据集为例，该数据集是视觉图像与三维雷达数据的融合，利用 KITTI 数据集可以实现在车辆真实应用环境下立体图像、光流、视觉距离测量、三维目标检测、三维跟踪等计算机视觉技术的性能评测，如图 6-1-4 所示。

图 6-1-4 KITTI 数据集

该数据集包含从城市、郊区、乡村和高速公路等场景采集的真实图像数据，整个数据集由 389 对立体图像和光流图、在测评里程内的视觉测距序列和超过 200k 的三维标记对象图像组成。

智能网联汽车完整的数据集要包含内容。请结合以上的学习资料进行归纳总结。

____

____

____

二、智能网联汽车路径规划

路径规划是解决智能网联汽车如何达到行驶目标问题的上层模块，它依赖于为智能联网汽车驾驶定制的高精度地图，与普通导航单纯提供指引的性质不同，智能网联汽车的路径规划模块需要提供能够引导车辆正确驶向目的地的轨迹。这些轨迹至少要达到车道级导航的水平，而且轨迹上影响车辆行驶的周边的环境也需要被准确描述和考虑。

1. 路径规划模块

路径规划模块需要根据局部环境感知、可用的全局车道级路径、相关交通规则，提供能够将车辆引导向目的地（或目的点）的路径。

路径规划有哪些分类呢？表 6-1-6 给出了图片，请根据图片，查阅资料，归纳总结路径规划的分类。

表 6-1-6　路径规划的分类

图　片	分　类

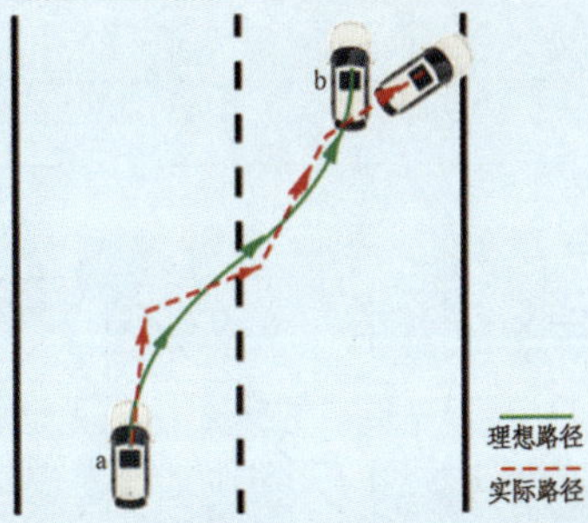	
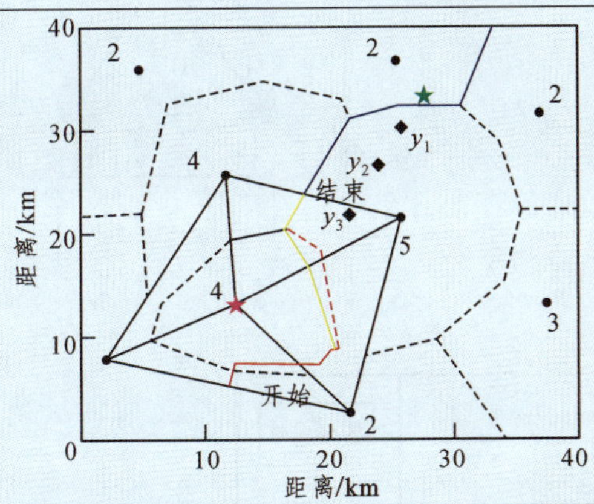	

路径规划技术是汽车自动控制技术的重要组成部分，根据环境信息的已知程度，全局路径规划是对全局环境已知，并根据算法搜索出最优或接近最优的路径。

而局部路径规划则对环境局部未知或完全未知，通过传感器为自动驾驶提供有用的信息确定障碍物和目标点的位置，并规划起始点到目标点的最优化路径。

请对路径规划问题的特点进行总结。小组讨论，查阅资料，在表 6-1-7 中写出自己的想法。

表 6-1-7　路径规划问题的特点

分　类	规划算法

2. 全局路径规划算法

（1）栅格法。

栅格法如图 6-1-5 所示。

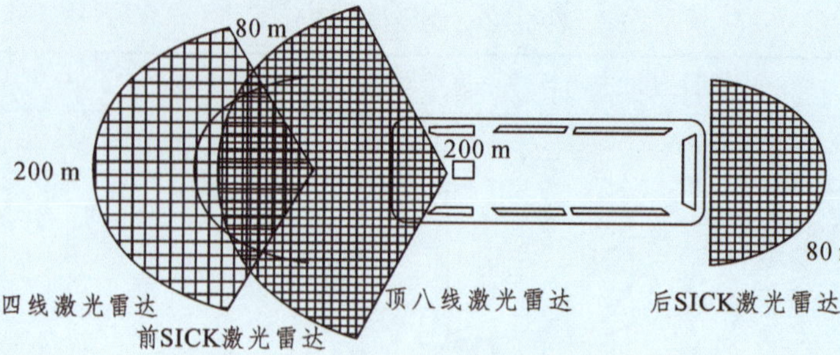

图 6-1-5　栅格法

请说说什么是栅格法？原理是什么？

（2）拓扑法。

拓扑排序应用非常广泛，解决问题的模型也非常一致。凡是需要通过局部顺序来推导全局顺序的，一般都能用拓扑排序来解决。除此之外，拓扑排序还能检测图中环的存在，如图 6-1-6 所示。

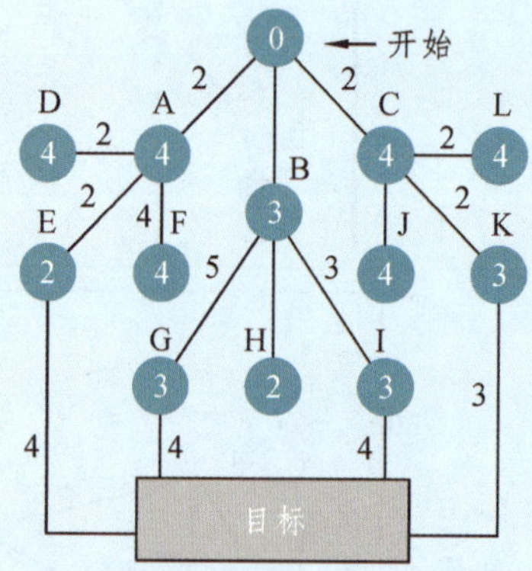

图 6-1-6　拓扑法

请说说什么是拓扑法？

（3）可视图法。

可视图法如图 6-1-7 所示。

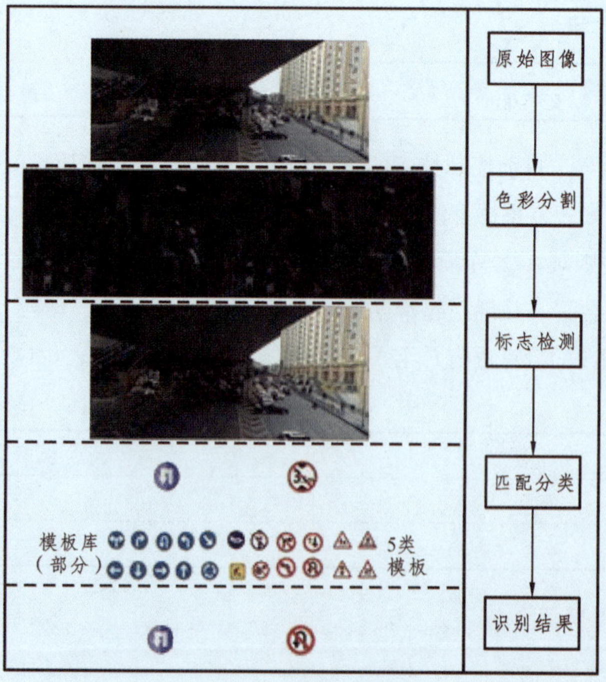

图 6-1-7　可视图法

请说说可视图法定义和原理。

____

____

____

3. 局部路径规划算法

（1）遗传算法。

遗传算法是自动驾驶路径规划常用的算法。

该算法模拟达尔文的生物进化理论，结合进化中优胜劣汰的概念，是一种基于自然选择和遗传学原理的搜索算法，如图 6-1-8 所示。

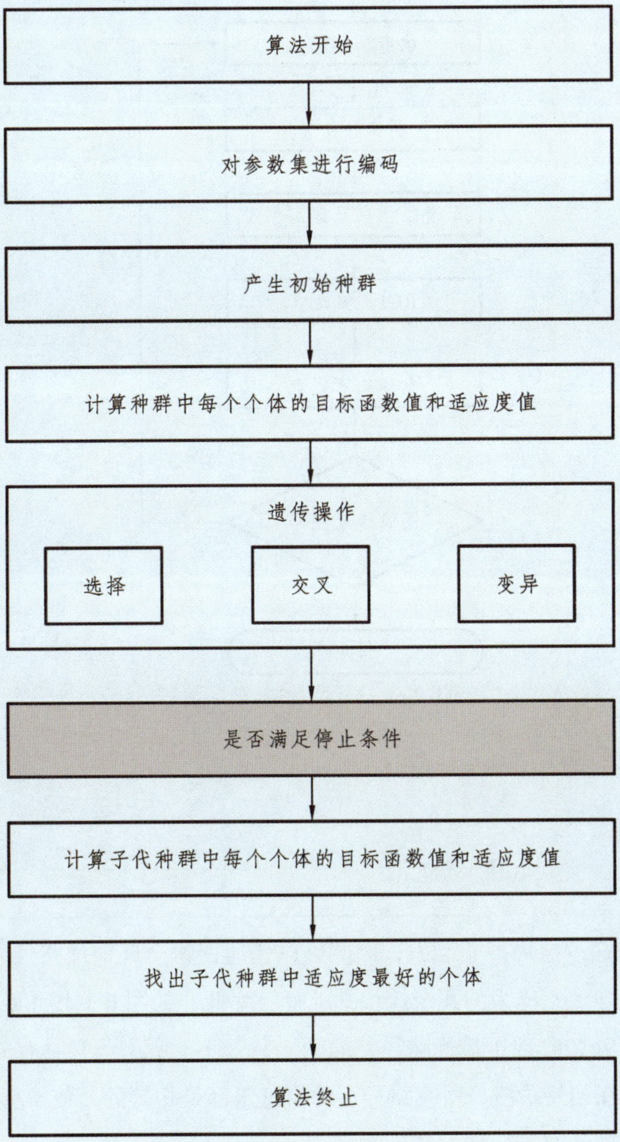

图 6-1-8 遗传算法

请说说遗传算法的原理是什么？

____

____

____

（2）蚁群算法。

蚁群算法相对于遗传算法来说具有一定的记忆力。蚁群算法有多种原理，如觅食原理、避障原理和遗传算法。蚁群算法属于群智能优化算法，具有并行性。每一个粒子都能被主动优化，而遗传算法不能。一种蚁群算法的流程如图 6-1-9 所示。

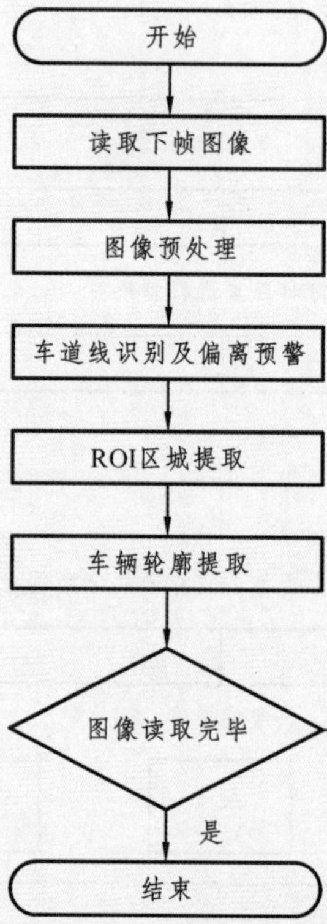

图 6-1-9　一种蚁群算法的流程

请说说蚁群算法的基本原理是什么？

____

____

____

遗传算法具有快速的全局搜索能力，因此可以快速搜索全局最优路径，但系统中的反馈信息利用率不高，往往导致不作为的冗余迭代，求解效率低，如图 6-1-10（a）所示。蚁群算法通过信息素的积累和更新，收敛于最优路径，如图 6-1-6（b）所示。它具有分布性、并行性和全局收敛性等优点。但在初始阶段，所有路径上的信息素都是相等的，使得算法有点像贪婪算法。该算法收敛速度慢，得到的解往往不是最优解。

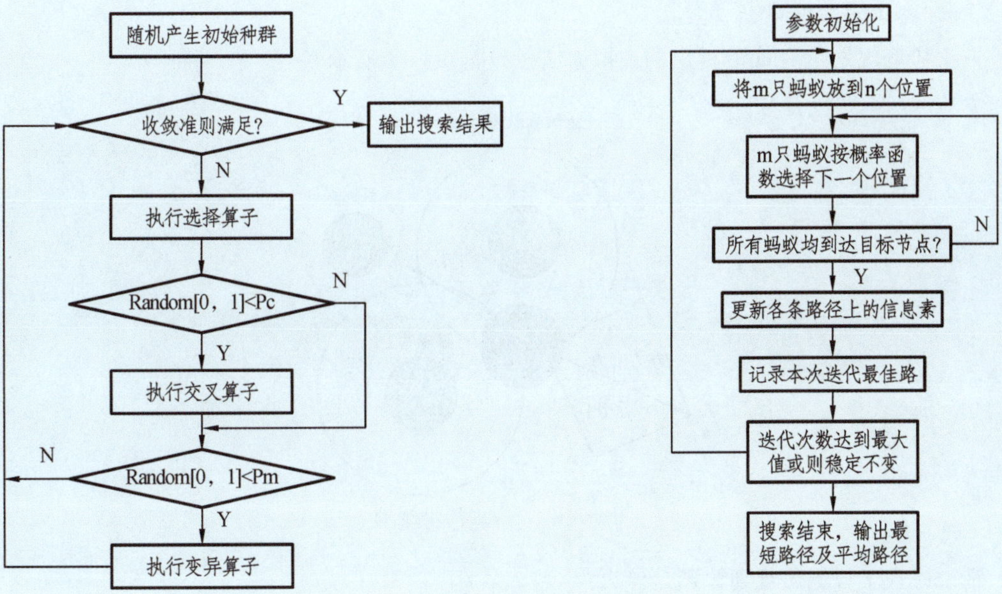

（a）遗传算法　　　（b）蚁群算法

图 6-1-10　遗传算法和蚁群算法对比

请说说遗传算法与蚁群算法如何进行有效互补?

（3）神经网络。

神经网络可以通过大量实际驾驶行为数据，学习避障和路径规划中隐含的、难以人工设计并提取的特征，如图 6-1-11 所示。

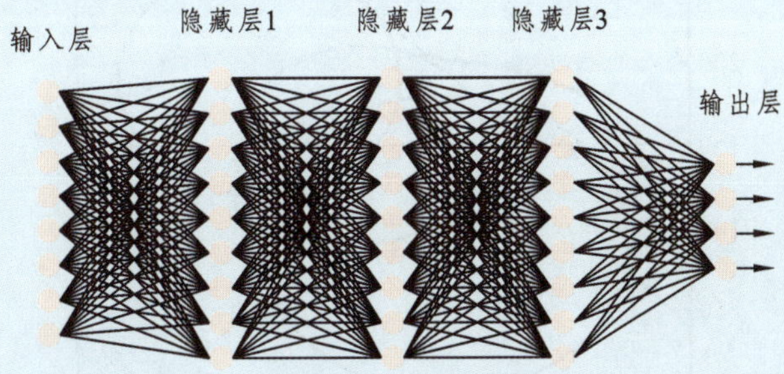

图 6-1-11　神经网络

深度学习的基本模型有哪些呢？请查阅资料进行归纳总结。

由于无需迭代，采用前向网络学习算法学习避障的速度非常快，自组织神经网络特性也可用于融合传感器信息，学习从地图上不同位置到目的地的行驶路线。一旦学习完成，自动驾驶就可以实现自主导航。

（4）人工势场规划。

人工势场规划是 Khatib 提出的虚拟力法，如图 6-1-12 所示。

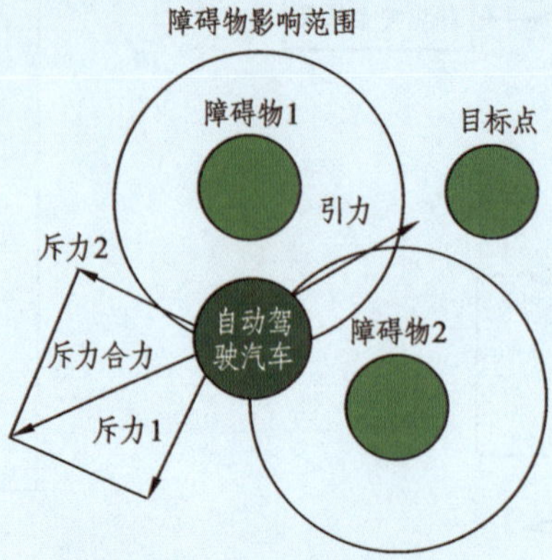

图 6-1-12　人工势场规划

请说说人工势场法规划原理是什么？

____

____

____

4. 汽车智能驾驶路径规划

时空路径是指车辆在一定时间内行驶的轨迹。轨迹不仅包括位置信息，还包括整个轨迹和车辆姿态的时间信息（时间、速度、加速度、曲率等），如图 6-1-13 所示。

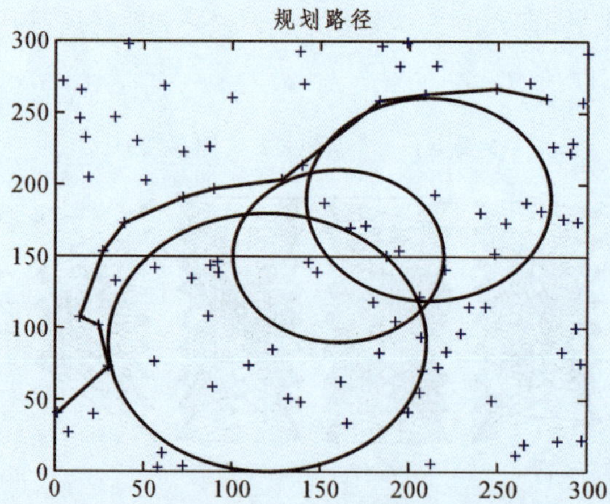

图 6-1-13　时空路径

局部路径规划可进一步分为轨迹规划和速度规划。

请查阅资料，进行轨迹规划和速度规划的概念学习，将相关内容填入表 6-1-8。

表 6-1-8　局部路径规划

分　类	概　念

轨迹规划算法在很大程度上依赖于地图对道路的定义，在车辆模型和道路模型下，由轨迹规划生成的轨迹是从区间到车辆姿态向量集的连续映射，如图 6-1-14 所示。

在每个轨迹的末端，轨迹优化的目标是筛选出满足所有可能轨迹曲线边界条件的轨迹曲线，然后找到平滑的、代价最低的曲线。

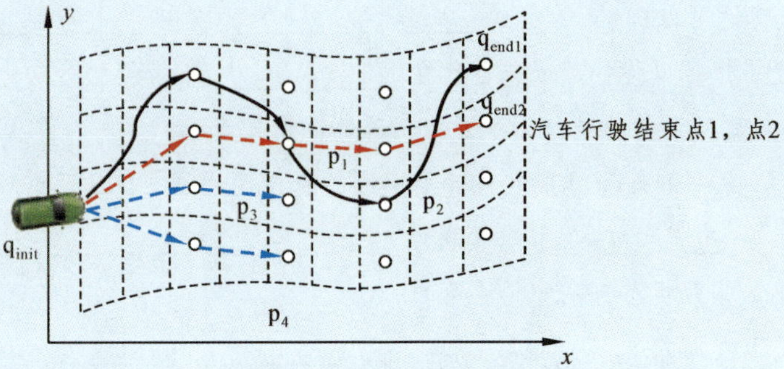

图 6-1-14　轨迹规划算法

知识强化

智能网联汽车驾驶环境感知与路径规划学习页

1. 填空题

（1）毫米波雷达可以弥补________、________在________上的不足。视觉传感器或者激光雷达可以弥补毫米波雷达在________上的不足等。

（2）环境感知要实现其功能，离不开传感器的数据采集________和________。

（3）________的理论方法有贝叶斯准则、卡尔曼滤波、D-S证据理论、模糊集合理论、人工神经网络等。________能够联合________和________数据融合算法，从而得到更精确的数据分析与自主控制决策。

（4）以KITTI数据集为例，该数据集是________与________的融合，利用KITTI数据集可以实现在车辆真实应用环境下立体图像、光流、视觉距离测量、三维目标检测、三维跟踪等计算机视觉技术的性能评测。

（5）完整的数据集应包括________、________、________、________、________等。

（6）________是解决智能网联汽车如何达到行驶目标问题的上层模块，它依赖于为智能联网汽车驾驶定制的________，与普通导航单纯提供指引的性质不同，智能网联汽车的路径规划模块需要提供能够引导车辆正确驶向________的轨迹。

（7）路径规划问题特点的分类有基于________的全局路径规划和基于________的局部路径规划。

（8）________是Khatib提出的虚拟力法。

（9）局部路径规划可进一步分为________和________。

（10）________是指车辆在一定时间内行驶的轨迹。轨迹不仅包括________，还包括整个轨迹和________的时间信息（时间、速度、加速度、曲率等）。

2. 判断题

（1）毫米波雷达具有耐气候性，可以全天候工作，但分辨率不够高，无法区分人与物。（　　）

（2）摄像头具有较高的分辨率，可以感知颜色，但受强光影响较大。（　　）

（3）单一传感器中，越靠近原始数据，干扰信号和真实信号并存的可能性越小。（　　）

（4）专门用于无人驾驶的数据集有KITTI和Cityscapes等，数据集的主要作用是对汽车上安装的各种传感器采集的外部场景数据进行分析，并呈现无人驾驶车辆的实际情况。（　　）

（5）智能路径规划模块需要根据局部环境感知、可用的全局车道级路径、相关交通规则，提供能够将车辆引导向目的地（或目的点）的路径。（　　）

3. 单项选择题

（1）（　　）提供具有三维信息的特性，对环境的可重构性很强，但受天气影响较大。

A. 激光雷达　　B. 毫米波雷达　　C. 视觉传感器　　D. 超声波雷达

（2）（　　）是汽车自动控制技术的重要组成部分，根据环境信息的已知程度，全局路径规划是对全局环境已知，并根据算法搜索出最优或接近最优的路径。

A. 环境感知技术　　B. 智能决策技术

C. 路径规划技术　　D. 高精度地图定位技术

（3）（　　）则对环境局部未知或完全未知，通过传感器为自动驾驶提供有用的信息确定障碍物和目标点的位置，并规划起始点到目标点的最优化路径。

A. 环境感知技术　　B. 局部路径规划

C. 路径规划技术　　D. 高精度地图定位技术

（4）（　　）是利用 VB 等软件对地图建模的一种方法。

A. 栅格法　　B. 人工势场法

C. 遗传算法　　D. 空间搜索法

（5）（　　）是将自动驾驶工作空间分割为具有拓扑特征的子空间，建立拓扑网络，在拓扑网络上找到从起始点到目标点的拓扑路径，最后从拓扑路径中找到几何路径。

A. 栅格法　　B. 人工势场法

C. 遗传算法　　D. 拓扑法

4. 多项选择题

（1）环境感知的信息包含的内容为（　　）。

A. 道路信息　　B. 周边车辆信息

C. 周边行人信息　　D. 路侧信息

（2）传感器融合从融合等级上分为（　　）。

A. 原始数据级融合　　B. 特征数据级融合

C. 目标数据级融合　　D. 状态数据级融合

（3）传感器融合系统方法有（　　）。

A. 传感器模块的集中处理　　B. 由中央 ECU 制定的分布式系统

C. 分布式和集中式处理的结合　　D. 多传感器融合

（4）路径规划分为（　　）。

A. 全局路径规划　　B. 局部路径规划

C. 混合路径规划　　D. 最优路径规划

（5）基于传感器信息的局部路径规划的算法有（　　）。

A. 栅格法　　B. 人工势场法

C. 遗传算法　　D. 空间搜索法

实训工单

1. 讨论智能网联汽车自动驾驶的路径规划与普通的导航系统有什么区别。

记录：____

____

____

____

2. 利用互联网查询智能网联汽车路径规划技术的发展及应用情况。

记录：____

____

____

____

3. 利用互联网查询智能网联汽车路径规划的算法进行归纳。

记录：____

____

____

____

4. 利用互联网查询不同传感器的优缺点及应用场景。

表 6-1-9　传感器的优缺点及应用场景

传感器类型	优　点	缺　点	应用场景

任务考评

表 6-1-10 任务考评

考核内容		考核评分		
项　目	内　容	配　分	得　分	批　注
工作准备（30%）	能够正确理解学习过程的内容、范围及工作指令	10		
	能够查阅资料，小组合作完成所遇到的学习问题	5		
	各种自制的走访调研表，格式不定	5		
	通过互联网资源查阅资料进行归纳总结并进行结果展示	5		
	确认上课所需的学习资料是否齐全到位	5		
实施程序（50%）	正确了解智能网联汽车路径规划发展趋势和背景并进行记录	10		
	正确了解智能网联汽车多传感器融合的优势、目的并进行记录	10		
	正确了解智能网联汽车路径规划的定义、分类、算法等并进行相关记录	10		
	参观实训室的智能网联汽车或借助网上资料对智能网联汽车路径规划技术的认识进行记录	10		
	利用互联网查询智能网联汽车的路径规划的其他算法并进行区别	10		
完工清理（20%）	收集和储存可以再利用的原材料、余料	5		
	遵循维护工作程序清洁垃圾、清洁和整理工作区域	5		
	对学习环境和工作页面进行清洁	5		
	按照工作程序，填写完成作业单	5		
考核评语	考核人员：　　日　期：　　年　月　日	考核成绩		

任务二 智能网联汽车行为决策与车辆控制

任务导入

表 6-2-1 任务导入

任务名称	智能网联汽车行为决策与车辆控制				
姓 名		班 级		成 绩	
组 别		组 长		场 地	
日 期		学 时		指导教师	
任务目标	知识目标	1. 能通过走访或查阅资料的方法，了解智能网联汽车行为决策与车辆控制技术的发展现状； 2. 能通过调研智能网联汽车环境行为决策的概念，掌握行为决策层包含的模块			
	能力目标	1. 能总结并归纳调研报告，理解车辆控制的概念和智能网联汽车车辆控制的具体内容； 2. 能总结并归纳调研内容，辨清智能网联汽车纵向控制和横向控制的区别			
	素质目标	1. 树立安全意识； 2. 培养 8S 现场管理意识			
学习准备	手机等调研设备、各种自制的走访调研表、互联网资源、展示白板				
任务背景	我们利用收集的电子地图 APP 或车载导航系统进行导航时，电子地图会自动进行路径规划，比如选择最近的路线，以及是否走高速，是否避开限行区域，并让你进行选择（决策）。智能网联汽车在进行自动驾驶时，会进行路径规划并进行决策来保证安全行驶，那自动驾驶系统是如何进行决策控制呢？今天，我们就进入智能网联汽车决策控制的学习。				

知识链接

一、汽车智能驾驶行为决策

1. 智能网联汽车自动驾驶实现路径

智能网联汽车的自动驾驶分为感知定位、规划决策、执行控制三个部分。决策是指决策控制电脑在整个无人驾驶系统中的作用，并根据位置、感知和路径规划等信息确定无人驾驶车辆的策略。

智能网联汽车的自动驾驶实现如图 6-2-1 所示，请查阅资料，结合下图，进行空白框的填写，归纳自动驾驶的实现路径。

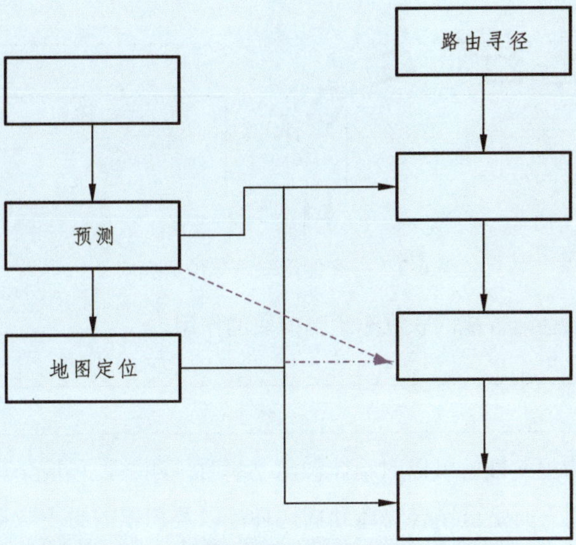

图 6-2-1　智能网联汽车自动驾驶实现路径

2. 智能网联汽车行为决策的概念

智能网联汽车的行为决策是基于环境感知和导航子系统的信息输出，如图 6-2-2 所示。

图 6-2-2　智能网联汽车的行为决策

请根据上述学习资料，认真思考智能网联汽车的行为决策包含的内容。

____

____

____

3. 智能网联汽车行为决策层包含的内容

行为决策层汇集了所有重要的车辆周围信息，不仅包括汽车本身的当前位置、速度、方向和所在车道，还包括汽车一定距离内与感知相关的所有重要障碍物体信息和预测轨迹，在所获得信息的基础上来确定汽车的驾驶策略。主要包括预测算法、行为规划和动作规划等。

（1）预测模块。

预测模块。如图 6-2-3 所示。预测模块作为决策规划控制模块的直接数据上游之一，通常感知层所输出的物体信息包括位置、速度、方向等物理属性。

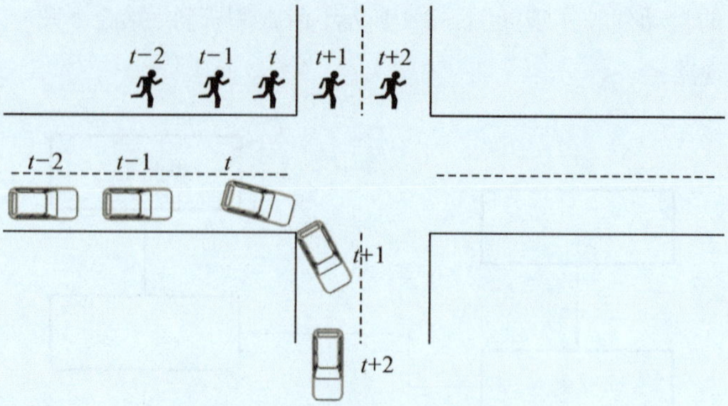

图 6-2-3　智能网联汽车预测模块

通过查阅资料，请总结智能网联汽车预测模块的作用。

利用这些输出的物理属性，可以对物体做出“瞬时预测”。环境预测模块不局限于结合物理规律对物体做出预测，而是可结合物体和周边环境以及积累的历史数据信息，对感知到的物体做出更为“宏观”的行为预测。例如在图 6-2-3 中，通过识别行人在人行道的历史行进动作预测出行人可能会在人行道上穿越路口，而通过车辆的历史行进轨迹可判断其会在路口右转。

（2）行为规划。

行为规划是根据路径规划目标，结合环境感知模块对驾驶环境的描述，以及预测模块对驾驶环境变化趋势的预测，对车辆需要采取的行为作出规划，如图 6-2-4 所示。

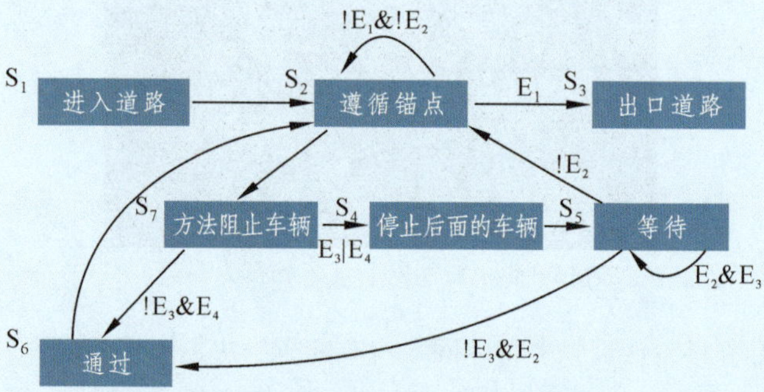

图 6-2-4　智能网联汽车行为规划

行为规划

行为决策模块在整个自动驾驶决策规划控制软件系统中扮演着“副驾驶”的角色。这个层面汇集了所有重要的车辆周边信息，不仅包括了自动驾驶汽车本身的实时位置、速度、方向，还包括车辆周边一定距离以内所有的相关障碍物信息以及预测的轨迹。

那么行为决策层需要解决什么问题呢？结合以上学习资料，请写下自己的看法。

（3）动作规划。

动作规划的模块如图 6-2-5 所示，将当前的道路系统处理为有向网络图，这种有向网络图中可以表示道路和道路之间的各种连接、交通规则、道路宽度等，每一个有向边都带权重。然后，汽车的路径规划问题就变成了在路网图中，为了使汽车能从 A 点位置到达 B 点位置，在一定方法的基础上，选择最优路径，这就使路径规划问题成为有向网络图搜索问题。

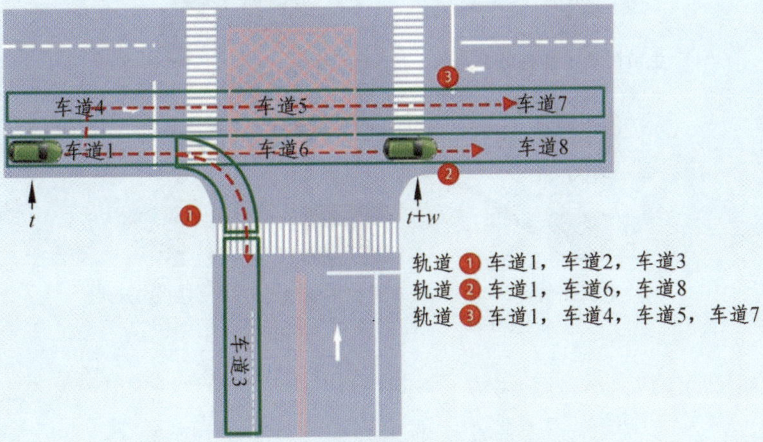

图 6-2-5　智能网联汽车动作规划

动作规划

结合图 6-2-5，查阅资料，小组讨论，思考动作规划模块的功能是什么？

如图 6-2-6 所示，箭头线段代表高精度地图级别的道路划分和方向，车道 1，车道 2，……，车道 8 构成一系列用于路由输出的路由段序列，汽车地图级别的车道划分与实际的自然道路划分不一致，例如，车道 2、车道 5 和车道 7 都表示由地图定义绘制的“虚拟”转弯车道。同样，一条较长的实际道路也可分为若干车道。作为整个汽车决策控制规划系统的最上游模块，寻路模块的输出依赖于高精度地图的绘制。

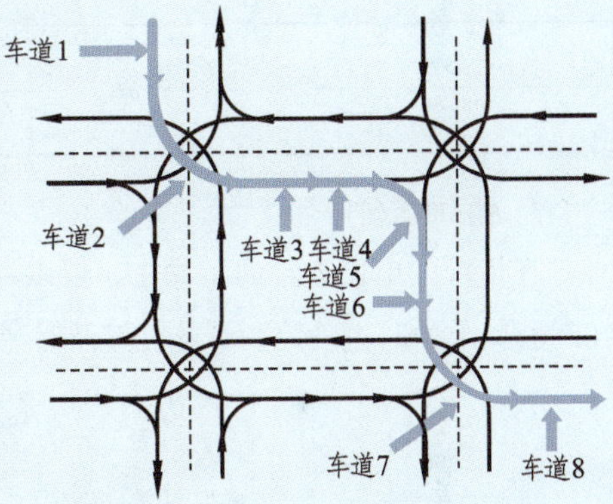

图 6-2-6　智能网联汽车路由寻径

请根据以上的学习资料，讨论路由寻径模块和动作规划模块的区别。

二、智能网联汽车执行控制

车辆控制是指控制转向、驾驶和制动，执行规划决策模块发出需求速度和需求方向盘转角，也包括转向灯、喇叭、车窗、仪表等车身电器控制信号。

智能网联汽车要实现对车辆的运动和车身电器进行自动控制，需要相应的线控系统来满足。请查阅资料，完成表 6-2-2 中信息的填写。

表 6-2-2　线控系统控制

系　统	控制功能

底盘线控制系统如图 6-2-7 所示。

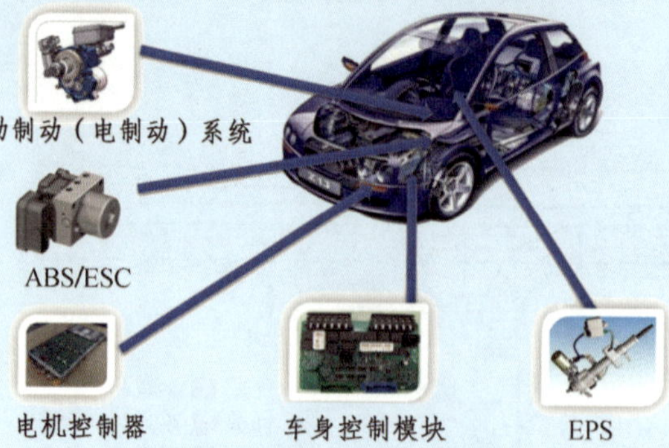

图 6-2-7　自动驾驶线控系统

底盘线控系统的组成，结合图 6-2-7，查阅资料，进行归纳总结，填入表 6-2-3。

表 6-2-3　底盘线控系统的组成

组成名称	具体组成

1. 转向系统

在传统的电助力转向车辆中，可以通过对助力电机的主动控制实现主动转向，但是也需要在驾驶员干预时主动控制系统能够及时退出，满足人工控制优先的控制原则，如图 6-2-8 所示。

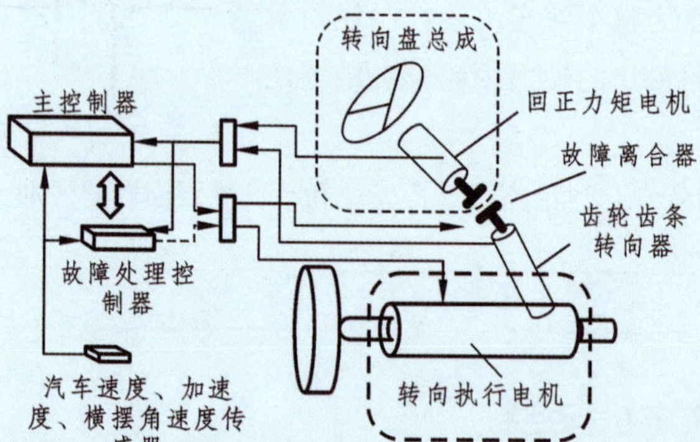

图 6-2-8　线控转向系统

根据以上学习资料，结合图 6-2-8，想一想如何实现转向系统的主动线控？

______

______

2. 驱动系统

驱动系统是较早实现主动线控控制的系统。比如电子节气门就是一种典型的线控驱动控制方式，如图 6-2-9 所示。

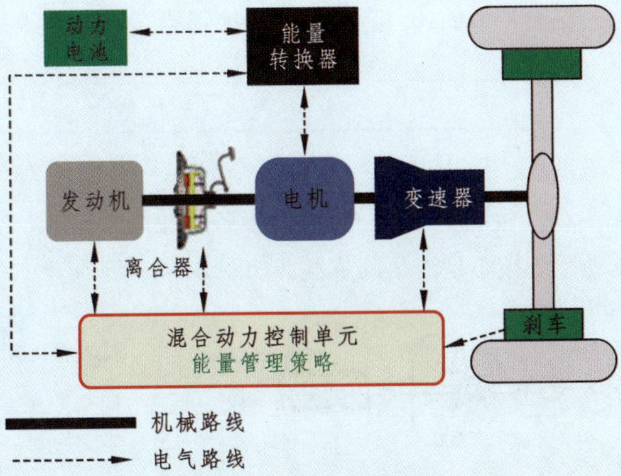

图 6-2-9 线控驱动系统

根据以上学习资料，结合图 6-2-9，想一想电子节气门如何实现线控驱动控制？

随着电驱动系统的发展，混合动力、插电式混合动力、纯电动汽车得到了广泛应用，也进一步为线控驱动系统的发展提供了便利的条件。

3. 整车控制器

在各类线控驱动控制系统的核心是整车控制器，如图 6-2-10 所示。

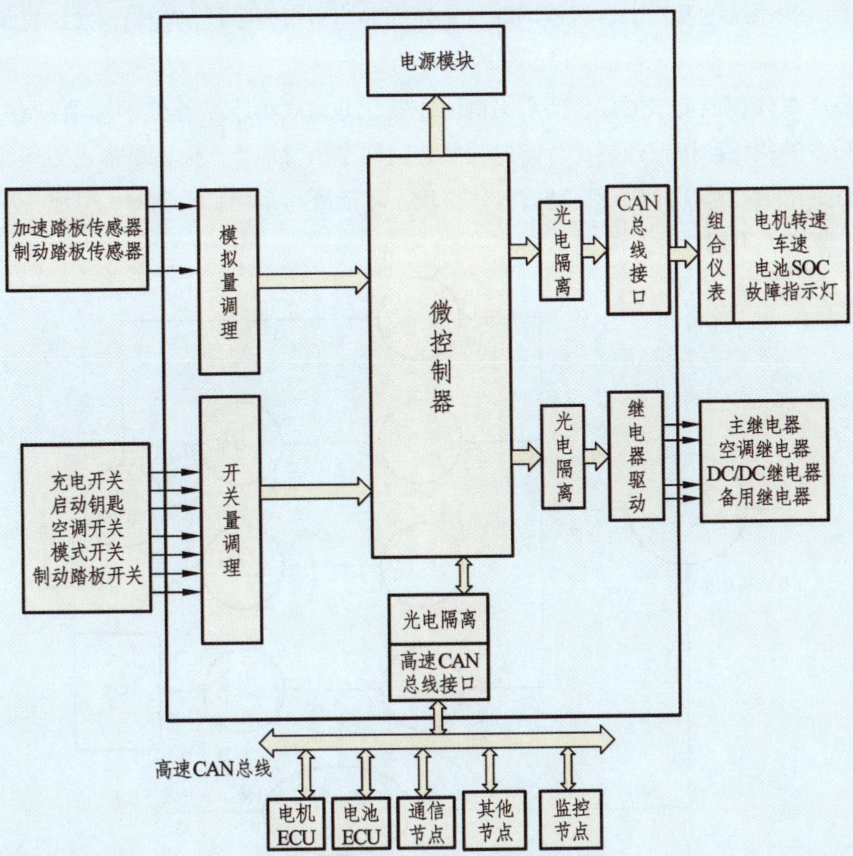

图 6-2-10 整车控制系统

根据以上学习资料，结合图 6-2-10，想一想整车控制器如何实现自主驱动控制？

4. 制动系统

线控制动系统可以主动产生制动压力，并分配至各车轮制动轮缸，使车辆产生稳定平衡的制动力。典型的线控制动系统核心是液压调节器，如图 6-2-11 所示。

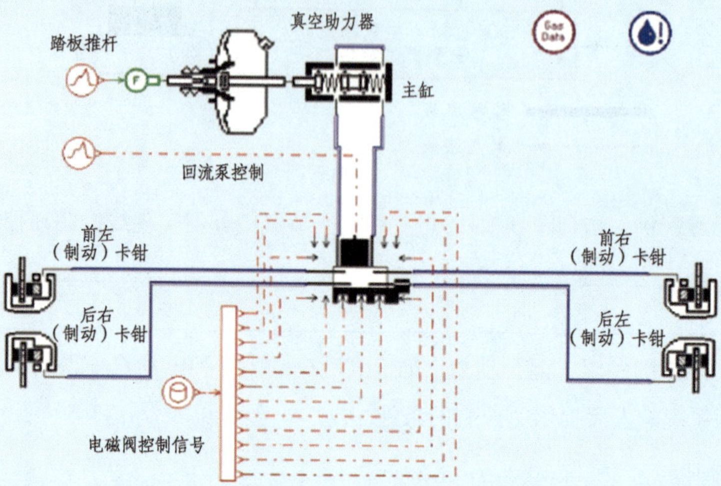

图 6-2-11　制动系统

在底盘线控系统的基础上，智能网联汽车还需要车身电器系统的控制，实现自车与其他车辆、环境中交通参与者、交通系统以及车内人员的交互。

通过各类具体控制算法的设计实现纵侧向控制，并由底盘线控与车身电器控制等系统实现各类控制指令的执行。执行控制是智能驾驶系统的动作执行环节，前面所描述的环境感知、路径规划、行为决策，都需要执行控制的具体实现，才能到达车辆自动驾驶、完成各项智能化任务的目标，如图 6-2-12 所示。

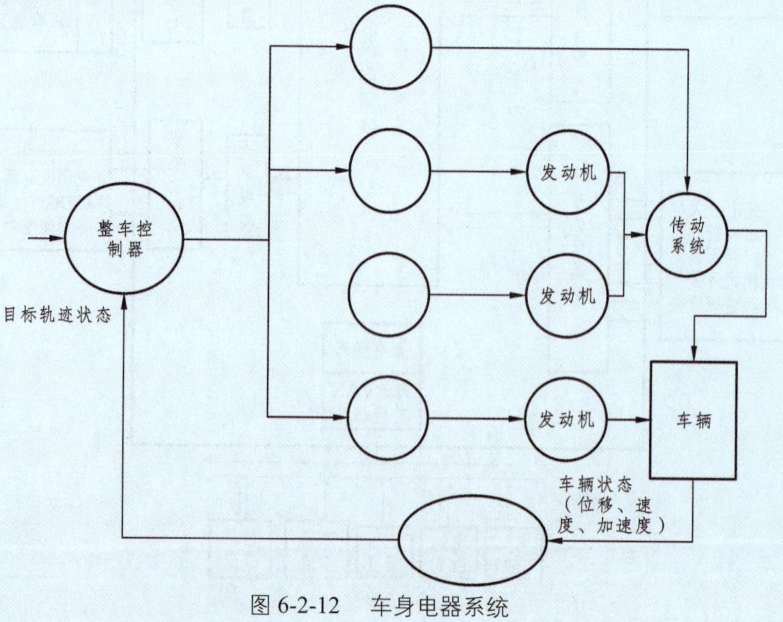

图 6-2-12　车身电器系统

请查阅资料，完成图 6-2-12 的信息填写。

5. 车辆纵向控制

执行控制算法可以划分为车辆的纵向控制和侧向控制。

请查阅资料，完成表 6-2-4 的填写。

表 6-2-4　执行控制算法分类

分　类	实现功能

纵侧向控制的整体效果是车辆沿规划的轨迹，在特定行为模式下，以安全舒适的方式行驶并最终抵达目的地，如图 6-2-13 所示

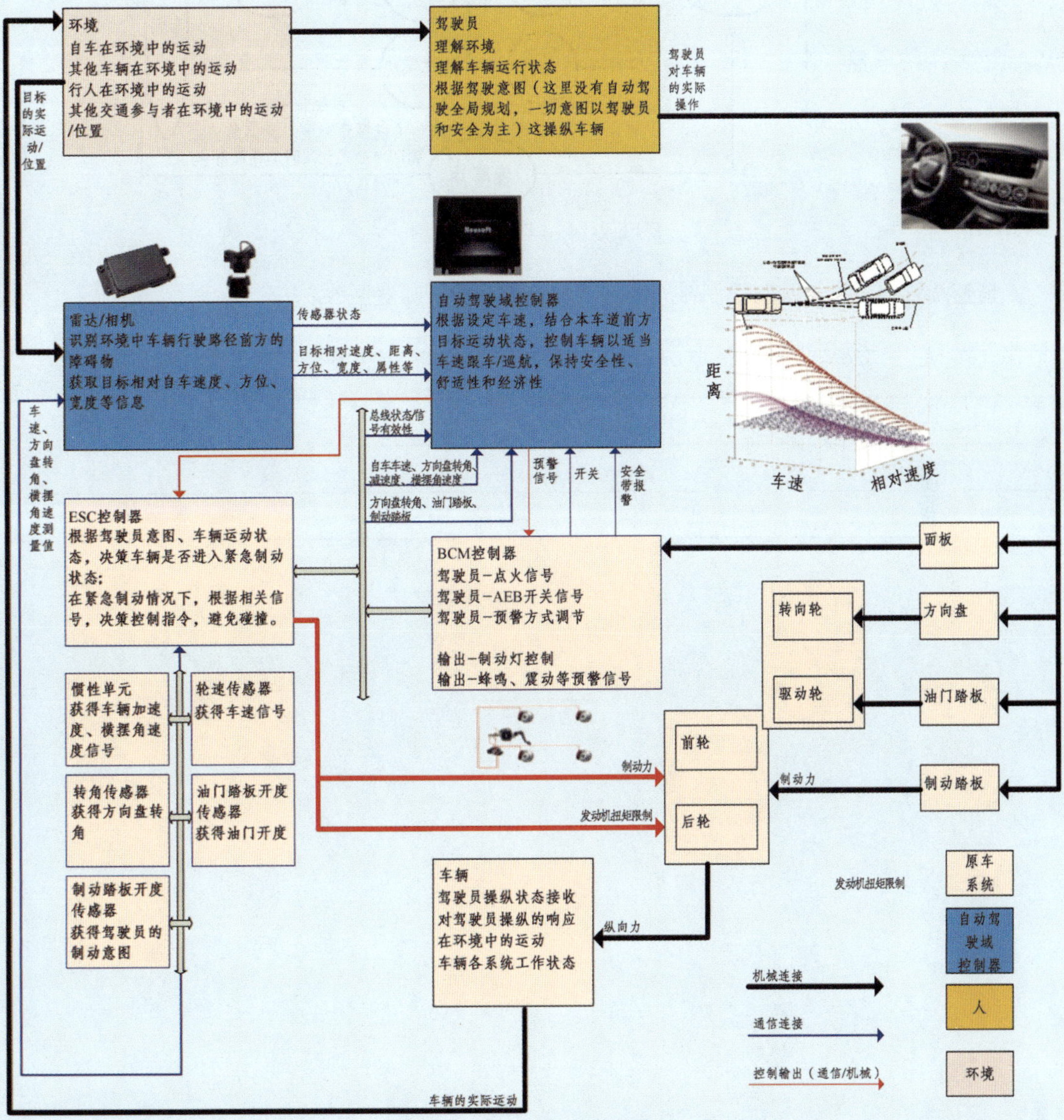

图 6-2-13　车辆纵向控制

6. 车辆侧向控制

车辆侧向控制用于控制车辆保持在规划的行驶轨迹上，直到完成驾驶任务。侧向控制系统通过跟踪和预测当前车辆行驶轨迹，并实时与目标轨迹进行对比，根据轨迹间航向、曲率和距离的偏差，实时调整车辆侧向运动，以保证车辆始终跟随目标轨迹。侧向控制的算法的设计也受舒安全、舒适、节能等指标的约束。

在侧向控制中需要根据安全、舒适、节能等指标融合各类感知信息，决策最优控制指令，如图 6-2-14 所示。

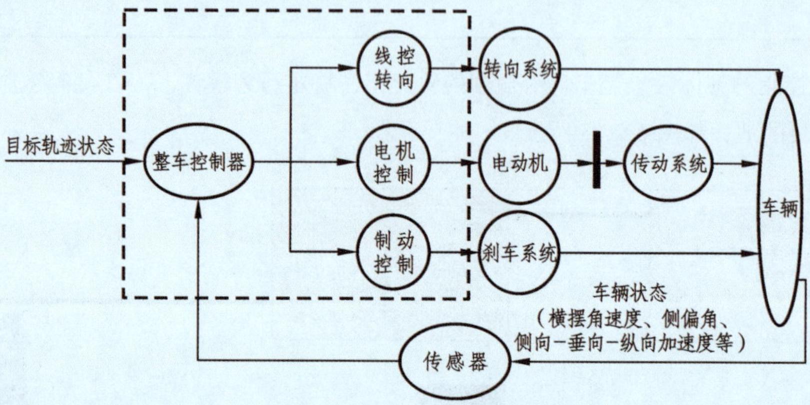

图 6-2-14　车辆侧向控制

请查阅资料，思考侧向控制需求的规划轨迹的来源有哪些呢？

知识强化

智能网联汽车行为决策与车辆控制学习页

1. 填空题

（1）决策是指 ______ 在整个无人驾驶系统中的作用，并根据 ______、______ 和 ______ 等信息确定无人驾驶车辆的策略。

（2）智能网联汽车的行为决策是基于 ______ 和 ______ 的信息输出。

（3）______ 汇集了车辆周围所有重要的信息，不仅包括汽车本身的当前 ______、______、______ 和所在车道，还包括汽车一定距离内与感知相关的所有重要 ______ 信息和 ______，在所获得信息的基础上来确定汽车的驾驶策略。主要包括 ______、______ 和 ______ 等。

（4）智能网联汽车的 ______ 包含的内容：选择哪条车道，是否换车道，是否跟车，是否绕道，是否停车。

（5）执行控制算法可以划分为车辆的 ______ 和 ______，纵向控制是通过车辆的驱动和制动系统等控制 ______，侧向控制是通过转向系统等控制车辆的 ______。

（6）______ 的功能根据路径规划给出的轨迹、行为规划确定的驾驶模式，按照特定的动作去跟随轨迹。这些具体的动作规划发送给执行机构实现车辆的运动控制。

（7）______ 是指控制转向、驾驶和制动，执行 ______ 模块发出需求速度和需求方向盘转角，也包括转向灯、喇叭、车窗、仪表等车身电器控制信号。

2. 判断题

（1）预测模块作为决策规划控制模块的直接数据上游之一，通常感知层所输出的物体信息包括位置、速度、方向等物理属性。（　　）

（2）利用这些输出的物理属性，预测模块不可以对物体做出"瞬时预测"。（　　）

（3）行为决策模块在整个自动驾驶决策规划控制软件系统中扮演着"副驾驶"的角色。（　　）

（4）行为决策层需要解决的问题，就是在知晓这些信息的基础上，决定自动驾驶汽车的行驶策略。（　　）

（5）发动机控制系统采集油门踏板角度，然后根据油门踏板角度与节气门开度之间的关系，控制节气门，实现非机械结构连接的驱动控制。（　　）

3. 单项选择题

（1）（　　）作为决策规划控制模块的直接数据上游之一，其主要作用是对感知层所识别到的物体进行行为预测，并且将预测的结果转化为时间空间维度的轨迹传递给后续模块。

A. 预测模块　　B. 规划模块　　C. 导航模块　　D. 决策模块

（2）（　　）是根据路径规划目标，结合环境感知模块对驾驶环境的描述，以及预测模块对驾驶环境变化趋势的预测，对车辆需要采取的行为作出规划。

A. 行为规划　　B. 预测模块　　C. 导航模块　　D. 决策模块

（3）（　　）将当前的道路系统处理为有向网络图，这种有向网络图可以表示道路和道路之间的各种连接、交通规则、道路宽度等，每一个有向边都带权重。

A. 行为规划　　B. 预测模块

C. 动作规划模块　　D. 决策模块

（4）（　　）用于实现对车辆内外部灯光、车门以及人机交互界面等内外部交互的控制。

A. 车身电器系统　　B. 底盘

C. 发动机　　D. 仪表盘

（5）（　　）是较早实现主动线控控制的系统。比如电子节气门就是一种典型的线控驱动控制方式。

A. 驱动系统　　B. 转向系统

C. 制动系统　　D. 控制系统

4. 多项选择题

（1）智能网联汽车的自动驾驶分为（　　）。

A. 感知定位　　B. 规划决策

C. 执行控制　　D. 数据融合

（2）底盘线控系统的组成包括（　　）。

A. 转向　　B. 制动

C. 驱动控制　　D. 传动

（3）随着电驱动系统的发展，（　　）汽车得到了广泛应用，也进一步为线控驱动系统的发展提供了便利的条件。

A. 混合动力　　B. 插电式混合动力

C. 纯电动　　D. 燃料

（4）执行控制算法可以划分为车辆的（　　）。

A. 纵向控制　　B. 侧向控制

C. 转向控制　　D. 制动控制

（5）在底盘线控系统的基础上，智能网联汽车还需要车身电器系统的控制，实现自车与（　　）的交互。

A. 其他车辆　　B. 环境中交通参与者

C. 交通系统　　D. 车内人员

实训工单

1. 讨论智能网联汽车自动驾驶的行为决策与普通的导航系统有什么区别。

记录：____

____

____

____

____

2. 利用互联网查询智能网联汽车行为决策技术的发展及应用情况。

记录：____

____

____

____

3. 利用互联网查询智能网联汽车侧向控制和纵向控制的区别。

侧向控制	纵向控制

4. 利用互联网查询智能网联汽车自动驾驶实现路径并进行总结

任务考评

表 6-2-5　任务考评

考核内容		考核评分		
项　目	内　容	配　分	得　分	批　注
工作准备（30%）	能够正确理解学习过程的内容、范围及工作指令	10		
	能够查阅资料，小组合作完成所遇到的学习问题	5		
	各种自制的走访调研表，格式不定	5		
	通过互联网资源查阅资料进行归纳总结并进行结果展示	5		
	确认上课所需的学习资料是否齐全到位	5		
实施程序（50%）	正确了解智能网联汽车决策控制的发展趋势和背景并进行记录	10		
	正确了解决策控制概念并与传统汽车进行正确区分并进行记录	10		
	正确了解车辆控制的定义及控制决策的功能并进行相关记录	10		
	参观实训室的智能网联汽车或借助网上资料对智能网联汽车决策控制技术进行记录	10		
	利用互联网查询智能网联汽车车路协同技术的发展现状并进行记录	10		
完工清理（20%）	收集和储存可以再利用的原材料、余料	5		
	遵循维护工作程序清洁垃圾、清洁和整理工作区域	5		
	对学习环境和工作页面进行清洁	5		
	按照工作程序，填写完成作业单	5		
考核评语	考核人员：　　　　日　期：　　　　年　月　日	考核成绩		

项目七

智能网联汽车无线通信技术及其应用

项目描述

无线通信技术是智能网联汽车实现的基础，它直接决定了信息交互的实时性和有效性。用于智能网联汽车的无线通信技术有短距离无线通信技术和远距离无线通信技术。

无线通信是利用电磁波信号可以在自由空间中辐射和传播的特性进行信息交换的一种通信方式，它可以传输数据、图像、音频和视频等。

无线通信系统一般由发射设备、传输介质和接收设备组成，其中传输介质为电磁波，发射设备和接收设备上需要安装天线，完成电磁波的发射与接收，那它是怎么实现信息快速、安全和准确传送的呢？本项目的主要内容是学习智能网联汽车无线通信技术的组成、作用、分类和工作原理及实际运用，包含以下 2 个任务：

任务一　智能网联汽车无线通信技术认知

任务二　智能网联汽车物联网通信技术的类型和应用

通过 2 个任务的学习，掌握智能网联汽车无线通信技术的组成与原理，能够对智能网联汽车无线通信技术的组成、作用、分类和工作原理进行准确描述。

项目七知识拓展

任务一 智能网联汽车无线通信技术认知

任务导入

表 7-1-1　任务导入

<table>
<tr><td>姓　名</td><td></td><td>班　级</td><td></td><td>成　绩</td><td></td></tr>
<tr><td>组　别</td><td></td><td>组　长</td><td></td><td>场　地</td><td></td></tr>
<tr><td>日　期</td><td></td><td>学　时</td><td></td><td>指导教师</td><td></td></tr>
<tr><td colspan="2">任务名称</td><td colspan="4">智能网联汽车无线通信技术认知</td></tr>
<tr><td rowspan="3">任务目标</td><td>知识目标</td><td colspan="4">1. 能通过走访或查阅资料的方法，了解智能网联汽车无线通信技术的定义。
2. 能通过走访或查阅资料的方法，了解智能网联汽车无线通信技术的分类</td></tr>
<tr><td>能力目标</td><td colspan="4">1. 能总结归纳调研报告撰写智能网联汽车无线通信技术标准报告。
2. 能总结归纳辨清智能网联汽车无线通信技术与传统汽车的区别。
3. 能主动获取有效信息，展示工作成果，对学习与工作进行总结和反思</td></tr>
<tr><td>素质目标</td><td colspan="4">1. 树立安全意识。
2. 培养 8S 现场管理意识</td></tr>
<tr><td>学习准备</td><td colspan="5">手机等调研设备、各种自制的走访调研表，格式不定、互联网资源、展示白板</td></tr>
<tr><td>情景导入</td><td colspan="5">智能网联汽车不是独立的运输个体，而是无数个移动终端。智能网联汽车之间，智能网联汽车与道路基础设施、行人之间都有信息交流，以保证安全行驶，提高通行效率。知道智能网联汽车在自动驾驶过程中是如何与道路的交通设施及其他车辆通信的吗？通信原理如图 7-1-1 所示。
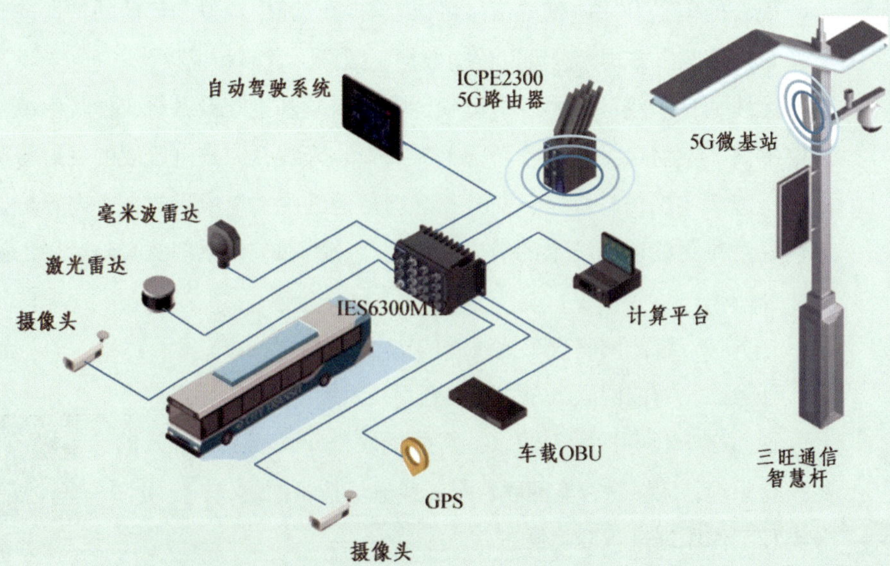

图 7-1-1　智能网联汽车无线通信</td></tr>
</table>

知识链接

一、智能网联汽车无线通信技术的定义

1. 无线通信

无线通信就是不用导线、电缆、光纤等有线介质，而是利用电磁波信号能在自由空间中传播的特性进行信息交换的一种通信方式。无线通信可以传输数据、图像、音频和视频等。无线通信工作原理如图 7-1-2 所示。

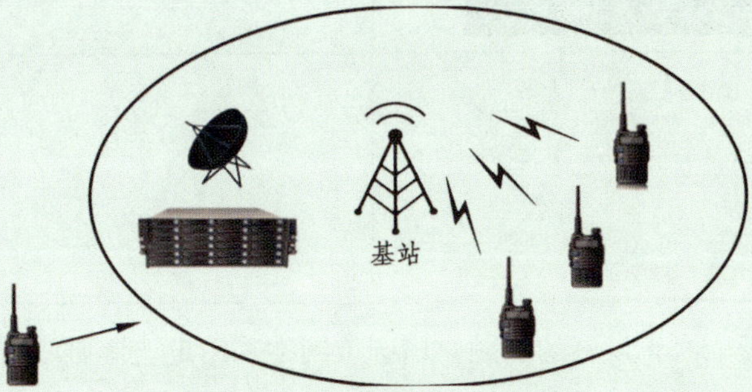

图 7-1-2　无线通信工作原理

2. 无线通信系统

无线通信系统一般由发射设备、传输介质和接收设备组成。具体结构如图 7-1-3 所示。

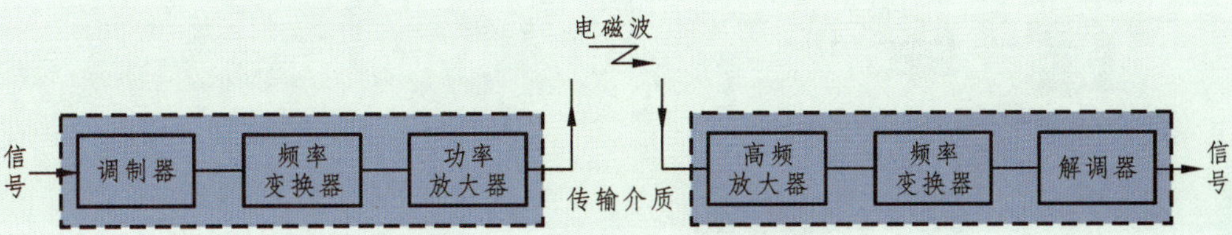

图 7-1-3　无线通信系统工作原理

3. 智能网联汽车无线通信技术的优势

作为一名汽车相关专业的学生，你在日常出行中经常观察到汽车带给人们生活便利的同时有对我们的生活带来了哪些影响？表 7-1-2 中分别给一些图片，请你结合生活实际感受，写出对应图片的优势。

表 7-1-2　智能网联汽车无线通信技术的优势

序　号	图　片	优　势
1	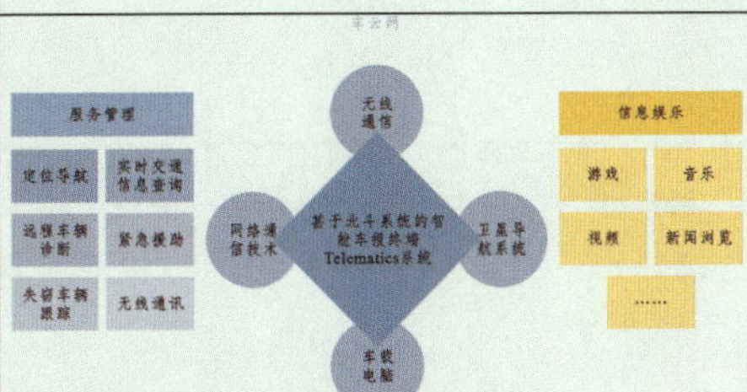	

续表

序　号	图　片	优　势
2		
3		
4	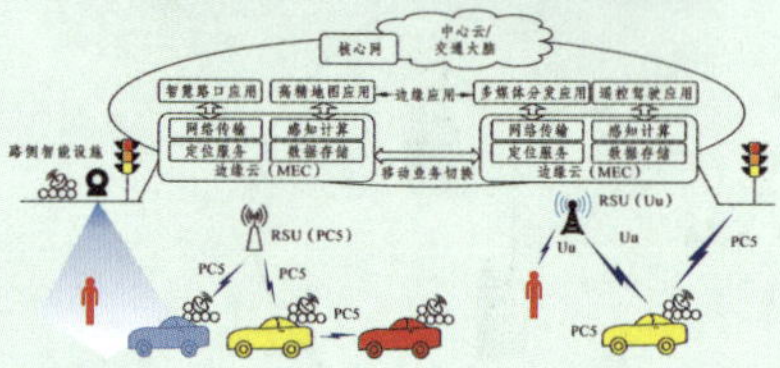	

（1）围绕未来智能汽车发展的主题，请各位同学采用走访调研或查阅资料的方式，谈一谈智能网联汽车无线通信技术未来的发展趋势。在表 7-1-3 中，结合图片，写一写你对汽车无线通信技术未来发展趋势的看法。

表 7-1-3　智能网联汽车无线通信技术未来的发展趋势

序　号	图片	未来发展趋势
1	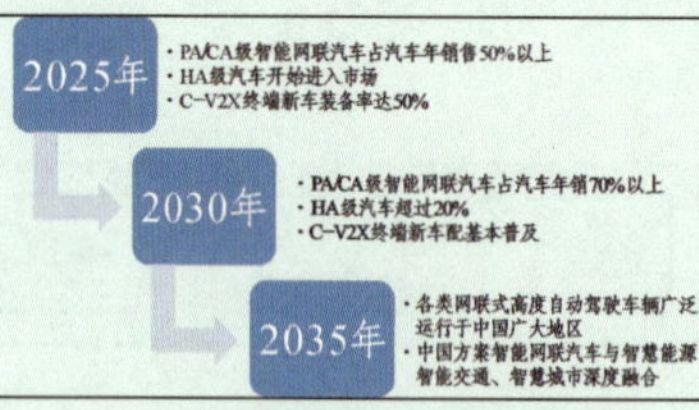	
2		
3	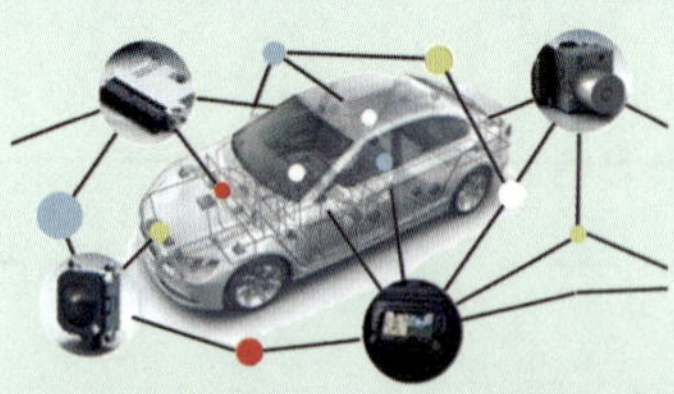	
4		

随着智能网联技术的快速发展，智能汽车领域正成为新一轮科技革命和产业革命的战略高地，我国智能汽车行业将迎来了发展的黄金期，车联网汽车的数量不断增加。据国家发改委预计，2025年中国的智能汽车渗透率达82%，数量将达到2800万辆；2030年将达到95%，约为3800万辆。

中国汽车工业协会预测，中国将在2025年前实现低速驾驶和停车场景下的自动驾驶；2025—2030年间实现更多复杂场景下的自动驾驶。2035年中国智能汽车产业规模将超过2000亿美元，由此，中国将成为世界第一大智能汽车市场。

当前汽车产业发展成熟，电动化、网联化、智能化已成汽车产业的发展潮流和趋势，我国正加快推动智能网联汽车发展。国家发改委于2020年2月发布的《智能汽车创新发展战略》提出，智能汽车是指通过搭载先进传感器等装置，运用人工智能等新技术，具有自动驾驶功能，逐步成为智能移动空间和应用终端的新一代汽车，智能汽车通常又称为智能网联汽车、自动驾驶汽车等。

整体而言，智能汽车是综合运用了计算机、现代传感、信息融合、通讯、人工智能及自动控制等技术，集环境感知、规划决策、多等级辅助驾驶等功能于一体的综合系统，是典型的高新技术综合体。当前我国智能网联汽车处于协同式智能交通与自动驾驶阶段；到2025年之后将处于智慧出行阶段。

智能汽车未来发展趋势包括：

（1）安全。

在智能汽车时代，车辆会配备一系列智能安全配置，比如通过AI识别，判断驾驶员的疲劳和专注程度，并发出提醒；比如搭载智慧躲避功能，当车辆即将超越临车道大型车辆时，系统将自动控制车辆远离大型车辆。

（2）节能环保。

整个汽车行业已经有共识：新能源汽车代表着未来汽车的方向和形态，电动车更加环保和节能。汽油内燃机的理论效率一般不超过40%，实际效率甚至在10%以下，而电动机的效率普遍在90%以上。

（3）驾驶体验。

在保证安全的前提下，无人驾驶的普及，会进一步解放驾驶者的四肢。无人驾驶，会让所有人的乘车体验大大提升。

此外，智能汽车还能在其他方面提升驾驶体验，比如智能过弯、自动巡航、自动泊车。通过自动化的方式，解决一些驾驶员驾驶的难题，降低驾驶的门槛，这肯定是未来的发展方向之一。再者，就是智能汽车也会出现越来越多的高端甚至豪华配置。智能汽车未来发展如图7-1-4所示。

图7-1-4　智能汽车未来发展

（4）满足更多变和复杂的驾驶场景。

新能源汽车满足了对于多变和复杂驾驶场景的诉求，而无线通信技术使得智能网联汽车更安全、高效和便捷。

二、智能网联汽车无线通信技术的分类

1. 根据传输信号形式分类

根据传输信号形式的不同，无线通信可以分为模拟无线通信和数字无线通信。

（1）模拟无线通信。模拟无线通信是将采集的模拟信号直接进行传输。

（2）数字无线通信。数字无线通信是将采集的信号转变为数字信号后再进行传输的信号，只包括 0、1 数字。

2. 根据无线终端状态分类

根据无线终端状态的不同，无线通信可以分为固定无线通信和移动无线通信。

（1）固定无线通信。固定无线通信是指终端设备是固定的，如固定电话通信。

（2）移动无线通信。移动无线通信是指终端设备是移动的，如移动电话通信。

3. 根据电磁波波长分类

根据电磁波波长的不同，无线通信可以分为长波无线通信、中波无线通信、短波无线通信、超短波无线通信、微波无线通信等。

4. 根据传输方式分类

根据信道路径和传输方式的不同，无线通信可以分为红外通信、可见光通信、微波中继通信和卫星通信等。

5. 根据通信距离分类

根据通信距离，无线通信可以分为短距离无线通信和远距离无线通信。

请你查阅相关资料，在表 7-1-4 中写出智能网联汽车无线通信的分类。

智能网联汽车无线通信的分类

表 7-1-4　智能网联汽车无线通信的分类

序　号	分类标准	分类名称
1	根据传输信号形式分类	
2	根据无线终端状态分类	
3	根据电磁波波长分类	
4	根据传输方式分类	
5	根据通信距离分类	

三、智能网联汽车 V2X 及移动通信技术的应用

智能网联汽车 V2X 及移动通信技术的应用

1. V2X 的概念

V2X 是智能网联汽车通信技术的核心，即车辆自身（V）与外界事物（X）进行信息交换。V2V 是 Vechicle to Vechicle 的英文缩写，即车辆自身（本车）与其他车辆之间的信息交换。

当前本车的行驶速度与附近范围内车辆的行驶速度、当前本车的行驶方向与附近范围内车辆的行驶方向、当前本车的行驶状况与附近范围内车辆的行驶状况进行信息内容的交换。

2. 智能网联汽车实现 V2X 功能的条件

智能网联汽车 V2X 功能的实现条件是必须首先实现车辆自身的智能化。车辆的智能化主要包括车载传感器的环境感知功能、汽车数据通信处理能力，以及数据分析后的决策功能。只有在实现了车辆智能化的基础上，才能利用网络通信技术实现智能网联汽车的 V2X 功能。如图 7-1-5 所示。

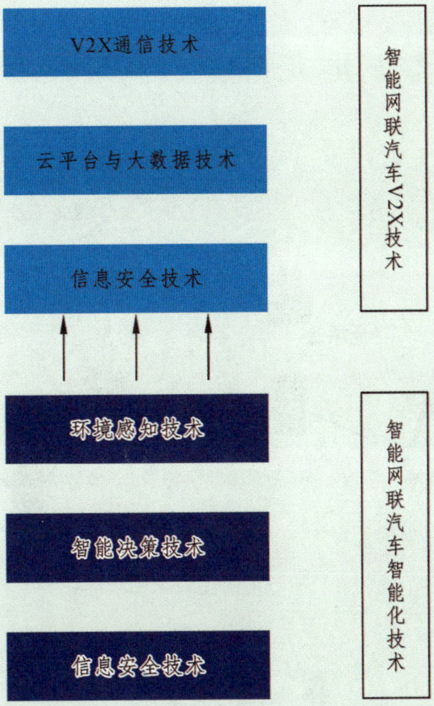

图 7-1-5　智能网联汽车 V2X 功能

目前，实现智能网联汽车 V2X 功能的网络通信技术主要有移动网络通信技术和物联网无线通信技术。

3. 移动通信技术的发展

移动网络通信技术是一种综合技术的应用，是由有线通信技术和无线通信技术融合而成，具体是指通过移动网络信号系统，作为主体的人或设备可在不受位置约束的条件下，与固定位置或正在发生移动的另一方主体或设备进行通信的方式。移动通信任务经历了第一代（1980 年）到第五代（2000 年）的发展历程，如表 7-1-5 所示。

表 7-1-5　移动通信技术的突破

技术名称	出现年份	最高传输速率
第一代移动通信网络（1G）	1980 年	2.4 kbit/s
第二代移动通信网络（2G）	1990 年	150 kbit/s
第三代移动通信网络（3G）	2000 年	6 Mbit/s
第四代移动通信网络（4G）	2010 年	100 Mbit/s
第五代移动通信网络（5G）	2020 年	至少 1 Gbit/s

5G 网络即为第五代移动通信网络，其传输速率可达 4G 网络的百倍之多。5G 网络的 出现使得物联网能够获得更加广泛的应用，包括诸如智能网联汽车、机器人、智慧城市、智慧农场等应用，如图 7-1-6 所示。

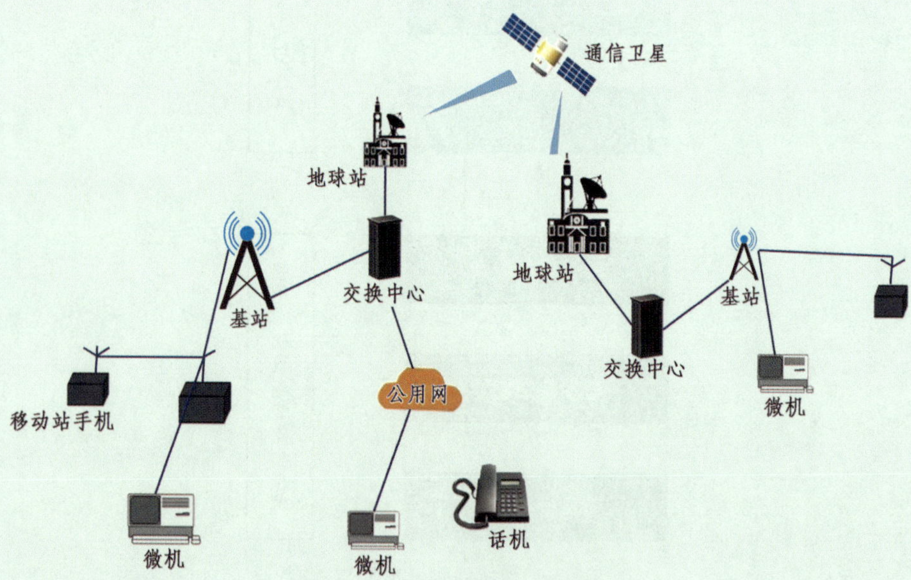

图 7-1-6　移动通信技术的发展

5G 技术的应用如图 7-1-7 所示。

无人驾驶

机器人

智慧城市

智慧农场

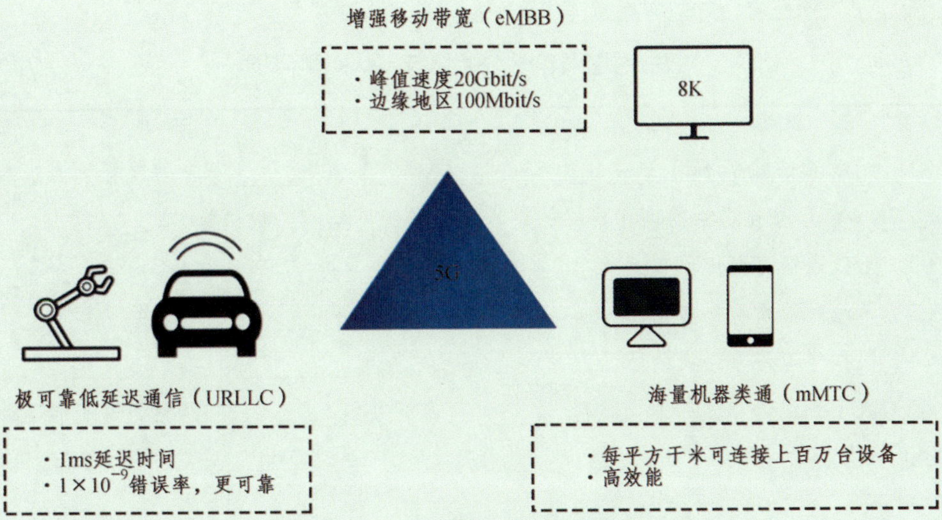

图 7-1-7　5G 移动通信技术的应用

4. 5G 网络的关键技术与在 V2X 中的应用

（1）设备到设备的通信。设备到设备的通信（Device to Device，D2D），是指在一定距离范围内，设备之间的直接通信。

（2）大规模输入输出技术。5G 网络环境下的大规模输入输出技术是指通过大规模天线阵列进行信号的发送和接收。

（3）高频段传输。由于 2G、3G、4G 网络通信频率都在 3 GHz 以下，导致低频率的可用频段极为有限。所以 5G 网络的建设分为两大频谱，分别是低频段和高频段。低频段是指在 3 GHz 以上且小于 6 GHz 的频段，而高频段是指大于 30 GHz 频段的毫米波移动通信技术。

（4）高密集组网。由于高频段导致网络覆盖面积减少，所以为了增加网络的覆盖范围，需要采用高密集度的组网建设方式。

5G 支持大数据传输带宽，支持本地点对点通信，提高了信息传输的可靠性、极低延迟和容错性，这为智能网联汽车的生态系统带来一系列优势。利用增加的数据传输能力，可以提高车辆运输的安全性，这包括在智能网联汽车之间共享传感器数据，使用宽带支持改善定位，以及为自动驾驶共享高精三维地图。

智能网联汽车技术真正的难点是安全问题，5G 技术应用的真正目的其实就是解决车辆安全驾驶问题，以最大限度地减少或减免交通事故的发生，保护车辆数据安全，收集数据，集成数据，实现最大化的安全策略。如图 7-1-8 所示。

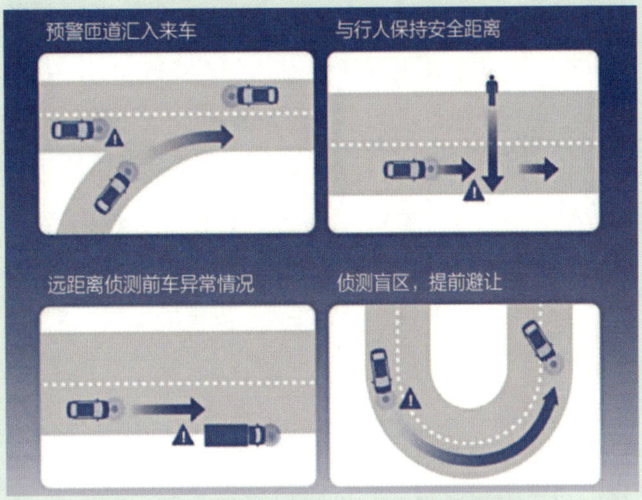

图 7-1-8　5G 移动通信技术的安全方面的应用

知识强化

智能网联汽车无线通信技术认知学习页

1. 填空题

（1）无线通信就是不用 ＿＿＿＿＿＿、＿＿＿＿＿＿、＿＿＿＿＿＿ 等有线介质，而是利用 ＿＿＿＿＿＿ 信号在自由空间中传播的特性进行信息交换的一种通信方式。

（2）无线通信可以传输 ＿＿＿＿＿、＿＿＿＿＿、＿＿＿＿＿ 和 ＿＿＿＿＿ 等。

（3）无线通信系统一般由 ＿＿＿＿＿、＿＿＿＿＿ 和 ＿＿＿＿＿ 组成。

（4）根据传输信号形式的不同，无线通信可以分为 ＿＿＿＿＿ 和 ＿＿＿＿＿。

（5）数字无线通信是将采集的 ＿＿＿＿＿ 转变为 ＿＿＿＿＿ 信号后再进行传输的信号只包括 0、1 数字。

2. 判断题

（1）无线通信是利用电磁波信号在自由空间中传播的特性进行信息交换的一种通信方式。（　　）

（2）V2X 是指车辆自身和外界事物之间的信息交换。（　　）

（3）V2P 是车辆自身与乘员之间的信息交换。（　　）

（4）V2R 是车辆自身与道路之间的信息交换。（　　）

（5）智能网联汽车 V2X 功能的实现条件是必须首先实现车辆自身的智能化。（　　）

3. 单项选择题

（1）根据传输信号形式的不同，无线通信可以分为（　　）。

A. 固定无线通信和移动无线通信　　B. 模拟无线通信和数字无线通信

C. 长波无线通信、短波无线通信等　　D. 红外通信、可见光通信、微波中继通信等

（2）车辆的智能化主要包括（　　）。

A. 车载传感器的感知功能　　B. 汽车数据通信处理能力

C. 数据分析后的决策功能　　D. 以上都正确

（3）移动网络通信技术系统主要由（　　）组成。

A. 空间系统　　B. 地面系统

C. A 和 B 都是　　D. A 和 B 都不是

（4）5G 网络架构包含（　　）。

A. 独立的独立网模式 SA　　B. 与 4G 网络相结合的非独立组网模式 NSA

C. A 和 B 都是　　D. A 和 B 都不是

（5）最适合智能网联汽车应用的移动通信技术是（　　）。

A. 2G 网络　　B. 3G 网络

C. 4G 网络　　D. 5G 网络

4. 多项选择题

（1）车辆自身与基础设施之间的信息交换内容，主要包括（　　）。

A. 车辆的行驶状态与前方红绿灯的实际状况

B. 车辆的行驶状态与途经公交站台的实际情况

C. 车辆当前行驶的方向和速度与前方交通标志牌所提示的内容

D. 车辆的行驶状态与前方立交桥或隧道的监控情况

E. 车辆的导航目的地与停车场空位情况

（2）车辆自身与外界车辆之间的信息交换内容，主要包括（　　）。

A. 本车的行驶速度与附近范围内车辆的行驶速度

B. 本车的行驶方向与附近范围内车辆的行驶方向

C. 本车紧急状况与附近范围内车辆的行驶状况

D. 本辆故障状况与监控中心

E. 以上都不正确

（3）车辆自身与外界行人之间的信息交换内容，主要包括（　　）组成。

A. 车辆自身的行驶速度与行人当前位置

B. 车辆自身的行驶方向与行人当前位置

C. 车辆自身的行驶方向与行人的方向

D. 车辆自身的行驶速度与行人的速度

E. 以上都正确

（4）车辆自身与道路之间的信息交换内容，主要包括（　　）。

A. 车辆自身的行驶路线与道路当前路况

B. 车辆自身的行驶方向与前方道路发生的事故

C. 车辆行驶的导航信息与前方道路的路标牌

D. 车辆自身的行驶速度与目的地的距离

E. 车辆自身的行驶速度与道路当前路况

（5）车辆自身与互联网之间的信息交换，主要包括（　　）。

A. 车辆自身的行驶信息和传感器数据，与互联网分析的大数据结果

B. 车辆终端系统与互联网上的资源

C. 车辆自身的故障系统与互联网远程求助系统

D. 驾驶人与车辆车载网络系统

E. 驾驶人与手机互联网系统

实训工单

1. 参观实训室智能网联汽车无线通信技术的定义和分类挂图，初步认识智能网联汽车无线通信技术的定义和分类。

记录：____

2. 利用互联网查询智能网联汽车无线通信技术的定义及其他相关资讯。

打开电脑或移动终端的浏览器、APP，利用“百度”等搜索引擎，分别搜索“智能网联汽车无线通信技术”+“定义、分类、结构、关键技术、标准体系”等关键词，查询、学习相关资讯，总结智能网联汽车的应用场景。

（1）智能网联汽车无线通信技术的准确定义：____

____

（2）智能网联汽车无线通信技术的应用场景举例

应用场景 1：____

应用场景 2：____

应用场景 3：____

应用场景 4：____

应用场景 5：____

3. 分析当前市场上的汽车，具备智能网联汽车无线通信技术的分类。

根据查询获取的资讯，结合你所学的知识，分析当前市场上的车辆已经具备智能网联汽车无线通信技术的分类，并填写下表。

表 7-1-6　当前市场上的车辆已经具备智能网联汽车无线通信技术的分类

序　号	品牌车型	无线通信技术类别	主要功能描述	其他属性
1				
2				
3				
4				
5				

任务考评

表 7-1-7　任务考评

考核内容		考核评分		
项　目	内　容	配　分	得　分	批　注
工作准备（30%）	能够正确理解学习过程的内容、范围及工作指令	10		
	能够查阅资料，小组合作完成所遇到的学习问题	5		
	各种自制的走访调研表，格式不定	5		
	通过互联网资源查阅资料进行归纳总结并进行结果展示	5		
	确认上课所需的学习资料是否齐全到位	5		
实施程序（50%）	正确了解智能网联汽车无线通信技术的定义和背景并进行记录	10		
	正确了解智能网联汽车无线通信技术的概念并与相关概念进行正确区分并进行记录	10		
	正确了解智能网联汽车无线通信技术的概念和分类的定义及分级并进行相关记录	10		
	参观实训室的智能网联汽车或借助网上资料对智能网联汽车无线通信技术的概念和分类进行记录	10		
	利用互联网查询智能网联汽车无线通信技术的概念和分类及其他相关资讯，完成智能网联汽车无线通信技术的概念和分类相关场景的收集	10		
完工清理（20%）	收集和储存可以再利用的原材料、余料	5		
	遵循维护工作程序清洁垃圾、清洁和整理工作区域	5		
	对学习环境和工作页面进行清洁	5		
	按照工作程序，填写完成作业单	5		
考核评语	考核人员：　　　　日　期：　　　　年　月　日	考核成绩		

项目七 智能网联汽车无线通信技术及其应用

任务二 智能网联汽车物联网通信技术的类型和应用

任务导入

表 7-2-1　任务导入

<table>
<tr><td colspan="2">任务名称</td><td colspan="4">智能网联汽车物联网通信技术的类型和应用</td></tr>
<tr><td>姓 名</td><td></td><td>班　级</td><td></td><td>成　绩</td><td></td></tr>
<tr><td>组　别</td><td></td><td>组　长</td><td></td><td>场　地</td><td></td></tr>
<tr><td>日　期</td><td></td><td>学　时</td><td></td><td>指导教师</td><td></td></tr>
<tr><td rowspan="3">任务目标</td><td>知识目标</td><td colspan="4">1. 能通过走访或查阅资料的方法，了解智能网联汽车物联网通信技术的现状；
2. 能通过走访或查阅资料的方法，了解智能网联汽车物联网通信技术的特点</td></tr>
<tr><td>能力目标</td><td colspan="4">1. 能总结并归纳调研报告，撰写智能网联汽车物联网通信技术标准报告；
2. 能总结并归纳调研内容，辨清智能网联汽车物联网通信技术与传统汽车的区别；
3. 能主动获取有效信息，展示工作成果，对学习与工作进行总结和反思</td></tr>
<tr><td>素质目标</td><td colspan="4">1. 树立安全意识；
2. 培养 8S 现场管理意识；
3. 严格执行行业规范，培养职业素养；
4. 树立团队协作意识</td></tr>
<tr><td>学习准备</td><td colspan="5">手机等调研设备、各种自制的走访调研表，格式不定、互联网资源、展示白板。</td></tr>
<tr><td>情景导入</td><td colspan="5">物联网是“物物相连”的互联网，当然也包括智能网联汽车。那么智能网联汽车是如何应用物联网无线通信技术呢？</td></tr>
</table>

知识链接

一、物联网技术概念

1. 物联网简介

物联网（Internet of Things，简称 IoT），是指物物相连的互联网。按照国际电信联盟（ITU）的定义，物联网主要解决物品与物品（Thing to Thing，T2T），人与物品（Human to Thing，H2T），人与人（Human to Human，H2H）之间的互联。

中国物联网校企联盟将物联网定义为当下几乎所有技术与计算机、互联网技术的结合，实现物体与物体之间，环境以及状态信息实时的共享以及智能化的收集、传递、处理、执行。广义上说，当下涉及信息技术的应用，都可以纳入物联网的范畴。如图 7-2-1 所示。

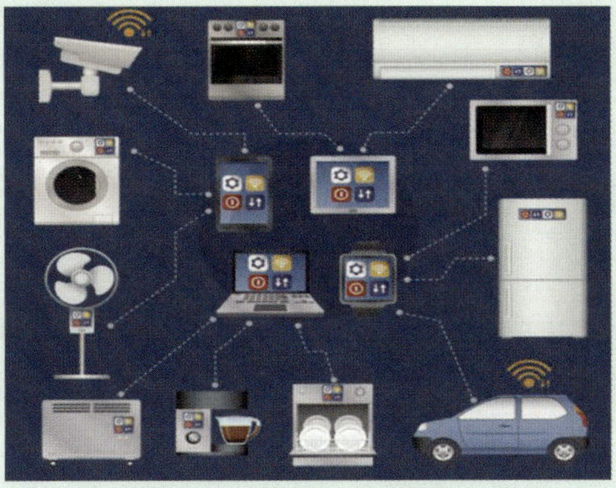

图 7-2-1　物联网结构图

2. 物联网无线通信技术的类型

物联网“物与物”之间的信息交换采用实体导线连接是不现实的，只能依赖于无线通信技术。物联网无线通信技术可以将车辆、家用电器、公共设施以及各种电子产品、应用软件分别连接到互联网中，并通过无线网络技术及大数据、云计算、人工智能进行信息交换。如图 7-2-2 所示。

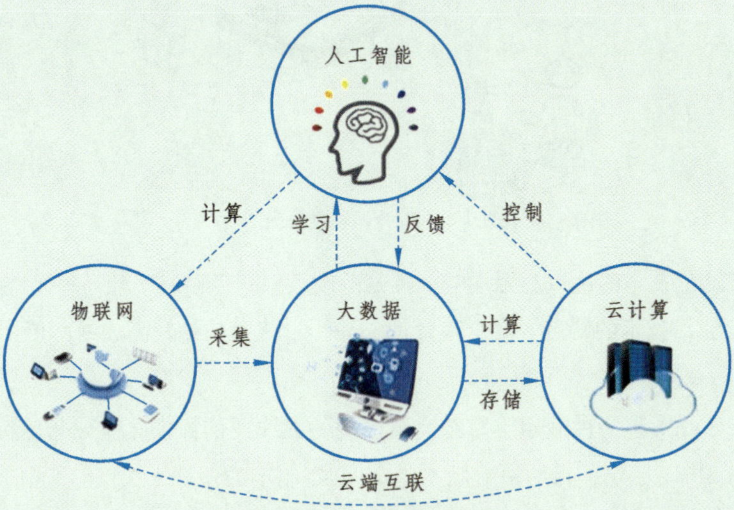

图 7-2-2　物联网信息交换

应用于物联网的无线通信技术很多，主要分为两类。

（1）短距离无线通信技术（Low-PowerWide-Area Network，LPWAN）。应用于物联网的短距离通信技术主要包括 Wi-Fi、蓝牙、射频识别以及 Zigbee 等通信技术。

物联网无线通信技术的分类、特点及应用

（2）低功耗广域网通信技术。物联网的快速发展对无线通信技术提出了更高的要求，专为低带宽、低功耗、远距离、大量连接的物联网应用而设计的 LPWAN 技术快速兴起。，即低功耗广域网通信技术。

下面请查阅资料，写出两种物联网的无线通信技术的特点及应用，填入表 7-2-2。

表 7-2-2　智能网联汽车物联网无线通信技术的特点及应用

序　号	技术名称	特　点	应　用
1	短距离无线通信技术		
2	低功耗广域网通信技术		

二、短距离无线通信技术的应用

1.Wi-Fi 通信技术

Wi-Fi 是 Wireless Fidelity 的英文缩写，是无线局域网络认证标准。Wi-Fi 又称之为 IEE802.11 标准，IEE802.11 标准是全球目前无线局域网的通用标准。Wi-Fi 通信技术如图 7-2-3 所示。

图 7-2-3　Wi-Fi 通信技术

（1）Wi-Fi 通信技术的优点。无线电波覆盖范围较广；传输速率较高；无线数据传播模式。

（2）Wi-Fi 通信技术的缺点。安全性较低、易受干扰、功耗较高、组网能力低。

2. 蓝牙通信技术

蓝牙（Bluetooth）是一种适用于短距离范围内的无线通信标准，蓝牙通信标准由蓝牙技术联盟（Bluetooth SIG）制定，目前最新版本为 2020 年制定的蓝牙 5.2。蓝牙通信技术如图 7-2-4 所示。

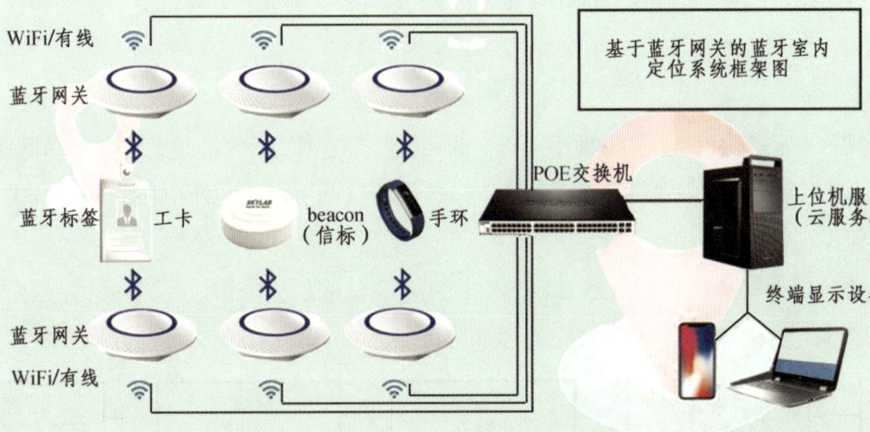

图 7-2-4　蓝牙通信技术

（1）蓝牙通信技术的优点。功耗低、低延时、较高的安全性、有效范围内可无视障碍物进行连接。

（2）蓝牙通信技术的缺点。传输距离较短、传输速率不高。

3. 射频识别通信技术

射频识别（Radio Frequency Identification，RFID）技术，在物联网应用中是一种较为常用的短距离通信技术，通过无线电信号对目标物体进行自动识别以及数据信息的读取工作。射频识别通信技术如图 7-2-5 所示。

（1）组成。

射频识别技术由 RFID 电子标签、带天线的读写器和控制器（应用软件）三部分构成。

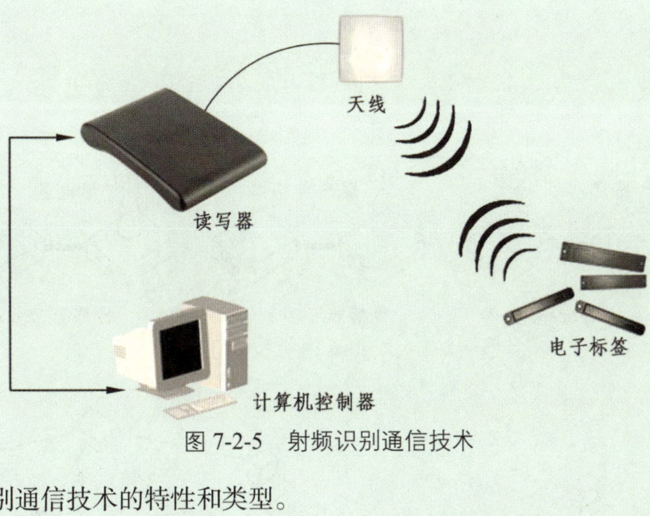

图 7-2-5　射频识别通信技术

（2）射频识别通信技术的特性和类型。

RFID 通信具有以下七大技术特性，包括：① 超强的抗干扰性；② RFID 电子标签具有相对较高的存储空间，最高可扩充至 1MB 以上；③ 可通过编程技术对 RFID 电子标签的数据信息进行动态修改；④ 具有较长的使用寿命；⑤ 对障碍物的穿透能力较强；⑥ 可对 RFID 产品设置密码，因此 RFID 通信技术具有较高的安全性；⑦ 可同时对多个 RFID 产品进行快速扫描及数据信息的读取。

根据 RFID 技术的特性，可将 RFID 产品分为三大类：无源 RFID 产品、有源 RFID 产品和半有源 RFID 产品。

4. Zigbee 通信技术

Zigbee 又称“紫蜂协议”，是一种小范围、低功耗、低速率、低成本的无线自组织网络技术，如图 7-2-6 所示。Zigbee 是基于 IEEE 802.15.4 标准的局域网协议，它所应用的领域范围为自动化领域和远程控制领域。

Zigbee 协议框架构成：一部分是 IEEE802.15.4 定义的底层标准协议，另一部分是由 Zigbee 联盟在 IEEE 802.15.4 的基础上进行扩充的标准协议。

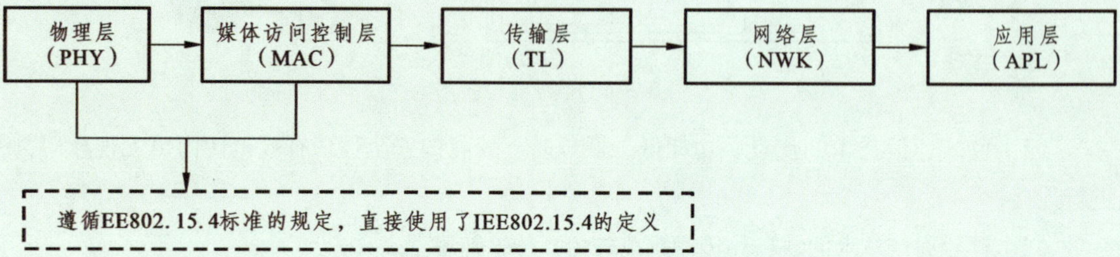

图 7-2-6　Zigbee 通信技术协议

Zigbee 通信技术中的网络节点按照功能可分为协调器、路由器和终端设备，如图 7-2-7 及图 7-2-8 所示。

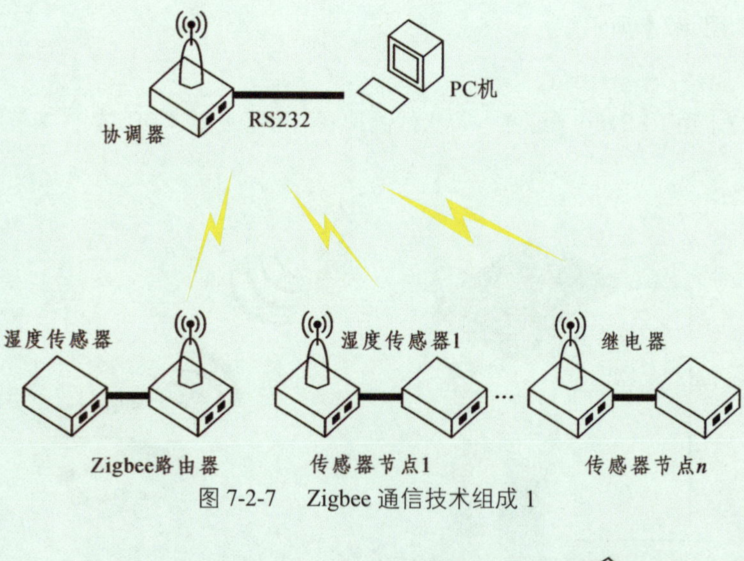

图 7-2-7　Zigbee 通信技术组成 1

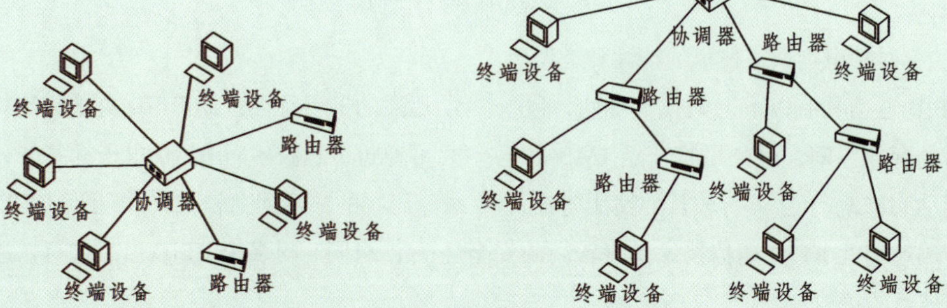

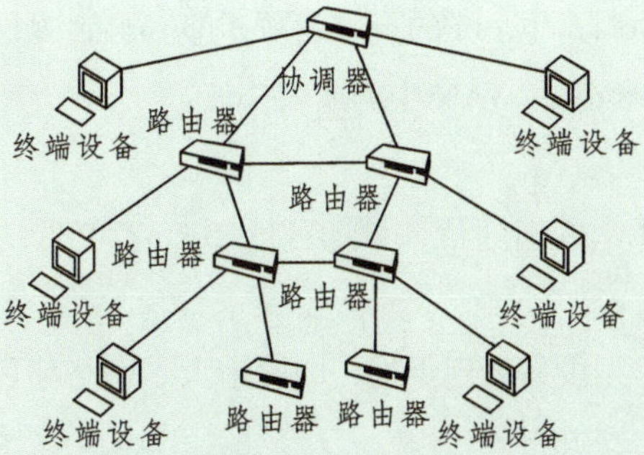

图 7-2-8　Zigbee 通信技术组成 2

短距离无线通信技术的特点及应用

下面请你查阅资料，在表 7-2-3 中写出四种物联网的短距离无线通信技术的特点及应用。

表 7-2-3　智能网联汽车短距离无线通信技术的特点及应用

序　号	技术名称	特　点	应　用
1	Wi-Fi 通信技术		
2	蓝牙通信技术		
3	射频识别通信技术		
4	Zigbee 通信技术		

三、低功耗广域网通信技术的应用

低功耗广域网（LPWAN）技术在物联网应用中可实现大范围网络覆盖。LPWAN 技术具有低带宽、低功耗、远距离、海量连接的特点。LPWAN 技术可分为两类：一类是在未获得授权频段下使用的技术，如 LoRa 通信技术；另一类是在授权频段下使用的技术，如 NB-IoT 通信技术。

1. LoRa 通信技术

LoRa 是 Long Range 的缩写，即远距离大范围无线通信。LoRa 通信技术在物联网行业中被广泛应用。LoRa 主要在 ISM 频段中进行应用。

LoRa 网络由 LoRa 终端设备、基站、云服务器和应用服务器构成，如图 7-2-9 所示。

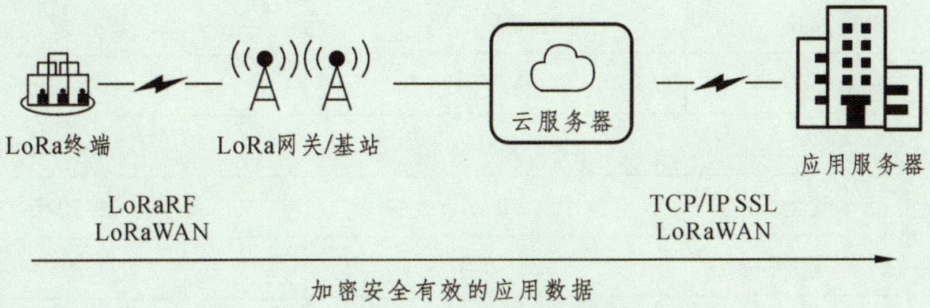

图 7-2-9　LoRa 通信技术组成

LoRaWan 是 Long Range Wide Area Network 的英文缩写，即 LoRa 广域网标准。LoRaWAN 属于开放式标准，它规范了 LoRa 技术在 LPWAN 中的通信协议。

LoRa 通信技术构成及优缺点：

（1）LoRa 通信技术的优点：①远距离通信，最远可达 20km；②低功耗；③多节点，网络节点可达十万级。

（2）LoRa 通信技术的缺点：①频段易受到干扰，因此增大了网络部署的难度；②需重新建设网络信号塔和基站。

2. NB-IoT 通信技术

NB-IoT 是 Narrow Band Internet of Things 的缩写，即窄带物联网技术。NB-IoT 内建于蜂窝网络，只消耗大约 180 kHz 的带宽，可直接部署于 GSM 网络、UMTS 网络或 LTE 网络，以降低部署成本、实现平滑升级。NB-IoT 具有覆盖广、低成本、低功耗、支持海量连接等特点。

从应用开发角度，NB-IoT 应用架构由 NB-IoT 终端（UE）、NB-IoT 信息邮局（MPO）、NB-IoT 人机交互系统（HCI）三部分组成，如图 7-2-10 所示。

图 7-2-10　NB-IoT 通信技术应用架构

NB-IoT 通信技术 - 参数对比：LoRa 通信技术与 NB-IoT 通信技术重要参数之间的数据对比如表 7-2-4 所示。

表 7-2-4　LoRa 通信技术与 NB-IoT 通信技术的技术参数对比

序　号	技术参数	NB-IoT 通信技术	LoRa 通信技术
1	技术特点	蜂窝网络	线性扩频
2	网络部署	可复用现有蜂窝基站	需重新建设信号塔和基站
3	使用频段	运营商频段	ISM 频段
4	传输距离	远距离	1~20 km
5	速率	小于 200 kbit/s	0.3~50 kbit/s
6	连接数量	每小区 20 万个连接	每基站 20-30 万个连接
7	终端电池持续工作时间	约 10 年	约 10 年
8	终端设备中模块的成本	40 ~ 100 元人民币	10 ~ 50 元人民币

请通过查阅资料，小组合作学习，归纳总结几种低功耗广域网通信技术的特点及应用，填入表 7-2-5。

表 7-2-5　低功耗广域网通信技术的特点及应用

序　号	技术名称	特　点	应　用
1	LoRa 通信技术		
2	NB-IoT 通信技术		

请通过查阅资料，小组合作学习，归纳总结 LoRa 通信技术与 NB-IoT 通信技术重要参数，填入表 7-2-6。

表 7-2-6　LoRa 通信技术与 NB-IoT 通信技术重要参数

序　号	技术参数	LoRa 通信技术	NB-IoT 通信技术
1	技术特点		
2	网络部署		
3	使用频段		
4	传输距离		
5	速率		
6	链接数量		
7	终端电池持续工作时间		
8	终端设备中模块的成本		

3. 物联网无线通信技术在智能网联汽车上的应用

智能网联汽车是物联网应用中的一个重要领域。车辆在行驶过程中需要进行快速位移活动，因此智能网联汽车对网络数据信息的实时性有着较高的要求。建设一个低延迟、覆盖广、多连接的无线通信网络，是实现并普及智能网联汽车的关键环节。

物联网无线通信技术在智能网联汽车上应用具有如下优势：

（1）继承移动网络的全部优点。

（2）根据硬件设备或需求的不同，可采用多种技术进行组合应用。

（3）低功耗。

（4）覆盖范围广。

总之，随着移动网络通信技术和物联网无线通信技术在汽车中的应用，智能网联汽车的 V2X 功能将全面实现，让汽车“无人驾驶”成为可能，如图 7-2-11 所示。

图 7-2-11　智能网联汽车无人驾驶

知识强化

智能网联汽车物联网通信技术的类型和应用学习页

1. 填空题

（1）Wi-Fi 通信技术的优点：无线电波__________；__________；无线数据传播模式。

（2）Wi-Fi 通信技术的缺点：__________、__________、__________、__________。

（3）蓝牙通信技术的优点：__________、__________、__________、有效范围内可无视障碍物进行连接。

（4）蓝牙通信技术的缺点：__________、__________。

（5）根据 RFID 技术的特性，可将 RFID 产品分为三大类：__________、__________和__________。

2. 判断题

（1）广义上说，当下涉及到信息技术的应用，都可以纳入物联网的范畴。（　　）

（2）物联网“物与物”之间的信息交换采用实体导线连接和无线通信技术相结合。（　　）

（3）LPWAN 技术的缺点是高功耗。（　　）

（4）蓝牙的优点在于传输距离较长、传输速率高。（　　）

（5）Wi-Fi 通信的必要条件是无线路由器和具有无线网卡的硬件设备。（　　）

3. 单项选择题

（1）物联网的无线通信技术主要分为两类，包括（　　）。

A. 短距离无线通信技术　　B. 低功耗广域网通信技术

C. A 和 B 都是　　D. A 和 B 都不是

（2）根据 RFID 技术的特性，可将 RFID 产品可分为（　　）。

A. 无源 RFID 产品　　B. 有源 RFID 产品

C. 半有源 RFID 产品　　D. 以上都正确

（3）Zigbee 通信技术中的网络节点按照功能可分为（　　）。

A. 协调器　　B. 路由器

C. 终端设备　　D. 以上都是

（4）以下 LoRa 网络构成正确的是（　　）。

A. 终端设备、基站、应用服务器和路由器

B. 终端设备、无线网卡、应用服务器和云服务器

C. 终端设备、基站、应用服务器和云服务器

D. 终端设备、基站、应用服务器和应用软件

（5）智能网联汽车在自动驾驶中，可通过（　　）获取前方道路信息，并对行驶方向进行控制与调整。

A. Wi-Fi 通信技术　　B. 射频识别技术

C. 蓝牙通信技术　　D. LPWAN 技术

4. 多项选择题

（1）应用于物联网的短距离通信技术主要包括（　　）。

A. Wi-Fi　　B. 蓝牙　　C. 射频识别

D. Zigbee　　E. 红外线

（2）以下属于 Wi-Fi 通信技术优势的是（　　）。

A. 无线电波覆盖范围较广　　B. 传输速率较高

C. 无线数据传播模式　　D. 安全性较高　　E. 功耗较低

（3）以下属于射频识别（RFID）技术构成的是（　　）。

A. 电子标签　　B. 读写器　　C. 路由器

D. 应用软件　　E. 发射器

（4）LPWAN 技术可分为两类，包括（　　）。

A. 蓝牙通信技术　　B. LoRa 通信技术 CANB-IoT 通信技术

D. 射频通信技术　　E. 红外通信技术

（5）采用物联网无线通信技术实现智能网联汽车 V2X 功能的优势在于（　　）。

A. 继承移动网络的全部优点

B. 根据硬件设备或需求的不同，可采用多种技术进行组合应用

C. 低功耗　　D. 覆盖范围广　　E. 投资少

实训工单

1. 参观实训室智能网联汽车物联网通信技术的类型和应用的模型或挂图，初步认识智能网联汽车无线通信技术的现状及特点。

记录：______________________________

2. 利用互联网查询智能网联汽车物联网通信技术的类型和应用及其他相关资讯。

打开电脑或移动终端的浏览器、APP，利用“百度”等搜索引擎，分别搜索“智能网联汽车物联网通信技术类型和应用”+“定义、分级、结构、关键技术、标准体系”等关键词，查询、学习相关资讯，总结智能网联汽车的应用场景。

（1）智能网联汽车物联网通信技术的类型：______________________________

____

（2）智能网联汽车物联网通信技术的类型和应用的现状及特点举例

应用场景 1：______________________________

应用场景 2：______________________________

应用场景 3：______________________________

应用场景 4：______________________________

应用场景 5：______________________________

3. 分析当前市场上的汽车，分析智能网联汽车物联网通信技术的类型和应用。

根据查询获取的资讯，结合你所学的知识，分析目前市场上的车辆已经具备智能网联汽车的功能属性，并填写表 7-2-7。

表 7-2-7　目前市场上的车辆已经具备智能网联汽车的功能属性

序　号	品牌车型	物联网通信技术的现状	物联网通信技术的特点	其他属性
1				
2				
3				
4				
5				

任务考评

表 7-2-8　任务考评

考核内容		考核评分		
项　目	内容	配　分	得　分	批　注
工作准备（30%）	能够正确理解学习过程的内容、范围及工作指令	10		
	能够查阅资料，小组合作完成所遇到的学习问题	5		
	各种自制的走访调研表，格式不定	5		
	通过互联网资源查阅资料进行归纳总结并进行结果展示	5		
	确认上课所需的学习资料是否齐全到位	5		
实施程序（50%）	正确了解智能网联汽车物联网通信技术的现状及特点并进行记录	10		
	正确了解智能网联汽车物联网通信技术的特点并与相关概念进行正确区分并进行记录	10		
	正确了解智能网联汽车物联网通信技术的特点及分级并进行相关记录	10		
	参观实训室的智能网联汽车物联网通信技术的现状及特点挂图或借助网上资料对智能网联汽车无线通信技术的现状及特点进行记录	10		
	利用互联网查询智能网联汽车物联网通信技术的现状及特点及其他相关资讯，完成智能网联汽车物联网通信技术运用相关场景的收集	10		
完工清理（20%）	收集和储存可以再利用的原材料、余料	5		
	遵循维护工作程序清洁垃圾、清洁和整理工作区域	5		
	对学习环境和工作页面进行清洁	5		
	按照工作程序，填写完成作业单	5		
考核评语	考核人员：　　　　日　期：　　　　年　月　日	考核成绩		

项目八 智能网联汽车车载网络系统及其应用

项目描述

随着电控系统的日益复杂，以及对汽车内部控制功能电控单元间通信能力的要求日益增长，采用点对点的链接会使得车内线束增多。因此，在考虑内部通信的可靠性、安全性以及重量方面，都给汽车设计和制造带来了很大的困扰。为了减少车内连线，实现数据的实时共享和快速交换，提高系统可靠性，智能网联汽车在快速发展的计算机网络基础上，利用 CAN、LAN、LIN、MOST 等技术构建了汽车电子网络系统，即车载网络。

车载网络是如何工作的？它的特点和应用有哪些？本项目的主要内容是智能网联汽车车载网络系统的组成、作用、工作原理及实际应用，包含以下 2 个任务：

任务一　智能网联汽车车载网络技术与应用

任务二　智能网联汽车车载移动互联网、以太网及自组织网络的应用

通过 2 个任务的学习，掌握智能网联汽车车载网络系统的组成与原理，能够对智能网联汽车车载网络系统的组成、作用及工作原理进行准确描述。

项目八知识拓展

任务一 智能网联汽车车载网络技术与应用

任务导入

表 8-1-1 任务导入

<table>
<tr><td colspan="2">任务名称</td><td colspan="4">智能网联汽车车载网络技术与应用</td></tr>
<tr><td>姓 名</td><td></td><td>班 级</td><td></td><td>成 绩</td><td></td></tr>
<tr><td>组 别</td><td></td><td>组 长</td><td></td><td>场 地</td><td></td></tr>
<tr><td>日 期</td><td></td><td>学 时</td><td></td><td>指导教师</td><td></td></tr>
<tr><td rowspan="3">任务目标</td><td>知识目标</td><td colspan="4">1. 能通过走访或查阅资料的方法，了解智能网联汽车车载网络系统的概念和分类；
2. 能通过走访或查阅资料的方法，了解智能网联汽车车载网络系统的算法</td></tr>
<tr><td>能力目标</td><td colspan="4">1. 能总结归纳调研报告撰写智能网联汽车车载网络系统标准报告；
2. 能总结并归纳调研内容，辨清智能网联汽车车载网络系统与传统汽车的区别</td></tr>
<tr><td>素质目标</td><td colspan="4">1. 树立安全意识；
2. 培养 8S 现场管理意识</td></tr>
<tr><td>学习准备</td><td colspan="5">手机等调研设备、各种自制的走访调研表、互联网资源、展示白板</td></tr>
<tr><td>任务背景</td><td colspan="5">车载网络系统是移动互联网的一种新形式，即基于内联网、车联网和车载移动互联网等技术，实现汽车之间、汽车与道路之间、汽车与行人之间、汽车与互联网之间等信息的收集、处理和共享，以及汽车与道路、汽车与汽车、汽车与城市网络相互连接，达到更智能、更安全驾驶的目的。与此同时，随着互联网技术的不断引入，车联网更像是打开未来车主生活的重要载体，为车主提供更加精彩、便捷、全面的汽车生活服务。整车车载网络如图 8-1-1 所示。
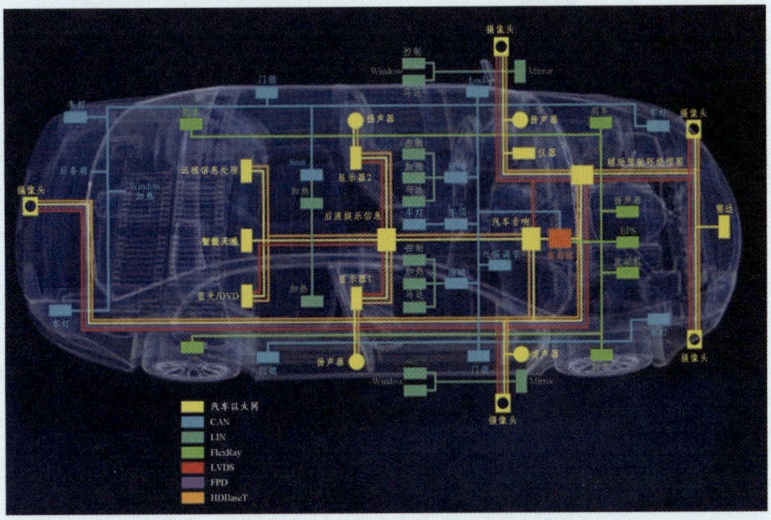

图 8-1-1　整车车载网络系统</td></tr>
</table>

知识链接

目前，汽车电子控制系统要求实现集成、信息共享和智能操作功能。有些数据和信息需要在不同的控制系统间共享，实时交换大量的控制信号，以提高系统资源的利用率和工作可靠性。因此，传统的点对点导线连接显然无法满足实际需求，不仅会导致上述问题进一步加剧，而且对信号传输的可靠性和速度也有很大影响。为了简化电路，提高信息传输的速度和可靠性，降低故障率，现在很多高档车都采用了车载网络系统。

我们的生活已经离不开汽车，在日常出行中汽车带给人们生活便利的同时又给人们的生活带来了哪些影响？请你结合生活实际感受，写出表 8-1-2 中图片所代表的车载网络应用场景给我们的生活带来的影响。

表 8-1-2　智能网联汽车车载网络系统带来的影响

序　号	车载网络应用	带来的影响
1	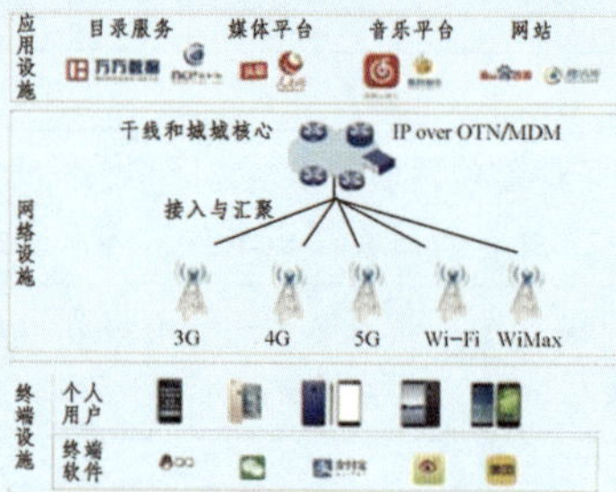	
2	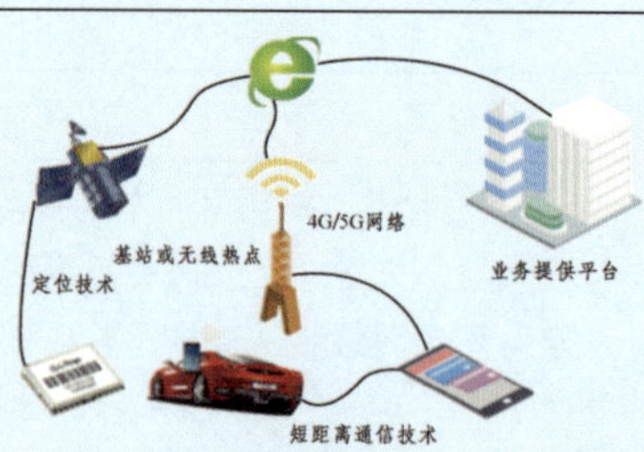	
3	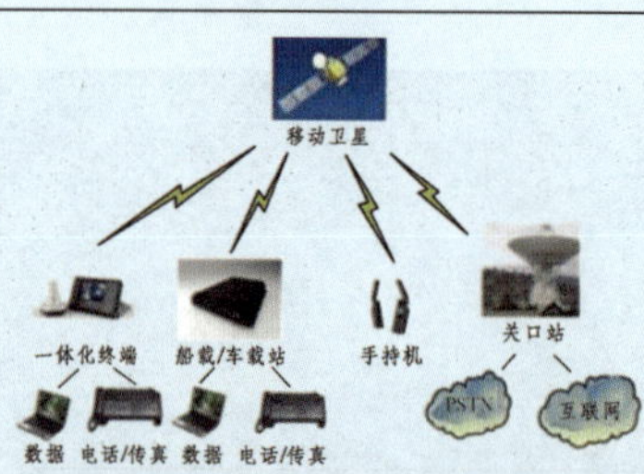	
4		

一、智能网联汽车总线系统

利用计算机网络技术，将车载控制单元通过车载网络连接起来，实现数据信息的高效传输。车载网络形式多种多样，目前应用最为广泛的是控制器局域网络（Controller Area Network，CAN），即所谓的 CAN 总线（BUS）系统。

CAN 总线所有信息都通过两根数据线进行传递，相同的数据只需在系统中传递一次。CAN 通信与传统的通信方式对比如图 8-1-2 所示。

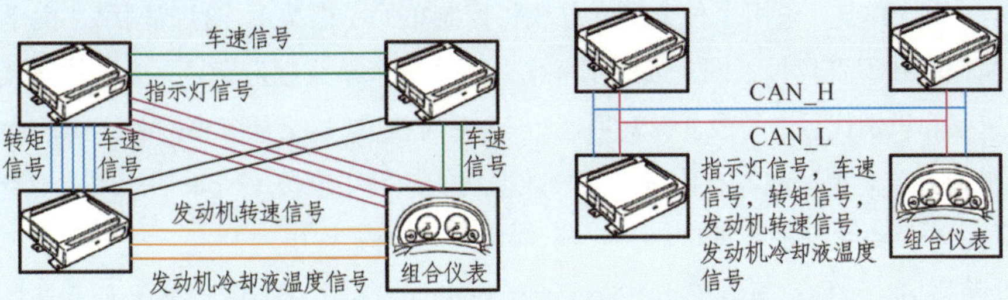

（a）传统的通信方式　　（b）CAN 通信方式

图 8-1-2　不同车载网络系统对比图

1. 智能网联汽车总线系统的优点

（1）数据传输速度快。最高传输速度可达到 1 Mbit/s。高速 CAN 总线模拟图如图 8-1-3 所示。

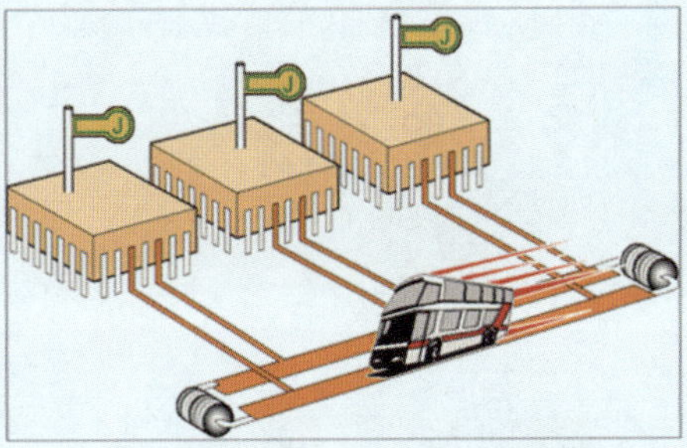

图 8-1-3　高速 CAN 总线模拟图

（2）可靠性高。能准确识别数据传输故障，具有较强的抗干扰和应急运行能力。

（3）成本低。通过减少车身线束降低了成本。

（4）配置更加灵活便利。系统可以进行功能增减或配置更改。

（5）高效率诊断。通过网络实现对网络中各系统的高效诊断，大大减少了诊断扫描所需的诊断线束。

2. 智能网联汽车总线系统的分类

美国汽车工程师协会（SAE）的汽车网络委员会按照系统的复杂程度、传输速率、应用场景等，将汽车总线系统划分为 A、B、C、D 四大类，如表 8-1-3 所示。

表 8-1-3　汽车总线的分类

序号	等级	标　准	传输速率 /（bit/s）	应　用
1	Class A	Lin，TTP/A	~ 10k	车灯、照明、车窗、门锁、座椅，面向智能传感器和执行器
2	Class B	低速 CAN，J1850，VAN	10k ~ 125k	车辆舒适性模块、仪表显示等，面向独立模块间数据共享的网络
3	Class C	高速 CAN，TTP/C，FlexRay	125k ~ 10M	面向闭环实时控制的多路传输高速网络，如动力传动系统
4	Class D	Most，D2B，Byteflight	250k ~ 400M	汽车导航、影音系统等多媒体应用；高速实时控制和安全领域

3. 智能网联汽车总线的基本概念

（1）网络协议。网络由使用的电子语言进行通信和识别。控制单元必须“使用和解读”相同的电子语言，这种电子语言称为协议。网络协议包括 J1850 标准企业协议和 JJ1939 协议。

（2）主总线和子总线。在宝马 X5 E.0 车型中，有 CAN 总线、MOST 总线以及 FlexRay 总线，这些总线又可称为主总线。主总线的特点是可以跨系统交换数据。除了主总线，还有 LIN、K、BSD 等总线，这些总线是子总线。子总线只能在系统内交换数据，处于从属地位。

（3）网关与节点。采用多种类型的总线将控制单元（模块）连接成网络，由于不同类型总线的传输速率和识别代号不同，因此某一信号要从一个总线进入到另一个总线区域，必须把此信号的速率和识别代号进行改变，以便让另一个系统接受，这个任务由网关（Gateway）来完成。

节点是指有独立地址和具有传送或接收数据功能的网络连接（Node）。网关本身也是一个节点，它是多个网络之间的数据接口，起到“翻译”的桥梁作用。

（4）网络拓扑结构。网络拓扑（Network Topology）结构是指用传输介质互连各种设备的物理布局，指构成网络成员间特定的物理的或者逻辑的排列方式。网络拓扑结构有总线型结构、环型结构、星型结构、混合型结构，如图 8-1-4 所示。

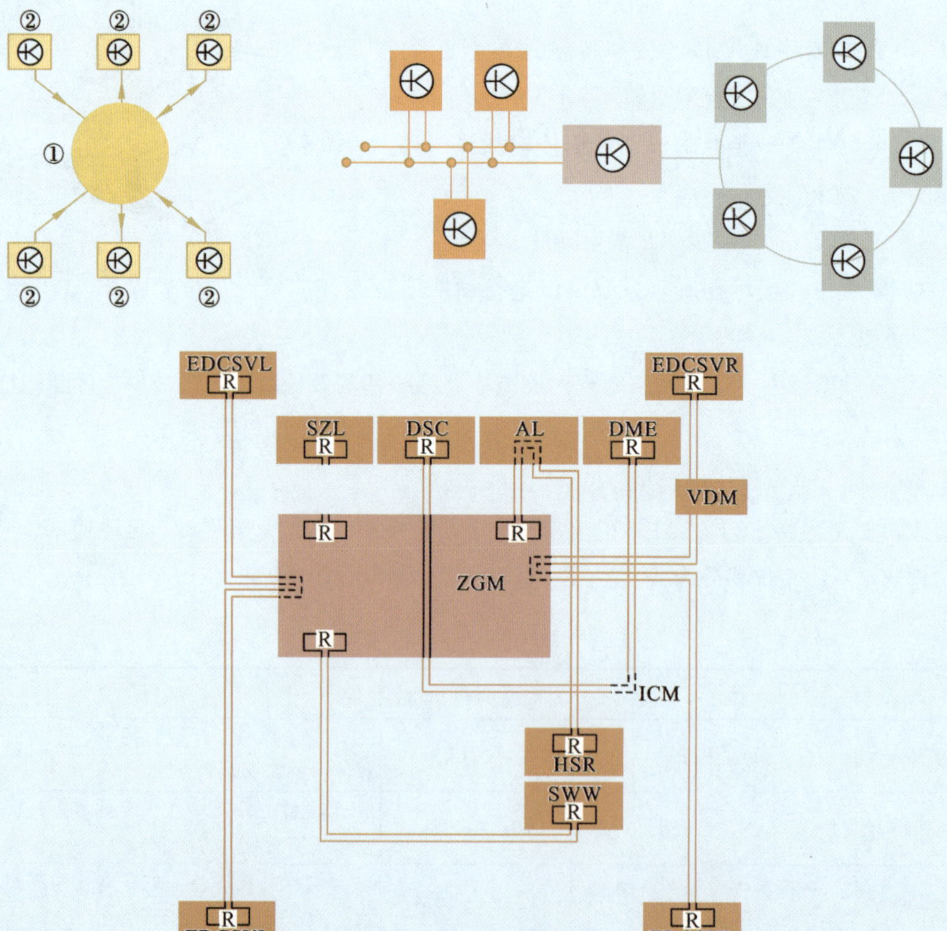

图 8-1-4　网络拓扑结构

4. 汽车车载网络系统的发展趋势

围绕未来汽车智能发展的主题，请同学们采用走访调研或查阅资料的方式，谈一谈汽车车载网络系统未来的发展趋势，在表 8-1-4 中，写一写你对汽车车载网络系统未来发展趋势的看法。

表 8-1-4　汽车车载网络系统未来的发展趋势

序　号	应用场景	类　别	未来发展趋势
1	新型的维修保养系统	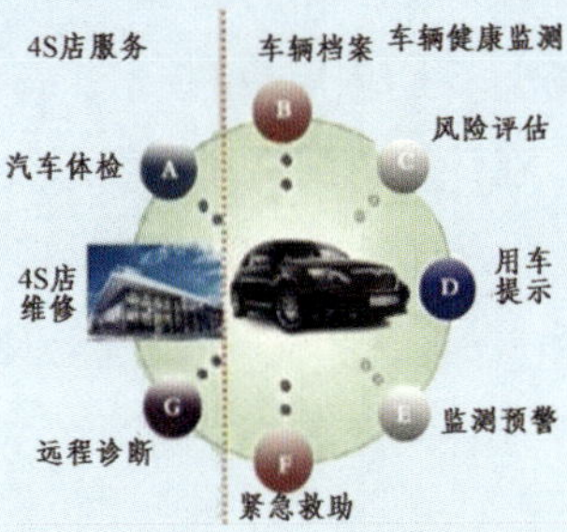	
2	车载移动互联网的应用	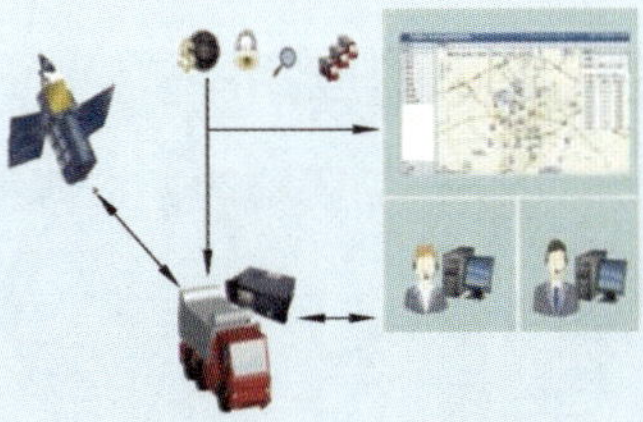	
3	实时及全面的行车数据使事故现场可以轻松地在电脑上得以重现	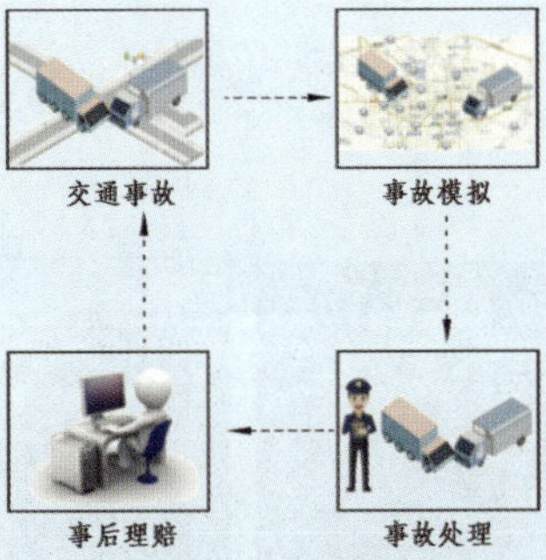	
4	用户可以便捷查询到保险、路况、位置以及车辆油耗等需求的信息	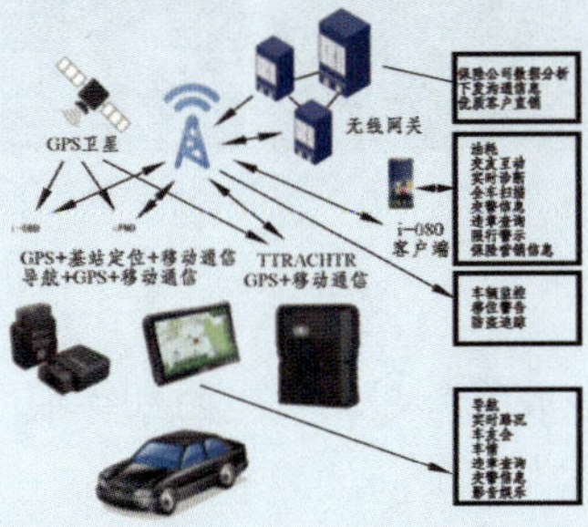	

未来，基于总线技术或无线技术的汽车电子集成控制系统能够真正实现车辆信息和数据的融合，将汽车电子控制系统的性能提升到一个新的水平。降低了车内线束的复杂程度，电子控制系统的布局更加灵活。

智能交通系统采用先进的电子技术、信息技术、通信技术等高新技术，改造传统的交通系统和管理系统，从而形成一个信息化、智能化、社会化的新型现代交通系统。通过网络技术，车辆的所有电子设备可以相互控制和访问，实现车辆与公共信息服务中心之间的数据和信息交换，为交通的网络化管理提供接口。

可见，汽车的网络化将是未来几十年的发展主题。无论是使用总线技术、无线通信技术，还是将总线技术与无线技术相结合，各大汽车厂商和零配件厂商都根据自身的技术水平、经济水平等因素，综合选择适合自身实际情况的方式开展汽车联网。

我国车载网络技术发展策略：在汽车上应用网络技术，一是减少线束，二是提高传输速度，从而达到提高汽车综合性能的目的。在计算机网络和现场总线技术的基础上，开发各种应用于汽车环境的网络技术和设备，组建汽车内部的通信网络，是现代汽车发展的重要趋势。

考虑到汽车上网络应用的层次和目的变化大，以及汽车对成本价格的敏感，汽车将采用多种层次网络的互联网结构。随着世界上各大汽车公司的网络控制技术平台的建立，网络技术在汽车中的应用会迅速普及。

二、CAN 总线的分类及在汽车上的应用

CAN 总线是由以研发和生产汽车电子产品著称的德国博世公司开发的，并最终成为国际标准，是国际上应用最广泛的总线技术之一。

1.CAN 总线的分类

在车辆中广泛使用两种 CAN 总线，即低速 CAN 总线和高速 CAN 总线。这两种 CAN 总线通信协议不同，传输速率不同。在实际应用中，如果测量其波形，会发现两者波形也不相同，如图 8-1-5 所示。

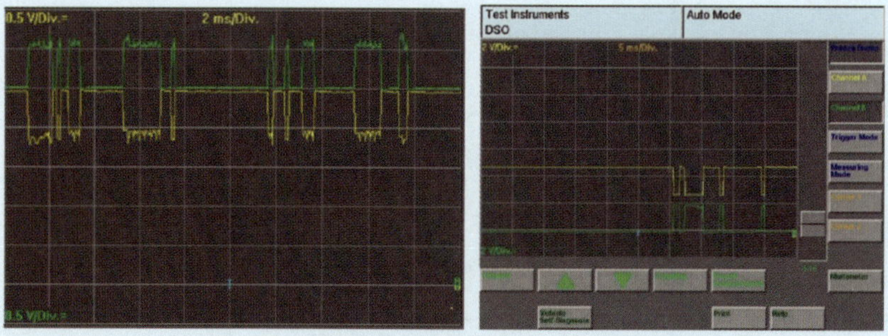

图 8-1-5　高速 CAN 和低速 CAN 的波形

2. CAN 总线的结构组成

CAN 总线系统主要由控制器、收发器、终端电阻和传输线等组成，除数据传输线外，其他元件都置于控制单元内部，如图 8-1-6 所示。

（1）传输线及信号传输方式。传输线又称为通信传输介质或媒体，常用通信传输介质有电话线、同轴电缆、双绞线、光导纤维电缆、无线与卫星通信信道等。CAN 总线数据没有指定接收器，数据通过数据传输线同时发送给各控制单元，各控制单元接收后对数据进行分析、判断和计算。

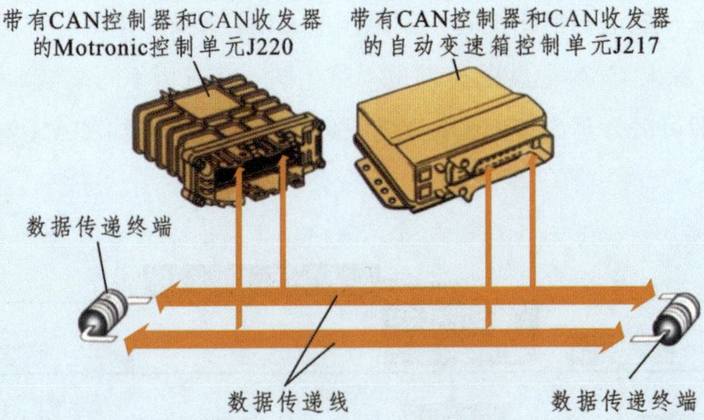

图 8-1-6　CAN 总线的组成

（2）终端电阻。CAN 总线都采用总线型拓扑结构，属于多主控网络。其中高速 CAN 总线在终端处有终端电阻，终端电阻的作用是避免高速信号在终端处产生回波反射，从而造成对信号的叠加，使信号产生失真形成干扰。

（3）CAN 控制器和 CAN 收发器。

CAN 控制器（也称 CAN 驱动器）的作用是接收控制单元中微处理器发出的数据、处理数据并传给 CAN 收发器。

CAN 收发器由一个发射器和一个接收器组合而成，其作用是将从 CAN 控制器接收的数据转换成能够通过 CAN 总线传递的电信号，并实现双向传递。

3.CAN 总线的信息传输与交换

在 CAN 总线系统中，各个控制单元之间传输与交换的数据称为信息。信息传输与交换是按照顺序来连续完成的，每个控制单元都能发送和接收数据，但只是有选择性地读取需要的数据信息。CAN 总线传送和交换信息如图 8-1-7 所示。

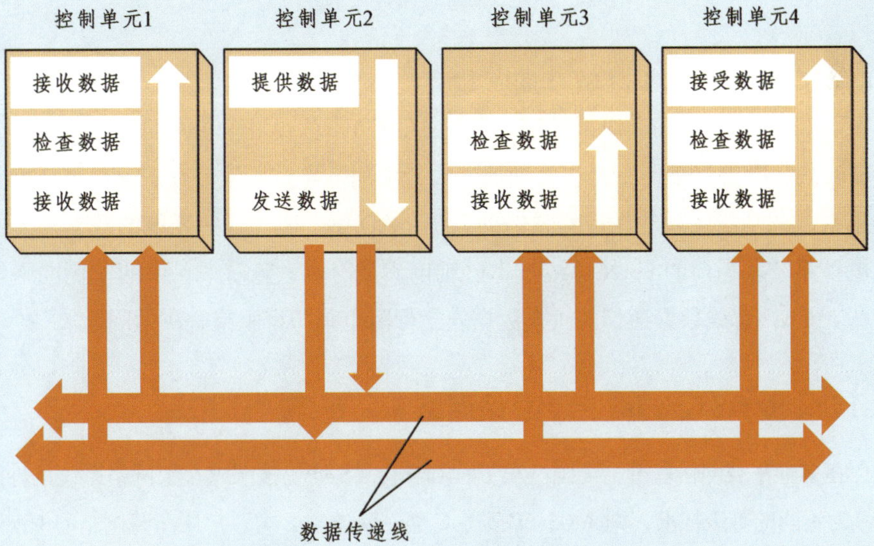

图 8-1-7　CAN 总线的信息传输与交换

4.CAN 总线在汽车中的应用

（1）CAN 总线在传统汽车中的应用情况。

CAN 总线虽然有标准的应用协议，但 CAN 总线协议对物理层中的驱动器、收发器、连接器、电缆等的形态没有统一规定。因此不同厂家采用的 CAN 总线的速率、波形形态、拓扑结构也就各不相同，每个厂家对 CAN 总线的称谓也不尽相同。在分析不同车型 CAN 总线时，通过测量波形或总线电压即可区分是高速 CAN 总线还是低速 CAN 总线。CAN 总线在汽车中的应用如图 8-1-8 所示。

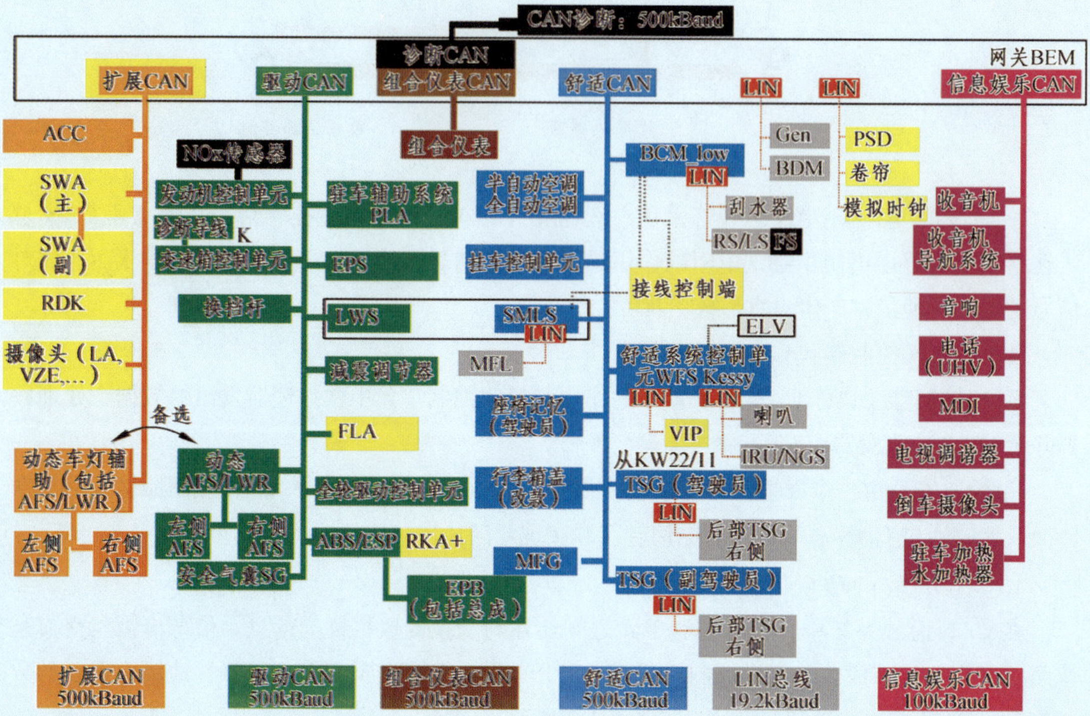

图 8-1-8　CAN 总线在汽车中的应用

（2）CAN 总线在智能网联汽车中的应用。

在 L0 到 L3 级别汽车的高级驾驶辅助系统中，CAN 总线是车联网的重要组成部分。在汽车智能网联时代，随着汽车传感器和处理器的大量增加，导致通信带宽需求显著增加。在引入了信息娱乐系统和基于视频的先进驾驶辅助系统（ADAS）时，这些系统的数据需要带宽明显高于传统电控系统。当前的 CAN 总线技术已难以满足需要，急需下一代的车辆网络技术和系统结构。基于 CAN 总线数据通信的汽车数据安全保障也是一个亟待解决的问题。

三、LIN、MOST、Flex Ray 总线网络

目前存在多种车载网络标准。美国汽车工程师学会（SAE）按照汽车上网络系统的性能，把汽车网络划分为不同的等级标准，即 A 类、B 类、C 类、D 类和 E 类。常用车载网络有 CAN、LIN、FlexRay、MOST 和 LVDS 等。除 LVDS 外，其他都是专门为汽车行业设计的通信网络。

智能汽车带给人们生活便利。汽车的一些新技术也给我们的汽车驾驶带来很多安全和乐趣。请你结合生活实际感受，在表 8-1-5 中写出各网络线束的特点。

表 8-1-5　智能网联汽车车载网络系统线束的特点

序　号	总线名称	车载网络线束	特　点
1	驱动系统 CAN 高线：橙色 / 黑色 低线：橙黄色 / 棕色		
2	舒适系统 CAN 高线：橙色 / 绿色 低线：橙色 / 棕色		
3	信息娱乐系统 CAN 高线：橙色 / 紫色 低线：橙色 / 棕色		
4	LIN 线		
5	MOST 总线	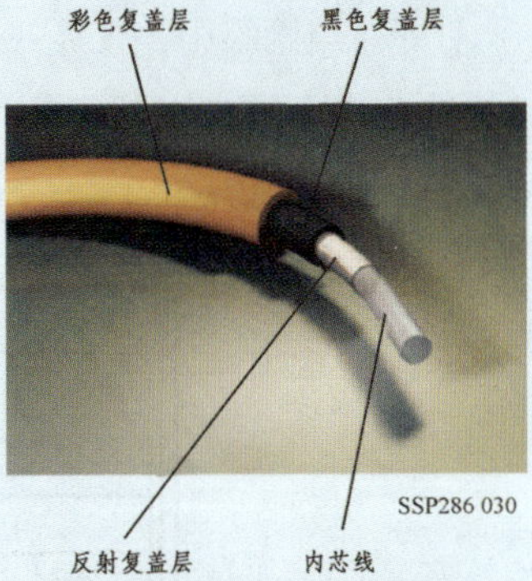	
6	FlexRay 总线		

1. LIN 总线网络及应用

（1）LIN 总线网络概述。

LIN（Local Interconnect Network，即局部互联网络）作为一种低成本、高效率的串行通信网络，已经普遍应用于现在的汽车上，它可以为现有的汽车网络（CAN 总线）提供辅助功能。LIN 总线系统主要由 LIN 主控制单元、LIN 从属控制单元以及数据传输线组成。LIN 总线与 CAN 总线的区别如表 8-1-6 所示。

表 8-1-6　CAN 总线与 LIN 总线的区别

特性	LIN 总线	CAN 总线
工作方式	一主多从式	多主控方式
仲裁机制	无须仲裁	位仲裁
物理层（数据传输线）	单线，12V	双绞线，5 V
驱动方式	偏压驱动	差压驱动
.总线最远传输距离	40 m	10 km
信息标识符（ID）位数 /bit	6	11 或 29
总线最大节点数	16	110
每帧信息数据量 /B	2 或 4 或 8	0 ~ 8
错误检测	8 位累加和校验	15 位循环冗余校验（CRC）
石英陶瓷振荡器	主节点需要，从节点不需要	每个节点都需要

（2）LIN 总线的节点结构。

LIN 总线属于“单主多从”结构，即一组网络中，只有一个主节点，从节点可以有多个（或单个）。这些节点均通过单线传输线路连接在 LIN 总线上。主节点与从节点的结构，两者的结构类似，区别在于从节点没有主节点的功能。

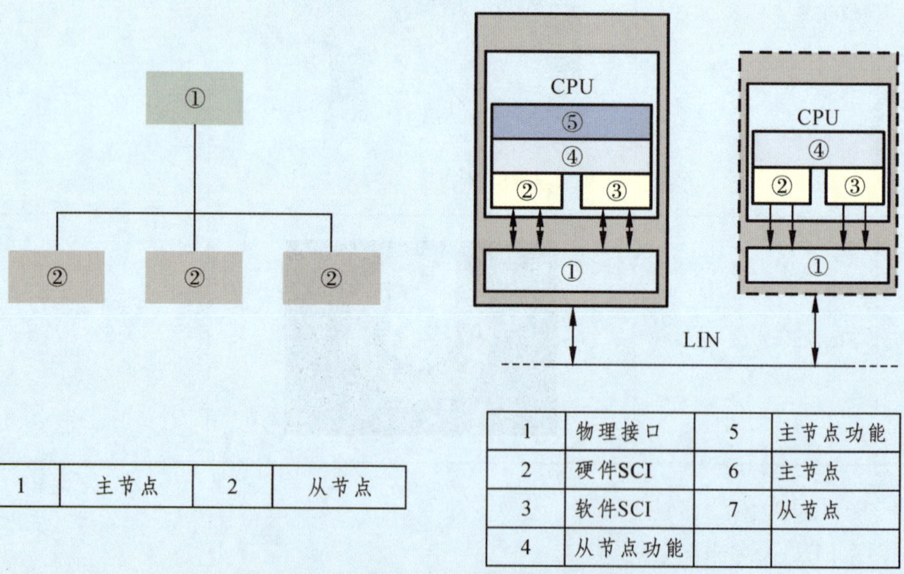

图 8-1-9　LIN 总线系统结构及特性

（3）LIN 总线特性。

LIN 网络的特点与 CAN 网络有较大的区别，例如，主从结构、单线传输、偏压驱动、低速通信和低容错特性。

（4）LIN 总线在汽车上的应用。

LIN 总线在智能网联汽车上的应用和传统汽车基本一致。沃尔沃 S60 车型 LIN 总线应用：中央电子模块（CEM）与照明开关 模块（LSM）、转向盘模块（SWM）组成了一组 LIN 总线，其中 CEM 为主节点。

2. MOST 总线网络及应用

（1）MOST 总线网络概述。

MOST 是 Media Oriented Systems Transport 的缩写，意为媒体导向系统传输网络。MOST 是一个用于多媒体应用程序的标准化网络通信系统，速率可达 25 Mbit/s。在汽车上采用的光学总线主流是 MOST 总线。MOST 总线系统结构及特性如图 8-1-10 所示。

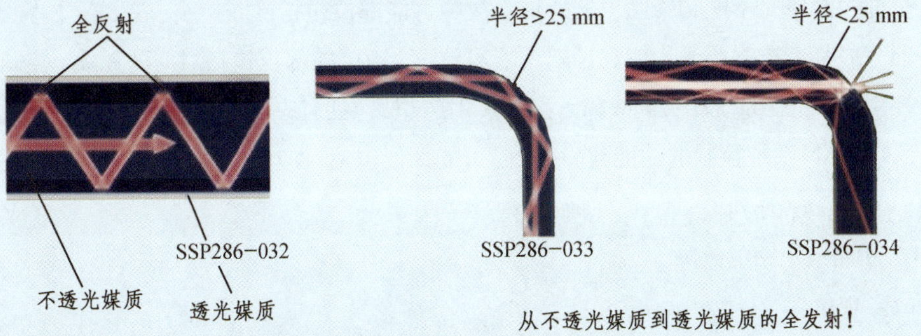

图 8-1-10　MOST 总线系统结构及特性

（2）MOST 总线的基本原理和信号传输方式。

MOST 总线网络的特点主要体现在主从结构、光纤通信、光数据传输、单向传输、高速率通信和无容错能力等方面。MOST 是光学总线，系统采用光纤传输信号。

（3）MOST 总线在智能网联汽车上的应用。

和传统汽车基本一致，主要应用在导航、影音的光纤通信系统上。

在宝马车型中，ZGM 中央网关模块是 MOST 总线的主控模块。整个环型网络中，采用光缆单向传输信号，传输速率为 22.5 Mbit/s。如果光纤出现断裂，整个环路都不能通信。

3.FlexRay 总线网络及应用

（1）FlexRay 总线网络概述。

FlexRay 联盟是一个研发企业联合组织，成立于 2000 年，联盟核心成员包括宝马、大众、奔驰、通用、NXP、博世、飞思卡尔等。FlexRay 总线是一种用于汽车的高速的、确定性的、具备故障容错能力的总线技术，它将事件触发和时间触发两种方式结合，具有高效的网络利用率和系统灵活性特点。

（2）FlexRay 总线在汽车上的应用。

FlexRay 已经成为新一代汽车（含智能网联汽车）内部网络的主干网络。采用 Flex Ray 总线是为了满足智能网联汽车对控制单元联网结构更高的要求，特别是为了实现更快的数据传输率、更强的实时控制和更高的容错运算。使用 FlexRay 总线之后才可以实现驾驶动态控制、车距控制和图像处理功能。

四、车载总线网络的故障及检修

车载总线网络要求可靠性高，一般故障率较低，其故障主要包括传输信号线（BUS）机械性损坏（短路、断路）故障以及控制单元本身的软件、硬件故障。

1.CAN 总线系统故障诊断工具

CAN 总线系统的检修需要以下诊断工具：

① 诊断设备：能进行 CAN 总线故障检测的诊断仪器（含原厂仪器和通用型仪器）。

② 检测设备：汽车专用电表、示波器等。

③ 技术资料：相关车型 CAN 总线系统结构图、线路图。

2.CAN 总线的故障种类和故障部位

① 全部控制单元不能和诊断仪器通信：故障可能部位包括诊断接头、总线、网关等。

② 部分或某个控制单元不能和诊断仪器通信：故障可能部位包括对应的总线、控制单元等。

③ 控制单元记忆系统相关的故障码：故障可能部位包括对应的总线、控制单元、相关元件等。

④ 采用 CAN 系统控制的功能故障：故障可能部位包括对应的总线、控制单元、相关元件等。

3.CAN 总线的故障现象

（1）断路或短路的故障。

① 故障现象。

断路：总线上无电压；

对正极短路：总线上无电压变化，总线电压 = 蓄电池电压；

对地短路：总线上无电压变化，总线电压 = 0 V。

② 故障原因。

导线中断；导线局部磨损；线束连接损坏 / 触头损坏 / 污垢、锈蚀；控制单元损坏或控制单元供电故障。

（2）控制单元的故障。

① 故障现象。

由电码干扰而导致的功能无法执行或功能异常。

② 故障诊断流程。

a. 依次取下每根总线上连接的控制单元熔丝，脱开相应的控制单元；

b. 每脱开一个控制单元后，重复总线测试；

c. 如果在脱开某个控制单元后数据传送重新正常，则表明该控制单元干扰了数据交换；

d. 如果确定控制单元硬件故障，可更换相关的控制单元；

e. 如果确定控制单元软件故障，可对相关的控制单元进行重新编程。

4.CAN 总线的故障维修

拆开在损坏点处的缠绕线，对损坏点处进行维修。在维修时需注意：为了屏蔽干扰，尽可能少拆解缠绕节，拆解缠绕线长度不大于 50 mm，并且维修点之间的距离不小于 100 mm，如图 8-1-11 所示。

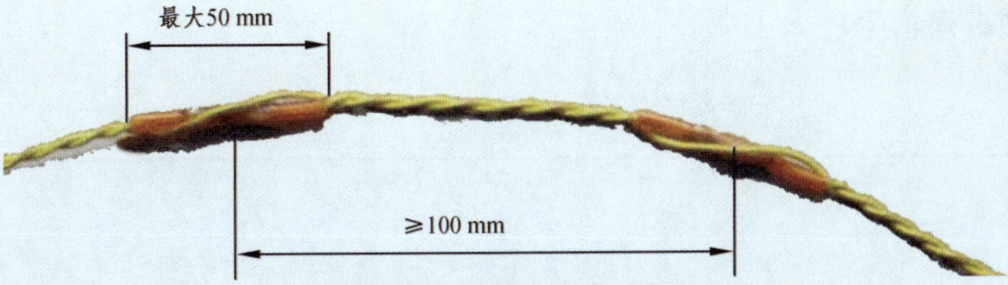

图 8-1-11　CAN 总线的维修

知识强化

智能网联汽车车载网络技术与应用学习页

1. 填空题

（1）车载网络系统在汽车上使用是因为车载网络系统减少了线束的使用，提高了系统的____________。

（2）通过系统软件，可以实现系统功能的____________和数据的____________，也可以提高系统故障的____________能力。

（3）车载网络可以将汽车的____________参数传输到显示屏上，提高驾驶____________。

（4）车载网络系统是____________的一种新形式。

（5）汽车与道路、____________、____________网络相互连接，从而实现更智能、更安全的驾驶。

2. 判断题

（1）随着互联网技术的不断引入，车联网更像是打开未来车主 - 生活的重要载体，为车主提供更加精彩、便捷、全面的汽车生活服务。（　　）

（2）汽车电子控制系统要求控制系统尽可能集成、信息共享和智能操作功能。（　　）

（3）有些数据和信息需要在相同的控制系统中共享，需要实时交换大量的控制信号，以提高系统资源的利用率和工作的可靠性。（　　）

（4）为了简化电路，提高信息传输的速度和可靠性，降低故障率，现在很多高档车都采用了车载网络系统。（　　）

（5）利用计算机网络技术，将车载控制单元通过车载网络连接起来，实现数据信息的高效传输。（　　）

3. 单项选择题

（1）车载网络形式多种多样，目前应用最为广泛的是控制器局域网络（Controller Area Network），即所谓的（　　）总线（BUS）系统。

A. LIN　　B. K　　C. MOST　　D. CAN

（2）CAN 总线所有信息都通过两根数据线进行传递。相同的数据只需在数据系统中传递（　　）次。

A. 一　　B. 二　　C. 三　　D. 四

（3）车载网络系统可靠性高：系统能准确识别数据传输故障；具有较强的抗干扰和（　　）运行能力。

A. 正常　　B. 应急　　C. 紧急　　D. 正确

（4）车载网络系统配置更加灵活便利：便于系统进行（　　）增减或配置更改时。

A. 功能　　B. 模块　　C. 质量　　D. 通信

（5）车载网络系统高效率诊断：通过网络实现对网络中各（　　）的高效诊断，大大减少了诊断扫描所需的诊断线束。

A. 传感器　　B. 网络　　C. 系统　　D. 计算机

4. 多项选择题

（1）未来，基于总线技术或无线技术的汽车电子集成控制能够真正实现车辆（　　）和（　　）的融合，将汽车（　　）控制系统的性能提升到一个新的水平。

A. 网络　　B. 信息　　C. 模块

D. 数据　　E. 电子

（2）智能交通系统采用先进的（　　）、（　　）、（　　）等高新技术，改造传统的交通系统和管理系统。

A. 网络技术　　B. 电子技术　　C. 信息技术

D. 通信技术　　E. 光纤技术

（3）通过网络技术，车辆的所有（　　）设备可以相互（　　）和（　　），实现车辆与公共信息服务中心之间的数据和信息交换，为交通的网络化管理提供接口。

A. 电子　　B. 控制　　C. 设施

D. 访问　　E. 支撑

（4）在汽车上应用（　　），一是（　　），二是（　　），从而达到提高汽车综合性能的目的。

A. 环境感知技术　　B. 网络技术　　C. 减少线束

D. 提高传输速度　　E. 提高效率

（5）在计算机（　　）和现场（　　）技术的基础上，开发各种应用于汽车环境的网络（　　）和（　　），组建汽车内部的通信网络，是现代汽车发展的重要趋势。

A. 网络　　B. 总线　　C. 技术

D. 设备　　E. 设施

实训工单

1. 参观实训室智能网联汽车车载网络系统的概念、分类和特点模型或挂图，初步认识智能网联汽车车载网络系统的概念和分类。

记录：____

2. 利用互联网查询智能网联汽车车载网络系统的概念、分类和特点及其他相关资讯。

打开电脑或移动终端的浏览器、APP，利用“百度”等搜索引擎，分别搜索“智能网联汽车车载网络系统的概念、分类和特点”+“定义、分级、结构、关键技术、标准体系”等关键词，查询、学习相关资讯，总结智能网联汽车的应用场景。

（1）智能网联汽车车载网络系统的准确定义：____

____

（2）智能网联汽车车载网络的应用场景举例

应用场景 1：____

应用场景 2：____

应用场景 3：____

应用场景 4：____

应用场景 5：____

3. 分析当前市场上的汽车，哪些品牌具备智能网联汽车车载网络的属性。

根据查询获取的资讯，结合你所学的知识，分析当前市场上的车辆已经具备智能网联汽车车载网络系统的类型，并填写表 8-1-7。

表 8-1-7 当前市场上的车辆已经具备智能网联汽车车载网络系统的类型

序 号	品牌车型	车载网络	主要功能描述	其他属性
1				
2				
3				
4				
5				

任务考评

表 8-1-8　任务考评

考核内容		考核评分		
项　目	内　容	配　分	得　分	批　注
工作准备（30%）	能够正确理解学习过程的内容、范围及工作指令	10		
	能够查阅资料，小组合作完成所遇到的学习问题	5		
	各种自制的走访调研表，格式不定	5		
	通过互联网资源查阅资料进行归纳总结并进行结果展示	5		
	确认上课所需的学习资料是否齐全到位	5		
实施程序（50%）	正确了解智能网联汽车车载网络系统的发展趋势和背景并进行记录	10		
	正确了解智能网联汽车车载网络系统的概念，与相关概念进行正确区分并进行记录	10		
	正确了解智能网联汽车车载网络系统的定义及分级并进行相关记录	10		
	参观实训室的智能网联汽车车载网络系统的挂图或借助网上资料对智能网联汽车车载网络系统的认识进行记录	10		
	利用互联网查询智能网联汽车车载网络系统的概念和分类及其他相关资讯，完成智能网联汽车车载网络系统相关场景的收集	10		
完工清理（20%）	收集和储存可以再利用的原材料、余料	5		
	遵循维护工作程序清洁垃圾、清洁和整理工作区域	5		
	对学习环境和工作页面进行清洁	5		
	按照工作程序，填写完成作业单	5		
考核评语	考核人员：　　　　日　期：　　　　年　月　日	考核成绩		

任务二 智能网联汽车车载移动互联网以太网及自组织网络的应用

任务导入

表 8-2-1　任务导入

<table>
<tr><td colspan="2">任务名称</td><td colspan="4">智能网联汽车车载移动互联网、以太网及自组织网络的应用</td></tr>
<tr><td>姓　名</td><td></td><td>班　级</td><td></td><td>成　绩</td><td></td></tr>
<tr><td>组　别</td><td></td><td>组　长</td><td></td><td>场　地</td><td></td></tr>
<tr><td>日　期</td><td></td><td>学　时</td><td></td><td>指导教师</td><td></td></tr>
<tr><td rowspan="3">任务目标</td><td>知识目标</td><td colspan="4">1. 能通过走访或查阅资料的方法，了解智能网联汽车车载移动互联网的应用；
2. 能通过走访或查阅资料的方法，了解智能网联汽车以太网以及自组织网络的应用</td></tr>
<tr><td>能力目标</td><td colspan="4">1. 能总结归纳调研报告撰写智能网联汽车车载移动互联网应用的研究报告；
2. 能总结并归纳调研内容，辨清智能网联汽车车载网络系统与传统汽车的区别</td></tr>
<tr><td>素质目标</td><td colspan="4">1. 树立安全意识；
2. 培养 8S 现场管理意识；
3. 培养学生自主学习、资料查找、自主制动计划的能</td></tr>
<tr><td>学习准备</td><td colspan="5">手机等调研设备、各种自制的走访调研表、互联网资源、展示白板</td></tr>
<tr><td>任务背景</td><td colspan="5">随着人工智能、5G、大数据等技术的发展，智能网联汽车车载网络技术也得到了应用和发展，你了解智能网联汽车车载移动互联网、以太网以及自组织网络吗?</td></tr>
</table>

知识链接

车载移动互联网的定义及应用

一、车载移动互联网的定义及应用

1. 移动互联网与车载移动互联网的定义

（1）移动互联网。

移动互联网是以移动网络作为接入网络的互联网服务，包括移动终端、移动网络和应用服务 3 个要素。

移动互联网的含义：一方面，移动互联网是移动通信网络与互联网的融合，用户以移动终端接入无线移动通信网络、无线城域网、无线局域网等方式访问互联网。另一方面，移动互联网还产生了大量新的应用场景，这些应用与终端的可移动性、可定位性和易于携带性等特性相结合，为用户提供个性化的、位置相关的服务，如图 8-2-1 所示。

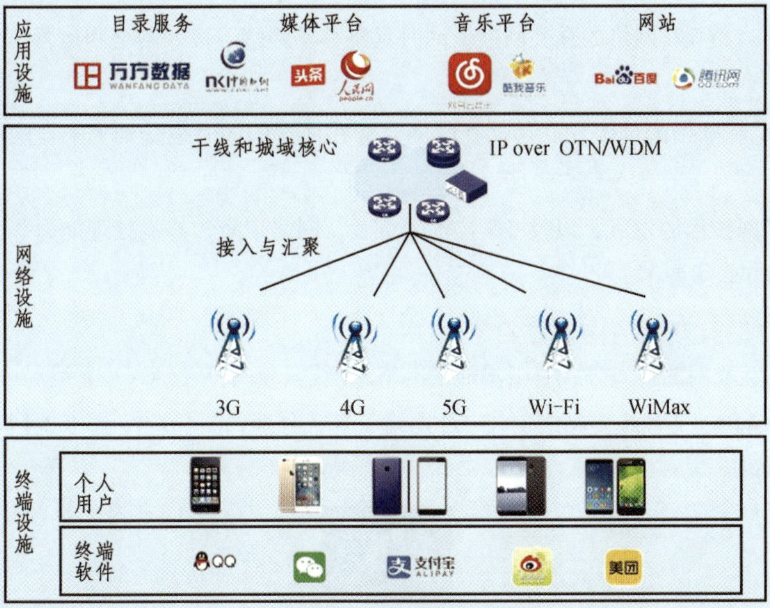

图 8-2-1　移动互联网

（2）车载移动互联网。

车载移动互联网是以车辆为移动终端，通过远距离无线通信技术构建的车辆与移动互联网之间的网络，实现车辆与服务信息在车载移动互联网上的传输。

车载移动互联网先通过短距离通信技术在车内建立无线个域网或无线局域网，再通过 4G/5G 网络与互联网连接如图 8-2-2 所示。

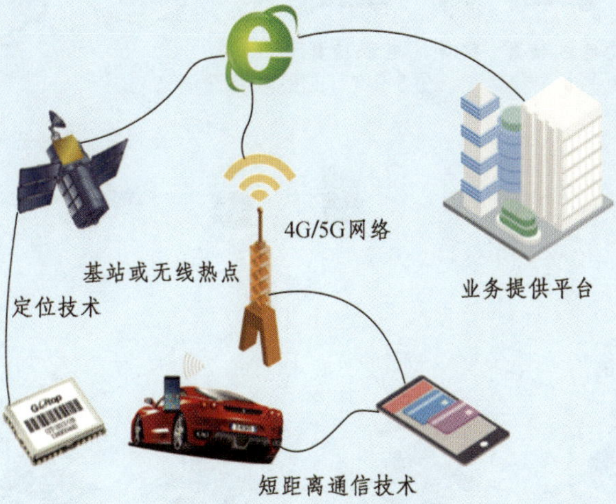

图 8-2-2　车载移动互联网

2. 车载移动互联网的特点

（1）终端移动性。移动互联网业务使得用户可以在移动状态下接入和使用互联网服务，移动。终端便于用户随时携带和随时使用。

（2）业务及时性。用户能够随时随地及时获取所需的服务和数据。

（3）服务便利性。操作简便，响应时间短。

（4）业务 / 终端 / 网络的强关联性。同时具备移动终端、接入网络和运营商提供的业务三项基本条件。

（5）终端和网络的局限性。移动互联网业务在便携的同时也受到了来自网络能力和终端能力的限制。

随着物联网技术的发展，以及 5G 技术的普及，网络带宽、终端处理能力等已经完全可以支撑车载移动互联服务了。

3. 车载移动互联网的接入方式

车载移动互联网的接入方式有卫星通信网络、无线城域网（WMAN）、无线局域网（WLAN）、无线个域网（WPAN）和蜂窝网络（4G/5G 网络）等，分别如图 8-2-3、图 8-2-4 所示、图 8-2-5 所示、图 8-2-6 所示。

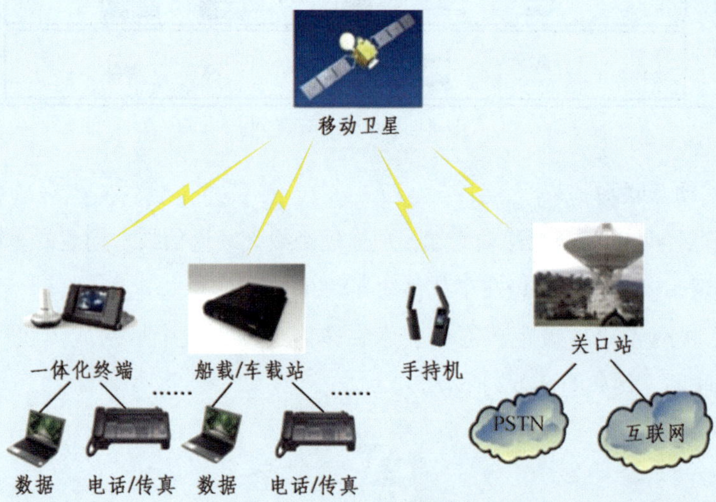

图 8-2-3　卫星网络通信

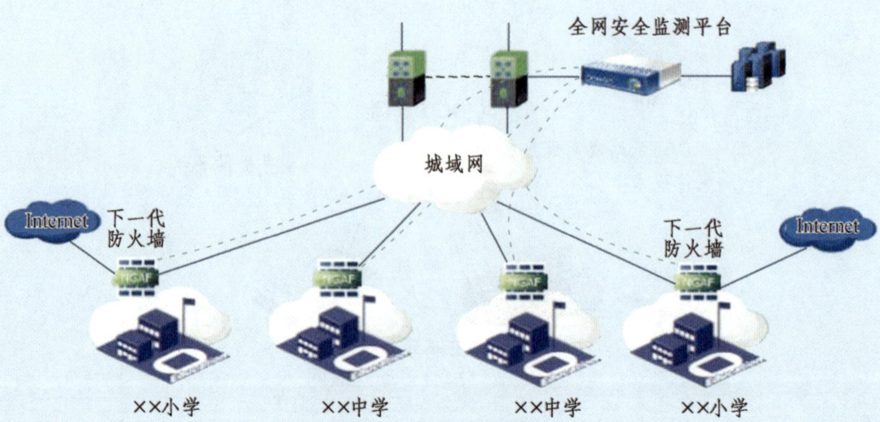

图 8-2-4　无线城域网

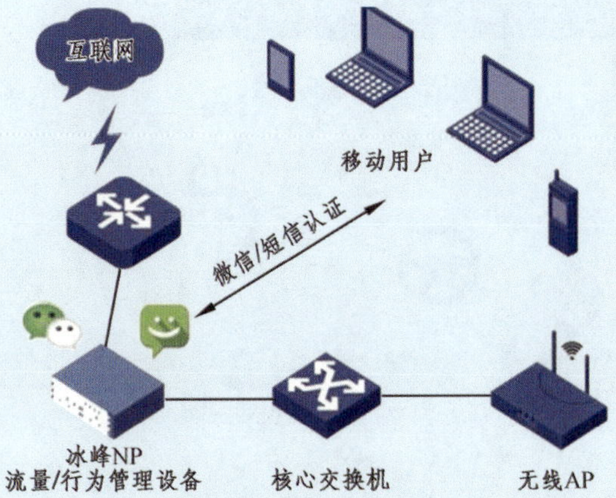

图 8-2-5　无线局域网

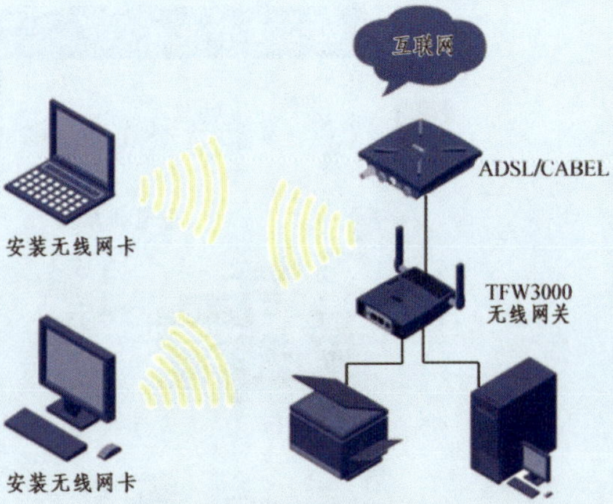

图 8-2-6　无线个域网

常见的蜂窝网络类型有 GSM 网络、CDMA 网络、3G/4G/5G 网络等多种类型。蜂窝移动通信的主要缺点是成本高、带宽低。随着 5G 移动通信时代的到来，带宽问题将不再是限制车载移动互联网发展的技术瓶颈，如图 8-2-7 所示。

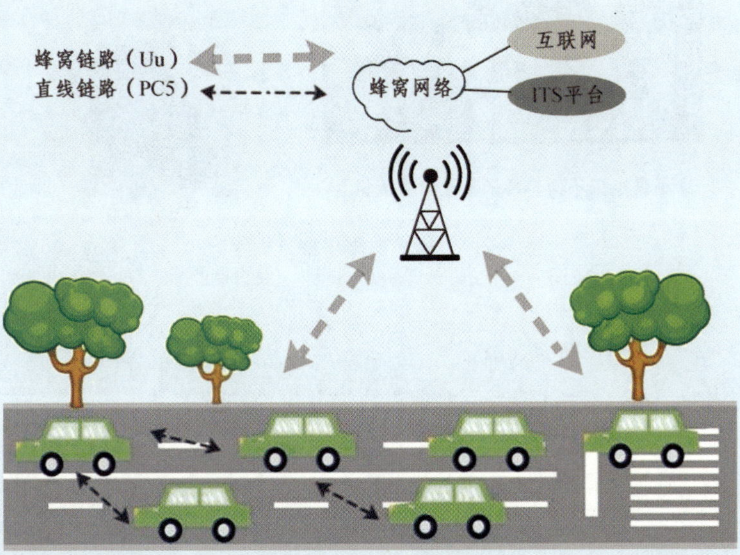

图 8-2-7　蜂窝网络

4. 车载移动互联网的应用

车载移动互联网的典型应用就是车联网。车联网是指利用物联网、无线通信、卫星定位、云计算、语音识别等技术，建立的一张全面覆盖市民、车辆、交通基础设施、交通管理者、交通服务商等的快速通信网络，可实现智能信号控制、实时交通引导、交通秩序管理、交通信息服务等一系列交通管理与服务应用，最终达到交通安全、行车高效、驾驶舒适、节能环保等目标，如图 8-2-8 所示。

应用一：车辆数据采集分析终端

根据车型不同，车辆数据采集分析终端可以通过车辆的数据传输接口（OBD 接口）采集车辆控制系统的数千项数据，并经过系统分析共享应用如图 8-2-9 所示。

图 8-2-8　车联网

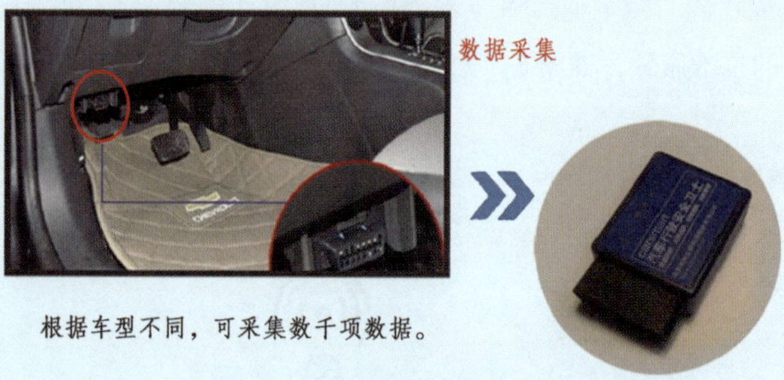

图 8-2-9　车辆数据采集分析终端

应用二：新型的维修保养系统

①车主能够实时了解车辆的状况；

②通过信息共享，4S 店及其他维修企业可将服务由被动变主动；

③良好、方便、高效的沟通平台，实现自助化的维修保养模式，使得各方利益最大化，如图 8-2-10 所示。

图 8-2-10　新型的维修保养系统

应用三：远程监控诊断控制系统、新型救援服务系统

① 借助卫星定位，与紧急救援实现高效对接；

② 实时的故障信息可保障各种及时的服务请求，如爆胎、加油等；

③ 服务中心的个性化服务将给车主带来全方位的汽车生活体验，如图 8-2-11 所示。

应用四：道路事故处理系统

实时及全面的行车数据使事故现场可以轻松地在电脑上得以重现，这给交通管理、保险等传统行业带来革命性的创新模式，如图 8-2-12 所示。

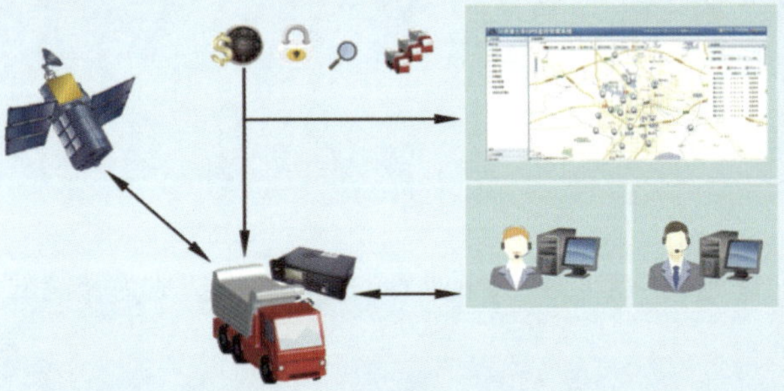

图 8-2-11　远程监控诊断控制系统、新型救援服务系统

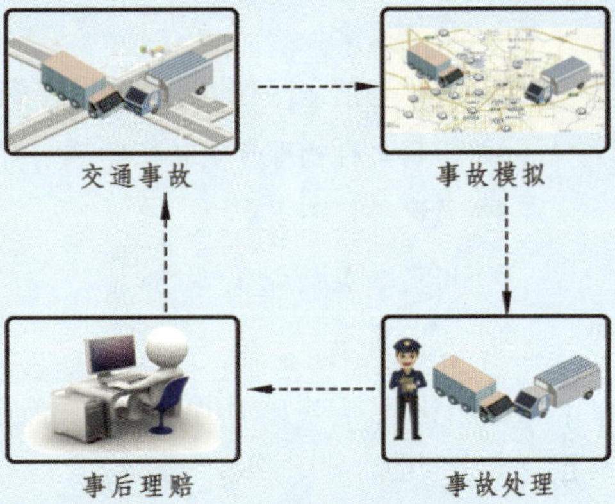

图 8-2-12　道路事故处理系统

应用五：用户的其他便捷功能

用户可以便捷查询到保险、路况、位置以及车辆油耗等需求的信息，如图 8-2-13 所示。

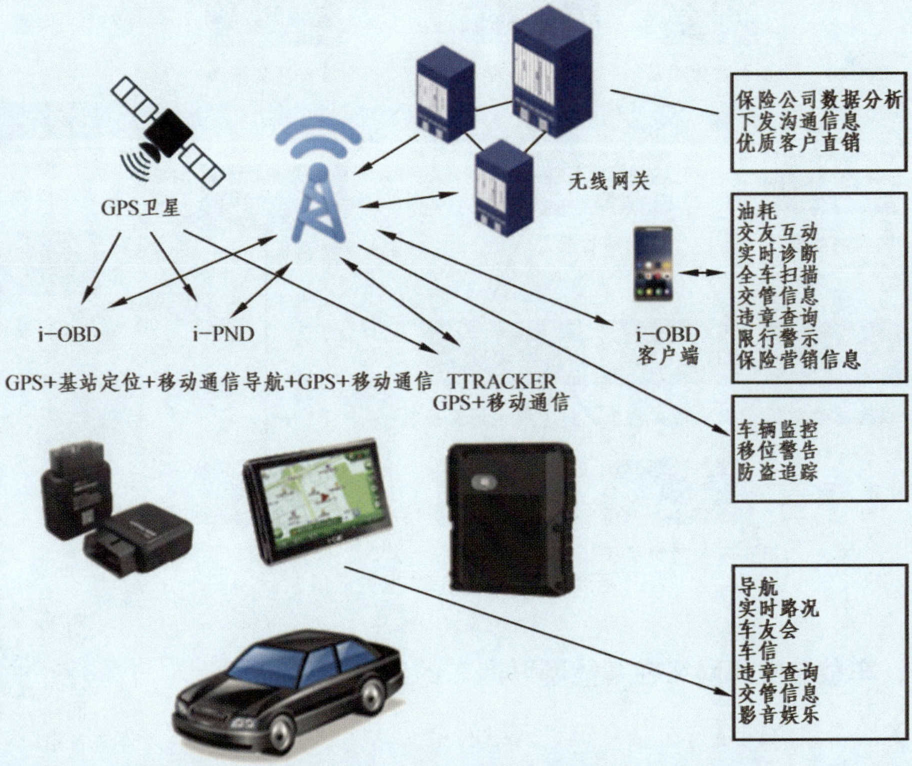

图 8-2-13　用户的其他便捷功能

二、车载以太网在智能网联汽车的应用

1. 车载以太网的技术特点

以太网（Ethernet）是由美国施乐（Xerox）公司创建，并由施乐、英特尔和数字装备（DEC）公司联合开发的基带局域网规范，是当今现有局域网采用的最通用的通信协议标准。以太网包括标准以太网（10 Mbit/s）、快速以太网（100 Mbit/s）、千兆以太网（1000 Mbit/s）和万兆以太网（10 Gbit/s）。

车载以太网具有的技术特点：

（1）数据传输速率高；

（2）应用广泛；

（3）容易与信息网络集成，有利于资源共享；

（4）支持多种物理介质和拓扑结构；

（5）软硬件资源丰富；

（6）可持续发展潜力大。

车载以太网在智能网联汽车的应用

2. 车载以太网的应用

以太网在汽车上的应用刚刚开始，但它优越的性能得到汽车业界的重视，有望成为智能网联汽车上重要的车载网络。

随着先进传感器、高分辨率显示器、车载摄像头、ADAS 高级驾驶辅助系统及其数据传输和控件的加入，汽车电子产品正变得更加复杂。采用标准的以太网协议将这些设备连接起来，可以简化布线、节约成本、减少线束质量和提升车辆性能，如图 8-2-14 所示。

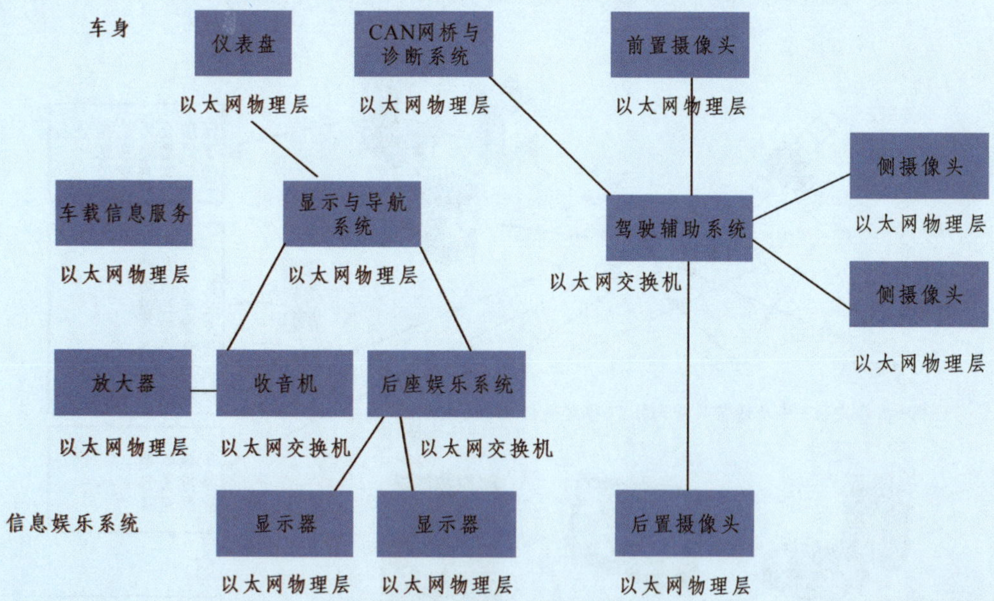

图 8-2-14　车载以太网的应用

三、车载自组织网络在智能网联汽车的应用

车载自组织网络在智能网联汽车的应用

1. 无线自组织网络与车载自组织网络的定义

（1）无线自组织网络是一种不同于传统无线通信网络的技术，由一组

具有无线通信能力的移动终端节点组成、具有任意和临时性网络拓扑的动态自组织网络系统。其中每个终端节点既可作为主机，也可作为路由器使用。

（2）车载自组织网络是一种自组织、结构开放的车辆之间通信网络，能够提供车辆之间以及车辆与路边基础设施之间的通信。车载自组织网络是智能交通系统未来发展的通信基础，也是智能网联汽车安全行驶的保障如图 8-2-15 所示。

图 8-2-15　车载自组织网络

2. 车载自组织网络的结构类型

车载自组织网络结构主要分为三种类型，即 V2V 通信、V2I 通信、V2P 通信，其典型应用如图 8-2-16 所示。

（1）V2V 通信是通过 GPS 定位辅助建立无线多跳连接，能够进行暂时的数据通信，提供行车信息、行车安全等服务。

（2）V2I 通信能够通过接入互联网获得更丰富的信息与服务。

（3）V2P 通信目前主要通过智能手机中的特种芯片提供行人和交通状况，以后会有更多的通信方式。

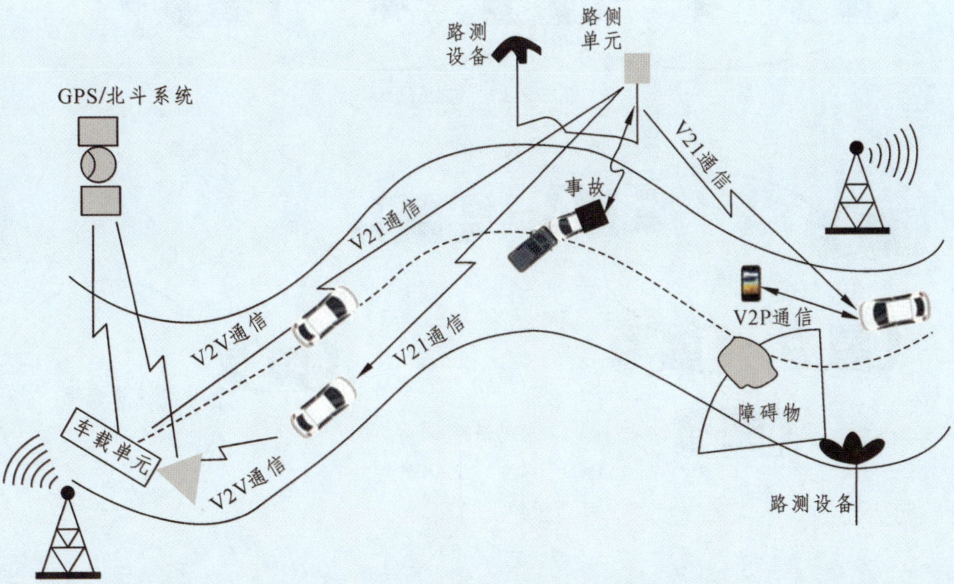

图 8-2-16　车载自组织网络的应用

3. 车载自组织网络的路由协议类型

根据节点间通信是否需要借助路侧单元进行车载自组织网络结构分类。

（1）车间自组织型。车辆之间形成自组织网络，不需借助路侧单元，这种通信模式也称为 V2V 通信模式，也是传统移动自组织网络的通信模式。

（2）无线局域网 / 蜂窝网络型。在这种通信模式下，车辆节点间不能直接通信，必须通过接入路侧单元互相通信，这种通信模式也称为 V2I 通信模式，相比车间自组织型，路侧单元建设成本较高。

（3）混合型。混合型是前两种通信模式的混合模式，车辆可以根据实际情况选择不同的通信方式。

4. 车载自组织网络的特点

车载自组织网络特点主要包括节点速度、运动模式、节点密度、节点异构性和可预测的运动性等。在移动的车载自组织网络中，最重要的特征就是节点速度。

车辆是在预定的道路上行驶的，通常有两个行驶方向。只有在十字路口时，车辆的行驶方向才具有不确定性。一般情况下，将道路分为高密度城市道路、高速公路和乡村道路三种类型。

除了速度和运动模式外，节点密度是车载自组织网络节点移动性的第三个关键属性。

在车载自组织网络中，节点有许多不同种类。

尽管车辆节点的运动规律比较复杂，但车辆的运动趋势在一定程度上仍然是可以预测的。

5. 车载自组织网络的应用

车载自组织网络的应用场景主要包括碰撞预警、避免交通拥堵、紧急制动警告、并线警告和交叉路口违规警告等，分别如图 8-2-17、图 8-2-18、图 8-2-19、图 8-2-20、图 8-2-21 所示。

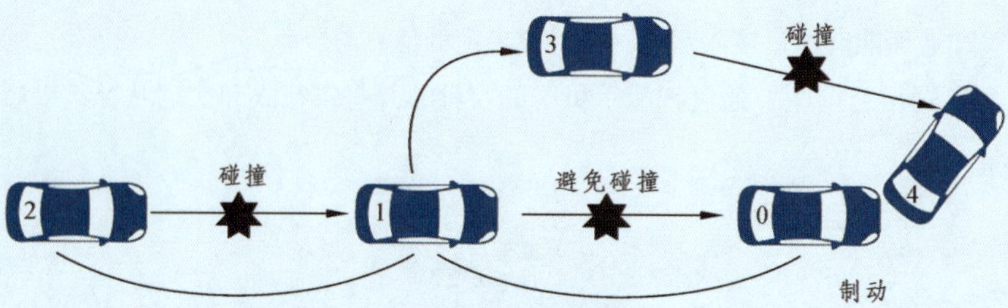

图 8-2-17　碰撞预警

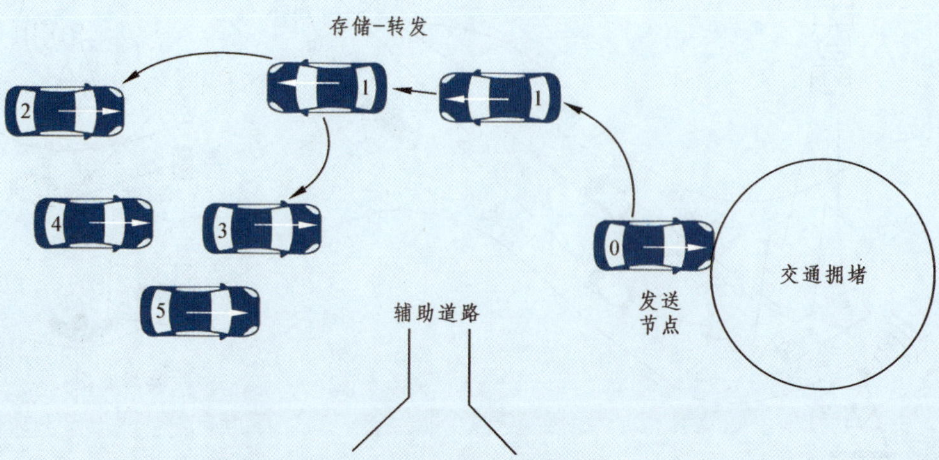

图 8-2-18　避免交通拥堵

图 8-2-19　紧急制动警告

图 8-2-20　并线警告

图 8-2-21　交叉路口违规警告

随着车载自组织网络技术的发展，应用范围越来越广泛，主要涉及交通安全、驾驶、公共服务、商用、娱乐等。

知识强化

智能网联汽车车载移动互联网、以太网及自组网络的应用学习页

1. 填空题

（1）移动互联网是以移动网络作为接入网络的互联网服务，包括 ________、________ 和 ________3 个要素。

（2）________ 是以车辆为移动终端，通过远距离无线通信技术构建的车辆与移动互联网之间的网络，实现车辆与服务信息在车载移动互联网上的传输。

（3）车载移动互联网先通过 ________ 在车内建立无线个域网或无线局域网，再通过 4G/5G 网络与 ________ 连接。

（4）车载移动互联网的接入方式有 ________、无线城域网（WMAN）、________、无线个域网（WPAN）和 ________ 等。

（5）车载自组织网络的应用场景主要包括 ________、________、________、________ 和 ________ 等。

2. 判断题

（1）移动互联网是移动通信网络与互联网的融合。（　　）

（2）车载移动互联网通过短距离无线通信技术构建的车与互联网之间的网络。（　　）

（3）车载移动互联网的典型应用就是车联网。（　　）

（4）以太网的最大传输速率比任何一种现场总线都快。（　　）

（5）无线自组织网络与传统无线通信网络技术结构组成相同。（　　）

3. 单项选择题

（1）移动互联网 3 个要素包括（　　）。

A. 移动终端　　B. 移动网络　　C. 应用服务　　D. 以上都是

（2）解决限制车载移动互联网发展的技术瓶颈（带宽问题）的技术（　　）。

A. 蓝牙技术　　B. 红外技术　　C. 基站建设　　D.5G 技术

（3）以太网支持多种传输介质，包括（　　）。

A. 同轴电缆　　B. 双绞线　　C. 光缆　　D. 以上都是

（4）以下不属于车载自组织网络结构的是（　　）。

A. 车间自组织型　　B. 移动型

C. 混合型　　D. 无线局域网 / 蜂窝网络型

（5）在移动的车载自组织网络中，最重要的特征就是（　　）。

A. 运动模式　　B. 节点密度

C. 节点的速度　　D. 节点异构性和可预测的运动性

（5）由于采用车载网络信息传输方式以后，可以使各个用电设备采用模块化控制，由此可以使电源系统的熔断器和（　　）的使用数量大为减少。

A. 保险丝　　B. 插头　　C. 继电器　　D. 线束

4. 多项选择题

（1）以下属于车载移动互联网具有的特点是（　　）。

A. 终端移动性　　B. 业务及时性　　C. 服务便利性

D. 业务 / 终端 / 网络强关联性　　E. 终端和网络的局限性

（2）车载移动互联网的接入方式主要有（　　）等。

A. 卫星通信网络　　B. 无线城域网　　C. 无线局域网

D. 无线个域网　　E. 蜂窝网络

（3）车载互联网系统在实际中的应用包括（　　）。

A. 车辆数据采集终端　　B. 车联网维修保养　　C. 车联网远程监控诊断、救援系统

D. 道路事故处理系统　　E. 用户便捷功能

（4）车载自组织网络结构主要分为（　　）。

A. V2V 通信　　B. V2I 通信　　C. V2P 通信

D. V2N 通信　　E. V2R 通信

（5）车载自组织网络的应用场景主要包括（　　）等。

A. 碰撞预警　　B. 避免交通拥堵　　C. 紧急制动警告

D. 并线警告　　E. 交叉路口违章警告

实训工单

1. 参观实训室智能网联汽车载移动互联网、以太网与自组织网络的模型或挂图，初步认识智能网联汽车车载网络系统的现状及特点。

记录：____

____

____

2. 利用互联网查询载移动互联网、以太网与自组织网络的定义及其他相关资讯。

打开电脑或移动终端的浏览器、APP，利用“百度”等搜索引擎，分别搜索“智能网联汽车移动互联网、以太网与自组织网络”+“定义”等关键词，查询、学习相关资讯，总结智能网联汽车的应用场景。

（1）智能网联汽车移动互联网、以太网与自组织网络的定义：________________

____

____

（2）智能网联汽车移动互联网、以太网与自组织网络的应用场景举例

移动互联网应用场景：________________________________

____

以太网应用场景：________________________________

____

自组织网络应用场景：________________________________

____

____

3. 分析当前市场上的汽车，哪些品牌的汽车具备智能网联汽车移动互联网、以太网与自组织网络系统的现状及特点。

根据查询获取的资讯，结合你所学的知识，分析当前市场上的车辆已经具备智能网联汽车车载网络系统的特点，并填写表 8-2-2。

表 8-2-2　当前市场上的车辆已经具备智能网联汽车车载网络系统的特点

序　号	品牌车型	智能网联汽车移动互联网、以太网与自组织网络的现状	智能网联汽车车载移动互联网、以太网与自组织网络的特点	其他属性
1				
2				
3				
4				
5				

任务考评

表 8-2-3 任务考评

考核内容		考核评分		
项 目	内 容	配 分	得 分	批 注
工作准备（30%）	能够正确理解学习过程的内容、范围及工作指令	10		
	能够查阅资料，小组合作完成所遇到的学习问题	5		
	各种自制的走访调研表，格式不定	5		
	通过互联网资源查阅资料进行归纳总结并进行结果展示	5		
	确认上课所需的学习资料是否齐全到位	5		
实施程序（50%）	正确了解智能网联汽车车载移动互联网、以太网、自组织网络的发展趋势和背景并进行记录	10		
	正确了解智能网联汽车车载移动互联网、以太网、自组织网络概念并与相关概念进行正确区分并进行记录	10		
	正确了解智能网联汽车车载移动互联网、以太网、自组织网络的现状及特点并进行相关记录	10		
	参观实训室的智能网联汽车车载移动互联网、以太网、自组织网络的现状挂图或借助网上资料对智能网联汽车车载网络系统的现状及特点的认识进行记录	10		
	利用互联网查询智能网联汽车移动互联网、以太网、自组织网络的现状及特点及其他相关资讯，完成智能网联汽车移动互联网、以太网、自组织网络相关场景的收集	10		
完工清理（20%）	收集和储存可以再利用的原材料、余料	5		
	遵循维护工作程序清洁垃圾、清洁和整理工作区域	5		
	对学习环境和工作页面进行清洁	5		
	按照工作程序，填写完成作业单	5		
考核评语	考核人员： 日 期： 年 月 日	考核成绩		

项目九

ADAS 及其在智能网联汽车上的应用

项目描述

为了保证行车安全和减轻驾驶员的负担，汽车装备了自适应巡航控制系统（ACC），并逐渐延伸到前方碰撞预警系统（FCW），最后扩展成更多功能的高级驾驶辅助系统 ADAS。ADAS 是智能网联汽车实现“自动驾驶”甚至“无人驾驶”的基础。你知道什么是 ADAS? ADAS 有哪些应用？本项目的主要内容是智能网联汽车 ADAS 的组成、作用、工作原理及实际运用，包含以下 2 个任务：

任务一　智能网联汽车 ADAS 的类型及结构组成

任务二　智能网联汽车 ADAS 的工作原理及实际应用

通过 2 个任务的学习，掌握智能网联汽车 ADAS 的组成与原理，能够对智能网联汽车 ADAS 的组成、作用及工作原理进行准确描述。

项目九知识拓展

任务一

智能网联汽车 ADAS 的类型及结构组成

任务导入

表 9-1-1　任务导入

<table>
<tr><td colspan="2">任务名称</td><td colspan="4">智能网联汽车 ADAS 的类型及结构组成</td></tr>
<tr><td>姓　名</td><td></td><td>班　级</td><td></td><td>成　绩</td><td></td></tr>
<tr><td>组　别</td><td></td><td>组　长</td><td></td><td>场　地</td><td></td></tr>
<tr><td>日　期</td><td></td><td>学　时</td><td></td><td>指导教师</td><td></td></tr>
<tr><td rowspan="3">任务目标</td><td>知识目标</td><td colspan="4">1. 能通过走访或查阅资料的方法，了解智能网联汽车 ADAS 的类型；
2. 能通过走访或查阅资料的方法，了解智能网联汽车 ADAS 的组成结构特点</td></tr>
<tr><td>能力目标</td><td colspan="4">1. 能总结并归纳调研报告，撰写智能网联汽车 ADAS 标准报告；
2. 能总结并归纳调研内容，辨清智能网联汽车 ADAS 与传统汽车的区别</td></tr>
<tr><td>素质目标</td><td colspan="4">1. 树立安全意识；
2. 培养 8S 现场管理意识</td></tr>
<tr><td>学习准备</td><td colspan="5">手机等调研设备、各种自制的走访调研表、互联网资源、展示白板</td></tr>
<tr><td>任务背景</td><td colspan="5">ADAS（Advanced Driving Assistance System）一般称为“高级驾驶辅助系统”也称“先进驾驶辅助系统”，是利用环境感知技术采集汽车、驾驶员和周围环境的动态数据并进行分析处理，通过提醒驾驶员或车辆控制系统的执行器介入汽车操作，以实现驾驶安全性和舒适性的一系列技术的总称，整车 ADAS 技术如图 9-1-1 所示。
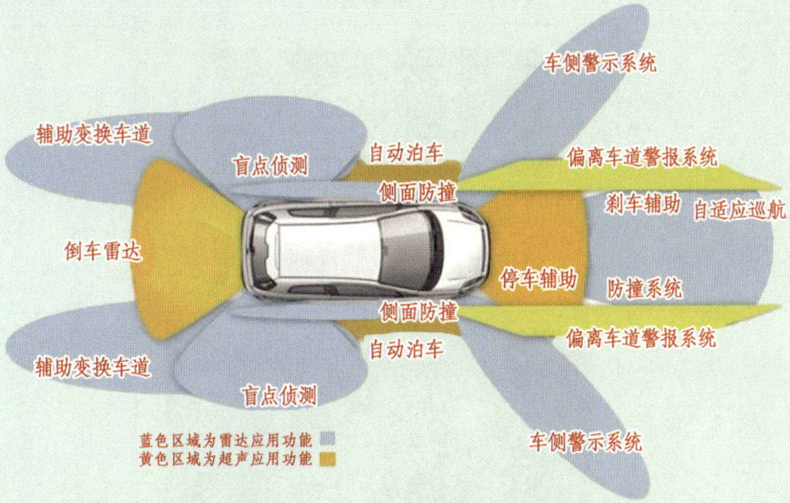

图 9-1-1　整车 ADAS 技术</td></tr>
</table>

知识链接

智能网联汽车 ADAS 的类型

一、智能网联汽车 ADAS 的类型

在无人驾驶（自动驾驶）出现之前，很多无人驾驶的技术作为辅助驾驶技术得到了商业的推广和应用。ADAS 包括车道偏离、前碰撞预警、行人检测、交通灯检测、移动物体检测等，这些技术作为辅助驾驶技术，只提供预警，不干预车辆的驾驶。ADAS 可以说是无人驾驶的技术试金石。

汽车高级辅助驾驶系统（ADAS）通常包括导航与实时交通系统 TMC，电子警察系统 ISA（Intelligent speed adaptation 或 intelligent speed advice）、车联网（Vehicular communication systems）、自适应巡航 ACC（Adaptive cruise control）、车道偏移报警系统 LDWS（Lane departure warning system）、车道保持系统（Lane keep assistance），碰撞避免或预碰撞系统（Collision avoidance system 或 Precrash system）、夜视系统（Night Vision system）、自适应灯光控制（Adaptive light control）、行人保护系统（Pedestrian protection system）、自动泊车系统（Automatic parking）、交通标志识别（Traffic sign recognition）、盲点探测（Blind spot detection），驾驶员疲劳探测（Driver drowsiness detection）、下坡控制系统（Hill descent control）和电动汽车报警（Electric vehicle warning sounds）系统。

在表 9-1-2 中，请你结合生活实际感受，写出应用 ADAS 技术给我们生活带来的影响。

表 9-1-2　智能网联汽车 ADAS 的优势

序　号	ADAS 应用场景	ADAS 应用场景示意图	给生活带来的影响
1	疲劳监测		
2	交通标志识别		
3	智能限速提醒	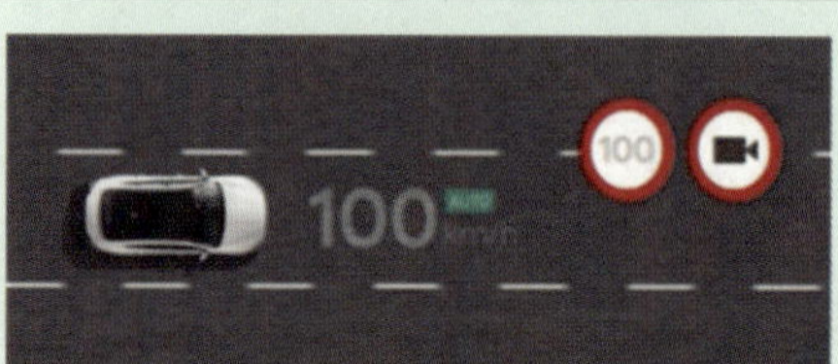	

序　号	ADAS 应用场景	ADAS 应用场景示意图	给生活带来的影响
4	弯道预警		
5	抬头显示	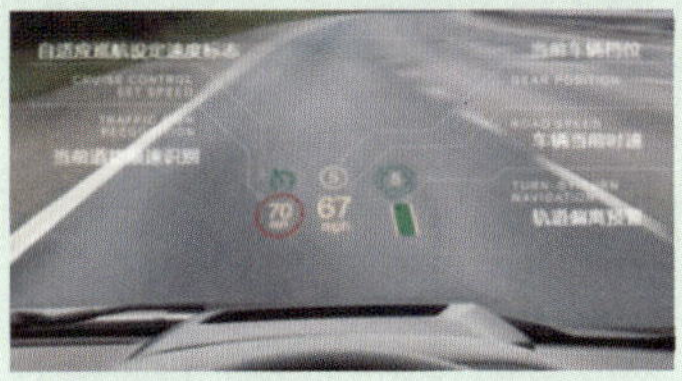	
6	全景影像监测		
7	夜视功能	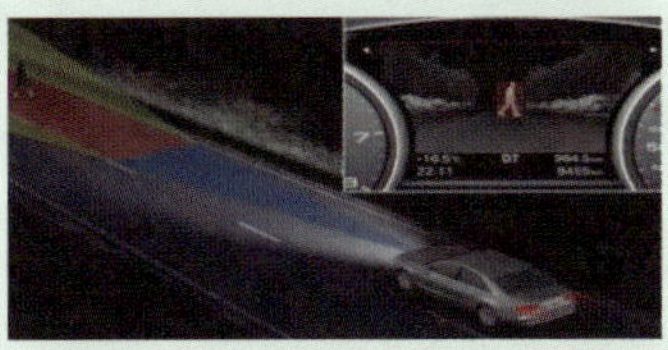	
8	前向车距监测		
9	前向碰撞预警		
10	车道偏离预警	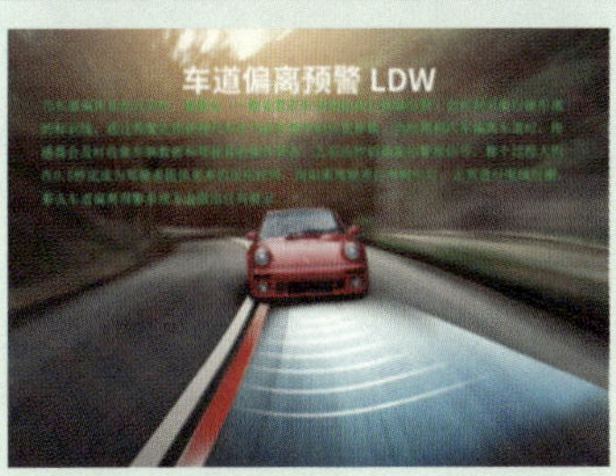	

二、先进驾驶辅助系统的发展

先进驾驶辅助系统的发展可以分别从技术和市场应用两个角度来分析。

从技术研发角度来看，先进驾驶辅助系统的研发通常是由政府牵头并出资设立相关研究项目，支持并推动技术的开发工作，而实际的开发工作则是由整车厂商与零部件厂商或独立、或合作完成的。

从市场应用角度来看，由于各国政府和消费者都深刻认识到降低事故频率、减轻事故伤害的重要性，而先进驾驶辅助系统作为前沿的主动安全技术，可以有效降低多数事故类型的发生频率。

因此，一方面各国政府纷纷立法要求强制安装得到某些验证的先进驾驶辅助系统技术，将其作为汽车中的标准配置，希望以此来保护驾车者、乘客、行人以及其他道路用户；另一方面，消费者主观上对行车安全性的高度重视也使得先进驾驶辅助系统技术的市场需求日益增长。

三、中国先进驾驶辅助系统发展现状

由于汽车工业起步晚，起点低，国内市场对于代表先进汽车技术的驾驶辅助系统开发力度不足，目前国家尚未出台推动驾驶辅助系统技术发展的相关计划。而国内汽车生产厂家受资金与研发实力的限制，在先进驾驶辅助系统研发方面的投入较少。政策方面，目前中国也没有出台先进驾驶辅助系统相关技术的强制性安装法规，但针对在国内市场安装的日间行车灯和胎压监测系统，国家已经出台了强制性技术法规，并予以实施。

结合技术自身的发展和中国道路交通环境及消费者的特定需求，我们可以总结得到先进驾驶辅助系统技术在中国市场的发展趋势：

（1）从技术发展角度来看，由于消费者对汽车安全性的重视度越来越高，因而先进驾驶辅助系统在未来很长一段时间内必将保持持续发展的趋势。同时，先进驾驶辅助系统正在从单个技术独立发展转变为整合式主动安全系统的开发，多项技术可以共用传感器、控制系统等平台，一旦车辆装备了基础的 ESP、ACC 等技术，便可以方便地并以较低的成本添加其他安全驾驶辅助技术，从而将进一步推动先进驾驶辅助系统技术在汽车上的应用。

（2）一些相对较为低端且实用性强的先进驾驶辅助系统技术，如胎压监测系统、ESP 电子稳定系统等已经充分得到了市场的认可，在强烈的市场需求驱动下，其在低端汽车市场的普及率将稳步提升。

（3）中国消费者对于避险辅助类、视野改善类技术表现出明显的关注度与需求度，必将成为下一阶段该领域的主要增长点。

（4）一些对道路要求较高的技术，如变道辅助、车道偏离警告、ACC 等，以及与消费者驾驶习惯不符的技术，如车道保持系统、驾驶员疲劳检测、禁酒闭锁系统等，则可能将面临较长一段时间的缓慢发展。

围绕未来汽车智能发展的主题，请各位同学采用走访调研或查阅资料的方式，谈一谈汽车 ADAS 未来的发展趋势，结合图 9-1-2，在表 9-1-3 中写一写你对汽车 ADAS 未来发展趋势的看法。

图 9-1-2　未来汽车 ADAS 发展类型

表 9-1-3　汽车 ADAS 未来的发展趋势

序　号	ADAS 类别	未来发展趋势
1		
2		
3		
4		
5		

四、智能网联汽车 ADAS 的分类及组成

1. 智能网联汽车 ADAS 的分类

ADAS 按照其环境感知技术的不同可以分为自主式 ADAS 和网联式 ADAS 两种类型。

智能网联汽车 ADAS 的分类及组成

（1）自主式 ADAS。

自主式 ADAS 基于车载传感器完成环境感知，依靠车载中央控制系统进行分析决策，技术比较成熟，多数已经装备量产车型。自主式 ADAS 又分为自主预警类、自主预警类和事业改善类。智能网联的自主式 ADAS 如表 9-1-4 所示。

图 9-1-4　智能网联汽车自主式 ADAS

子系统名称	功能介绍	应用车型
前方碰撞预警系统	识别潜在的危险情况，并通过提醒帮助驾驶员避免或减缓碰撞事故	日产楼兰、纳智捷大 7
车道偏离预警系统	可能偏离车道时给予驾驶员提示，减少因车道偏离而发生的事故	现代全新胜达、陆风 X7
盲区监测系统	检测盲区内行驶车辆或行人	沃尔沃 XC60、奥迪 Q5
驾驶疲劳预警系统	推断驾驶员的疲劳状态，进行报警提示或采取相应措施	哈弗 H9、大众途观

（2）网联式 ADAS。

智能网联汽车 ADAS 配置的驾驶辅助功能与自动驾驶的等级有关，如图 9-1-5 所示。

图 9-1-5　自动驾驶等级

分　坂	L1 级	L 陋	L3 级	L4 组	L5 级
名　猕	驾壁辅助	部分自动驾驶	有条件自动驾驶	高度自动驾驶	完全自动驾驶
主更功能	前方碰撞预警 车道偏离预警 扇区监测预警 驾驶疲劳预警 车道保持辅助 自动紧急制动 自适应巡航控制 自动泊车辅助 自适应前照明 夜视辅助 平视辅助	拥堵辅助驾驶 车道内自动驾驶 换道辅助 全自动泊车	高速公路自动驾驶 城郊公路自动驾驶 协同式列队行驶 交叉路口通告辅助	市区自动驾驶 车路协同控制 远程泊车	无人驾驶
特　征	单一功能	组合功能	特定条件 部分任务	特定条件 全部任务	全部条件 全部任务
感知系统配置	超声波传感器 毫米波雷达 视觉传感器 少线激光雷达 4G 网络	超声波传感器 毫米波雷达 视觉传感器 少线激光雷达 4G 网络	超声波传感器 毫米波雷达 视觉传感器 多线激光雷达 V2X 5G 网络	超声波传感器 毫米波雷达 视觉传感器 多线激光雷达 V2X 5G 网络	超声波传感器 毫米波雷达 视觉传感器 多线激光雷达 V2X 5G 网格 高精度地图

① 盲点侦测系统。

汽车驾驶员的盲点是指在左、右、内三面后视镜中看不到的区域，相信很多驾驶人都对盲点有深刻的印象，它最容易造成行车事故。盲点侦测系统就是综合运用雷达和传感器来侦测车辆后方的盲点区，在盲点区侦测到车辆靠近时会向驾驶员提供警示，帮助驾驶员将意外事故发生的概率降至最低。

② 停车辅助系统。

ADAS 的停车辅助系统有助于新手们停车。停车辅助系统又分为主动式与被动式 2 种，前者自动控制方向盘以帮助驾驶员完成停车，当然油门、刹车与挡位切换还是要驾驶员自行操控。后者则是以影像（摄影机）与影音（超音波）为感测单元所组成的，提供更多车身周围信息给驾驶员，减少碰撞机会。

③ 车道偏离警示系统。

车道偏离警示系统由摄影机、传感器及控制器组成，综合运用在车身侧面或后视镜下方的摄影机，采样目前行驶车道的标识线，再通过图像处理获取当前汽车在车道的位置，这时只要汽车偏离车道，控制器就会发出警报信号，从感测到发出警报过程只需约 0.5 秒的时间，以实时提醒、叫醒驾驶员，避免发生意外。

④ 碰撞预防系统。

由安装在车头的雷达，侦测自车和前方车辆的距离及速度，初期会发出警告声来提醒驾驶人注意车距，若车距依然持续拉近，车辆便会先自动轻踩刹车，并轻拉安全带 2 ~ 3 次，警告驾驶员，若系统判定无法避免追撞时，启动自动紧急刹车（AEB）的同时立刻拉紧安全带固定驾驶员，降低意外发生后的伤害。

⑤ 适路性车灯系统。

适路性车灯系统可依照不同的路况、环境、车速及天气状况，自动调整车灯的照明范围及角度，让车灯照射范围可以更深远的同时又不会影响路人和对向来车驾驶员的视线。从过去的 AFS 主动转向式头灯，到现在结合传感器的多颗 LED 智能型头灯，都是属于适路性车灯系统的范畴。

⑥ 夜视系统。

夜视系统可帮助驾驶员在视线不明、看不清楚的夜晚或恶劣天气时，自动识别动物或大型异物，同时警告驾驶员前方路况，以避免意外的发生。夜视系统利用红外线来感知不同的热量，区分人、动物、车辆以及环境，经过处理转变成图像，将原本看不清楚的物体清楚呈现在驾驶眼前，以降低行车风险。

⑦ 主动车距控制巡航系统。

主动车距控制巡航系统通过安装在车辆前部的车距传感器，持续扫描车辆前方道路来感知前车的车速与相对距离。当与前车的距离越来越小时，会自动调整自车车速，与前方车辆保持安全距离，减少碰撞意外的发生，也就是所谓的高级版自动巡航系统，目前许多车款上都已可看见此系统的应用。

⑧ 驾驶员生理状态监视系统。

驾驶员生理状态监视系统利用摄影机侦测驾驶员脸部特征，判断专注力程度、是否有打瞌睡的表征，还有系统利用驾驶员眼睛开闭频率特征来辨别安全等级，提供对应的警告或是协助动作，如果驾驶员的脸部表情变化减少，甚至出现闭眼的情况，车辆就会通过声响与灯号来警示驾驶员注意，以减少意外事故发生。

请根据以上信息，查阅资料，在表 9-1-6 中写出智能网联汽车 ADAS 的特点。

智能网联汽车 ADAS 的应用和特点

表 9-1-6　智能网联汽车 ADAS 的应用和特点

序　号	ADAS 系统	特　点
1		
2		
3		
4		
5		
6		
7		
8	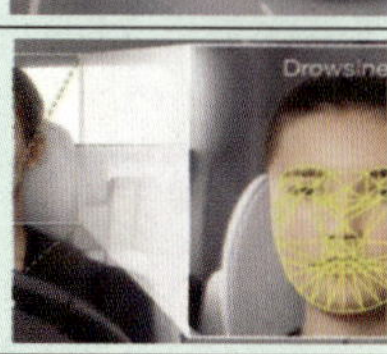	
ADAS 的优点		
ADAS 的缺点		

2. 智能网联汽车 ADAS 的组成

搭载了多个传感器，12 个超声波雷达、5 个高清摄像头、3 个毫米波雷达，对道路、车辆、行人、障碍物等进行精准识别，并反馈给智慧芯片，得到更适合中国路况的自动辅助驾驶和多场景全自动泊车方案，从而实现 XPILOT 2.5 级智能驾驶，2.5 级别是处于 L2 级和 L3 级之间的一个细分或过渡等级，如图 9-1-3 所示。

XPILOT 2.5 智能驾驶辅助系统是驾驶辅助功能，无法应对所有交通、天气与路况。驾驶员必须始终注意观察当前交通状况，如果自动辅助驾驶系统未能提供适当的转向辅助或者保持适当的车距与车速，则需要驾驶员主动干预。驾驶员在使用功能前应意识到这些限制情况。在交通状况复杂多变、冰雪雨路面湿滑天、道路积水或烂泥路面、能见度较差、崎岖山路或高速路入口出口等情况下，请谨慎使用。

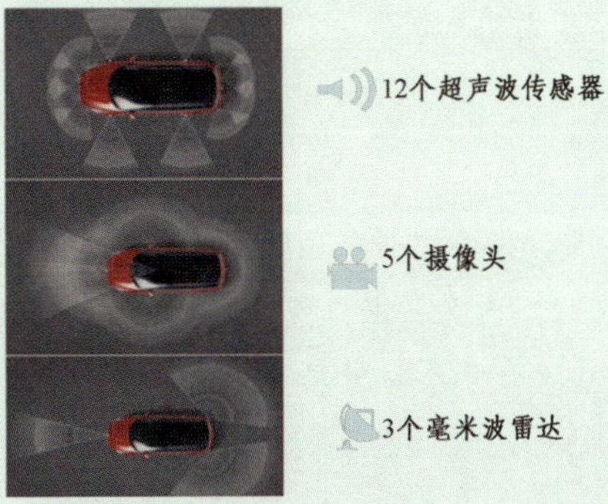

图 9-1-3　智能网联汽车 ADAS 组成

知识强化

智能网联汽车 ADAS 的类型及结构组成学习页

1. 填空题

（1）高级驾驶辅助系统（ADAS）提供了 ________、________ 的驾驶体验，这将重塑我们的出行交通关系。

（2）在不久的未来，自动驾驶技术将让乘客体验到个性化互连的驾驶乐趣，赋予汽车无缝地 ________、________ 和 ________ 的能力，智能地处理实时道路情况。

（3)ADAS包括 ________、________、________、________、________ 等。

（4）高级驾驶辅助系统的发展可以分别从 ________ 和 ________ 应用两个角度来分析。高级驾驶辅助系统作为前沿的 ________ 技术，可以有效降低多数事故类型的发生频率。

2. 判断题

（1）从技术发展角度来看，由于消费者对汽车安全性的重视度只会越来越高，因而高级驾驶辅助系统在未来很长一段时间内必将保持持续发展的趋势。（　　）

（2）高级驾驶辅助系统正在从单个技术独立发展转变为整合式主动安全系统的开发。（　　）

（3）多项技术可以共用传感器、控制系统等平台，一旦车辆装备了基础的 ESP、ACC 等技术，便可以方便地并以较低的成本添加其他安全驾驶辅助技术，从而将进一步推动高级驾驶辅助系统技术在汽车上的应用。（　　）

（4）一些相对较为低端且实用性强的高级驾驶辅助系统技术，如胎压监测系统、ESP 电子稳定系统等已经充分得到了市场的认可。（　　）

（5）ADAS 按照其环境感知技术的不同可以分为被动式和网联式两种类型。（　　）

3. 单项选择题

（1）自主式 ADAS 基于车载传感器完成环境感知，依靠车载中央控制系统进行（　　），技术比较成熟，多数已经装备量产车型。

A. 分析决策　　B. 智能化控制　　C. 信息处理　　D. 计算判断

（2）自主式 ADAS 分类又分为自主预警类和（　　）类。

A. 被动预警　　B. 主动干预　　C. 事业改善　　D. 辅助改善

（3）智能网联汽车 ADAS 配置的驾驶辅助功能与自动驾驶的（　　）有关。

A. 等级　　B. 控制　　C. 执行　　D. 决策

（4）盲点侦测系统就是运用雷达和（　　），来侦测车辆后方的盲点区。

A. 执行器　　B. 控制器　　C. 侦测　　D. 传感器

（5）停车辅助系统又分为 2 种，分别是主动式与（　　）。

A. 干预式　　B. 被动式　　C. 预测式　　D. 辅助式

4. 多项选择题

（1）车道偏离警示系统由（　　）、（　　）及（　　）所组成。

A. 执行器　　B. 摄影机　　C. 传感器

D. 控制器　　E. 摄像头

（2）汽车偏离车道，控制器就会发出警报信号，从感测到发出警报过程只需约 0.5 秒的时间，以（　　）、（　　），避免意外的发生。

A. 实时提醒　　B. 叫醒驾驶　　C. 声音提醒

D. 震动提醒　　E. 光提醒

（3）碰撞预防系统由安装在车头的雷达侦测自车和前方车辆的（　　）及（　　）。

A. 传感器　　B. 距离　　C. 速度

D. 控制器　　E. 执行器

（4）适路性车灯系统可依照不同的（　　）、（　　）、（　　）及（　　），自动调整车灯的照明范围及角度。

A. 路况　　B. 环境　　C. 车速

D. 天气状况　　E. 红绿灯

（5）夜视系统可帮助驾驶员在（　　）、（　　）的夜晚或（　　）时，自动识别动物或大型异物，同时警告驾驶前方路况，以避免意外的发生。（　　）。

A. 雨天路滑　　B. 高速驾驶　　C. 视线不明

D. 看不清楚　　E. 恶劣天气

实训工单

1. 参观实训室智能网联汽车 ADAS 的类型和结构组成模型或挂图，初步认识智能网联汽车 ADAS 的类型和结构组成。

记录：____

____

____

2. 利用互联网查询智能网联汽车 ADAS 的类型和结构组成及其他相关资讯。

打开电脑或移动终端的浏览器、APP，利用“百度”等搜索引擎，分别搜索“智能网联汽车 ADAS 的类型及结构组成”+“定义、分级、结构、关键技术、标准体系”等关键词，查询、学习相关资讯，总结智能网联汽车的应用场景。

（1）智能网联汽车 ADAS 的类型：______________________________

____

____

（2）智能网联汽车 ADAS 的应用场景举例。

应用场景 1：____

____

应用场景 2：____

____

应用场景 3：____

____

应用场景 4：____

____

应用场景 5：____

3. 分析当前市场上的汽车 ADAS 的类型和结构组成。

根据查询获取的资讯，结合你所学的知识，分析当前市场上的车辆已经具备 ADAS 的类型和结构组成，并填写表 9-1-7。

表 9-1-7　当前市场上的车辆已经具备 ADAS 的类型和结构组成

序　号	品牌车型	ADAS 的类型	结构组	其他属性
1				
2				
3				
4				
5				

任务考评

表 9-1-8 任务考评

考核内容		考核评分		
项　目	内　容	配分	得分	批注
工作准备（30%）	能够正确理解学习过程的内容、范围及工作指令	10		
	能够查阅资料，小组合作完成所遇到的学习问题	5		
	各种自制的走访调研表，格式不定	5		
	通过互联网资源查阅资料进行归纳总结并进行结果展示	5		
	确认上课所需的学习资料是否齐全到位	5		
实施程序（50%）	正确了解智能网联汽车 ADAS 的发展趋势和背景并进行记录	10		
	正确了解智能网联汽车 ADAS 概念并与相关概念进行正确区分并进行记录	10		
	正确了解智能网联汽车 ADAS 的类型和结构组成的定义及分级并进行相关记录	10		
	参观实训室的智能网联汽车 ADAS 的类型和结构组成挂图或借助网上资料对智能网联汽车 ADAS 的类型和结构组成的认识进行记录	10		
	利用互联网查询智能网联汽车 ADAS 的类型和结构组成及其他相关资讯，完成智能网联汽车 ADAS 相关场景的收集	10		
完工清理（20%）	收集和储存可以再利用的原材料、余料	5		
	遵循维护工作程序清洁垃圾、清洁和整理工作区域	5		
	对学习环境和工作页面进行清洁	5		
	按照工作程序，填写完成作业单	5		
考核评语	考核人员：　　　　日　期：　　　　年　月　日	考核成绩		

任务二 智能网联汽车 ADAS 的工作原理及实际应用

任务导入

表 9-2-1 任务导入

任务名称		智能网联汽车 ADAS 的工作原理及实际应用			
姓　名		班　级		成　绩	
组　别		组　长		场　地	
日　期		学　时		指导教师	
任务目标	知识目标	1. 能通过走访或查阅资料的方法，了解智能网联汽车 ADAS 的工作原理； 2. 能通过走访或查阅资料的方法，了解智能网联汽车 ADAS 的实际应用			
	能力目标	1. 能总结并归纳调研报告，撰写智能网联汽车 ADAS 标准报告； 2. 能总结并归纳调研内容，辨清智能网联汽车 ADAS 与传统汽车的区别			
	素质目标	1. 树立安全意识； 2. 培养 8S 现场管理意识			
学习准备	手机等调研设备、各种自制的走访调研表、互联网资源、展示白板				
任务背景	智能网联汽车 ADAS 让驾驶更轻松，让泊车更容易，让驾驶更简化，这就是智能网联汽车 ADAS 智能驾驶辅助系统的目的。面对未来智慧出行的挑战，智能网联汽车在探索，ADAS 则会给出属于自己的答案。ADAS 系统是如何工作的呢？				

知识链接

一、智能网联汽车智能驾驶辅助系统的功能

智能网联汽车智能驾驶辅助系统目前具有以下功能：FCW 前向碰撞预警、AEB 自动紧急制动带行人检测、LDW 车道偏离预警、BSD 盲区监测预警、RCTA 后方横向来车预警、SLA 智能限速辅助、转向辅助控制（LCC/TJC/ALC）、ACC 自适应巡航、自动泊车辅助等。

二、ADAS 各系统的处理机制

以上提到的每个系统主要包含 3 个程序：信息采集、分析、指令执行。

（1）信息采集。

不同的系统需要使用不同类型的车用传感器，包含毫米波雷达、超声波雷达、红外雷达、激光雷达、CCD CMOS 影像传感器及轮速传感器等，来收集整车的工作状态及其参数变化情形，并将不断变化的机械运动变成电子参数（电压、电阻及电流）。举例来说，车道偏离警告系统使用 CMOS 影像传感器、夜视系统则使用红外线传感器、适应性定速控制通常使用雷达、停车辅助系统则会使用超声波等。

ADAS 系统通过不同类型的车用传感器如毫米波雷达、超声波雷达、红外雷达、激光雷达、CCD CMOS 影像传感器及轮速传感器，就可让汽车掌握外界车况，才能进行后续的警示或反应动作。

（2）分析。

信息分析与指令下达：电子控制单元（ECU）会针对传感器所收集到的信息进行分析处理，然后再向控制的执行装置下达动作指令。

（3）指令执行。

指令执行动作包含油门、刹车、灯光、声响等都是属于执行器的范畴内，会依据 ECU 输出的信号来执行各种反应动作，让汽车安全行驶于道路上。

目前 ADAS 系统的主要功能并非完全控制汽车，而是为驾驶员提供车辆的工作情形，与车外环境变化等相关信息进行分析，且预先警告可能发生的危险状况，让驾驶员提早采取相应措施，避免交通意外发生。至于成为无人驾驶智慧车辆技术基础的目的，当然也是 ADAS 系统目前积极追求的方向，不过这需在不断累积使用经验与盲点克服后，同时加入更多主动侦测系统，甚至是物联网功能后，才有机会进一步实现的目的，毕竟自动驾驶所需具备的汽车技术层面更高、更复杂。

ADAS 系统能有如此高的智能反应，除了传感器的功能、性能和类型不断提高和完善外，处理器的运算速度持续增长与分析数据库的不断建立起到巨大推进作用，否则大量收集到的信息无法实时有效分析与处理，还是无法达到闪避危险的目的。

表 9-2-2 分别给出了一些图片，请你结合生活实际感受，写出对应图片的 ADAS 技术的工作原理。

表 9-2-2　智能网联汽车 ADAS 的工作原理

序　号	技术发展	工作原理
1	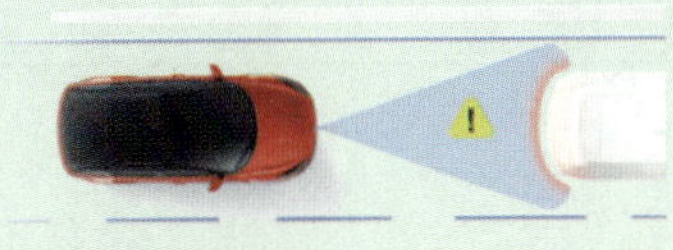 FCW前向碰撞预警	

续表

序　号	技术发展	工作原理
2	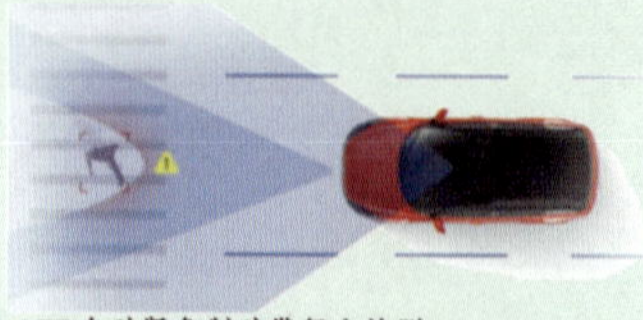 AEB自动紧急制动带行人检测	
3	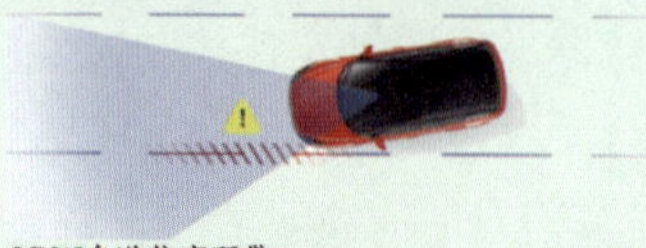 LDW车道偏离预警	
4	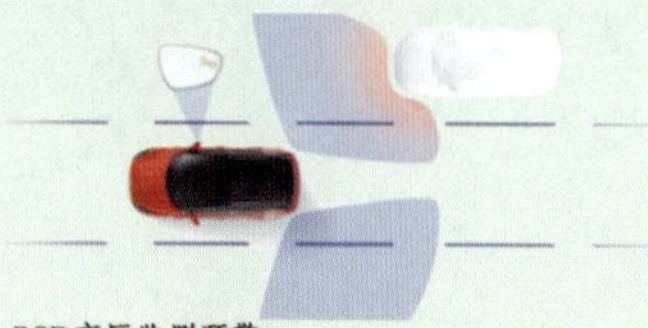 BSD盲区监测预警	
5	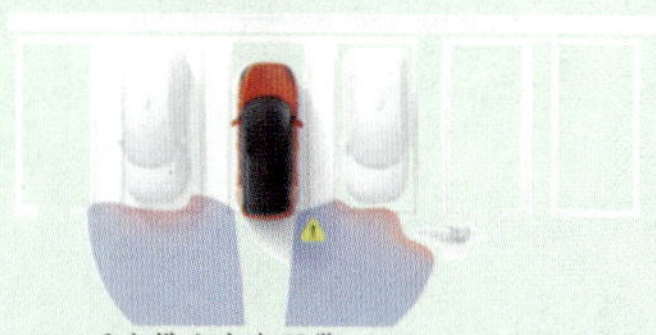 RCTA后方横向来车预警	
6	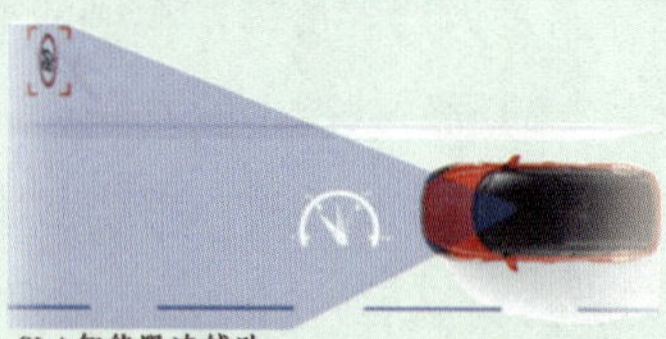 SLA智能限速辅助	
7	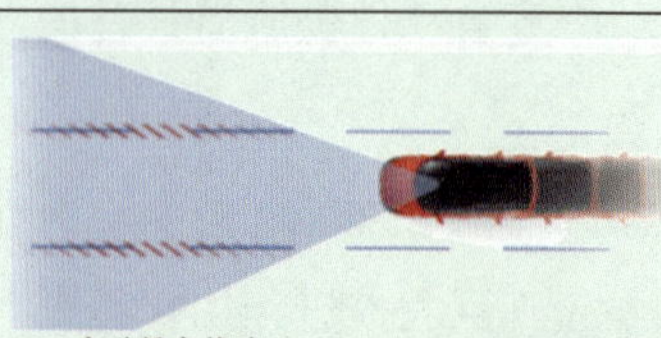 LCC车道居中辅助	
8	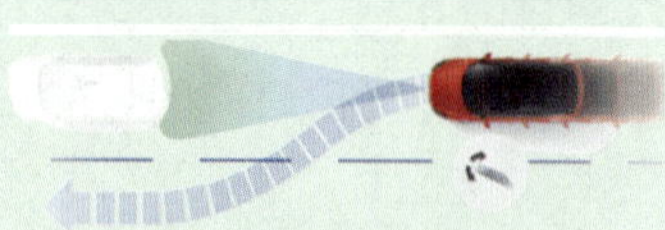 ALC动变道辅助	
9	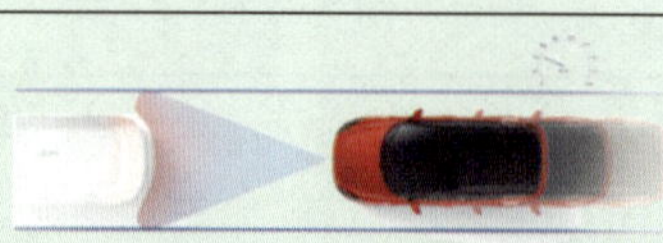 ACC自适应巡航	
10	 自动泊车辅助	

ADAS 作为实现无人驾驶的过渡阶段，近年来备受关注。ADAS 会在汽车上使用各种传感器来收集车内和车外的环境数据，以识别或跟踪静止或移动的人或物，从而使驾驶员可以采用主动安全技术来检测可能发生的情况。危险情况在短时间内引起关注并提高安全性。

每个 ADAS 系统主要包括三个层级：

第一，传感层。传感层负责信息收集。不同的系统需要使用不同类型的车载传感器（包括摄像头，雷达等）来收集车辆的运行状态和周围环境的变化，并将其及时反馈给控制单元。

第二，控制层。对传感器收集到的信息进行分析和处理，然后将控制信号输出到受控设备。

第三，执行层。根据行程计算机输出的信号，让汽车完成指定的动作。

智能汽车带给人们生活便利。汽车的一些新技术也给我们的汽车驾驶带来很多安全和乐趣。请你结合生活实际感受，写出表 9-2-3 中 ADAS 功能开启或关闭对应的特点。

表 9-2-3　智能网联汽车 ADAS 功能开启或关闭对应的特点

序　号	ADAS 功能开启或者关闭	特　点
1	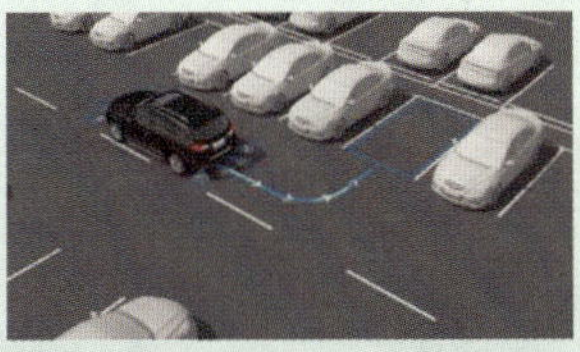	
2		
3	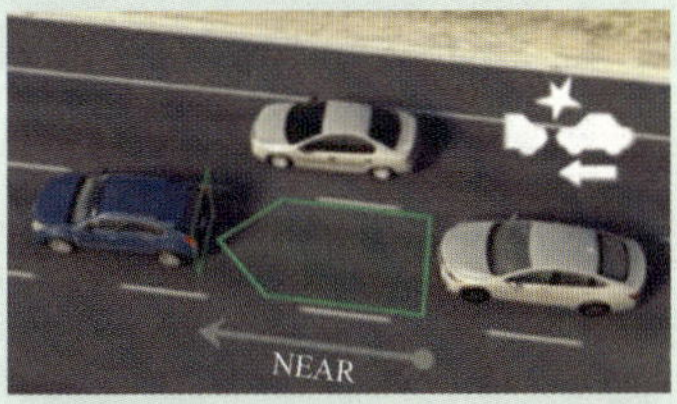	
4		

三、智能网联汽车 ADAS 的工作原理及应用

1. ACC 系统的工作原理及应用

（1）ACC 系统的工作原理。

电动汽车 ACC 系统与传统燃油汽车 ACC 系统的工作原理基本相同，区别在于燃油汽车控制节气门开度来调节发动机输出转矩，而电动汽车控制电动机转矩来调节变速驱动单元的输出

转矩，而且增加了再生制动控制（制动能量回收）功能，如图 9-2-1 所示。

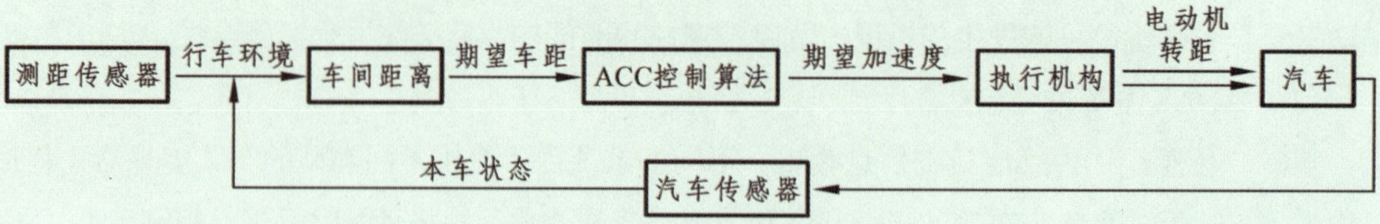

图 9-2-1　ACC 控制原理

（2）ACC 系统的工作模式。

ACC 系统通常在车速高于 30 km/h 时启动。启动后，ACC 系统的工作模式主要有定速巡航、减速控制、跟随控制、加速控制、停车控制和启动控制等。如图 9-2-2 所示。

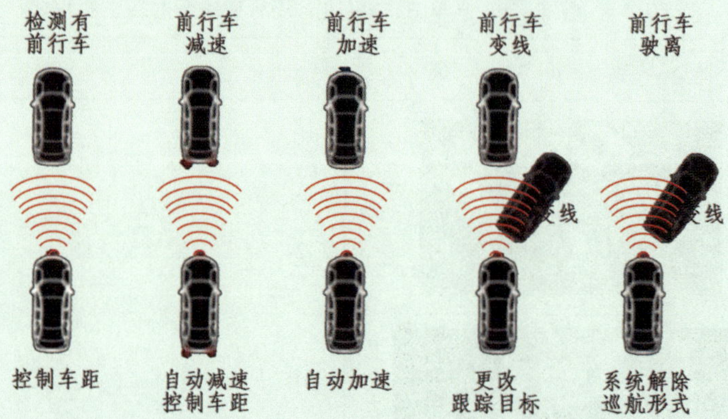

图 9-2-2　ACC 工作模式

（3）ACC 自适应巡航控制系统的应用。

ACC 系统使汽车辅助驾驶的品质达到了新的高度，在很大程度上减轻了驾驶员的负担。目前的 ACC 系统主要应用在中高级车型上，但随着汽车科技的不断发展与完善，一些中低档汽车也开始装备 ACC 系统。

智能网联汽车 ACC 系统将同其他的汽车电子系统相互融合，形成智能汽车电子控制系统，在卫星导航系统的指引下，利用环境感知技术和网络通信技术，实现自动驾驶功能。智能网联汽车在实际应用中，还需要应用到其他驾驶辅助控制系统，包括自适应前照明、夜视辅助系统、平视显示系统等。

① 沃尔沃汽车 ACC 系统。

沃尔沃汽车的 ACC 系统通过前风挡玻璃的摄像头以及隐藏在前格栅内的雷达来检测前方路况，在速度超过 30 km/h，按下转向盘上的启动键，就可以激活 ACC 系统（见图 9-2-3）。当前面有车辆时，自动跟着前方车辆行驶，但不会超过设定的速度；如果前方没有车辆，按设定的速度行驶。

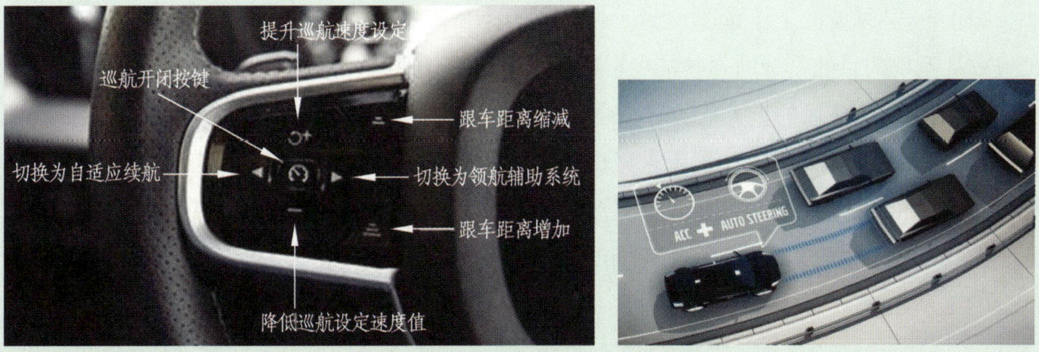

图 9-2-3　沃尔沃汽车 ACC 系统

② 长安汽车 ACC 系统。

长安汽车的 CS75 等车型装配了 ACC 系统。驾驶员只需要开启功能之后进行简单的设定，就可以在高速路上行驶车辆，甚至在堵车的时候“解放”双脚（见图 9-2-4）。长安 CS75 的全速自适应巡航还可以通过语音进行速度限定，该车型能够根据前面车辆的速度进行自我速度的调节，始终控制与前车的安全车距，便捷而高效。

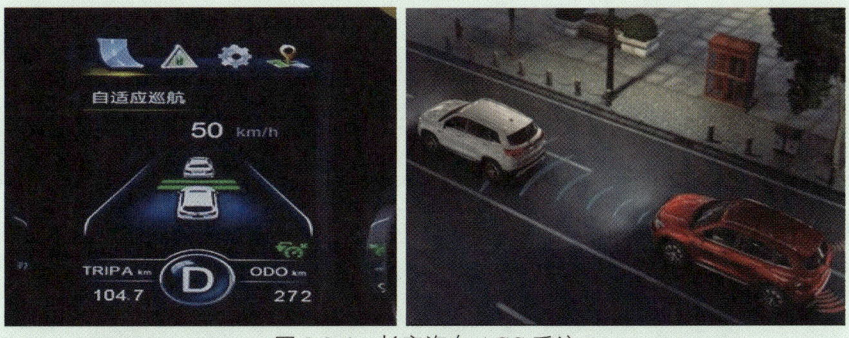

图 9-2-4　长安汽车 ACC 系统

2. 前方碰撞预警系统工作原理及应用

（1）FCW 系统的结构组成。

参与 FCW 系统功能的部件与 ACC 系统的部件相同，包括用于监测前方车辆的雷达、摄像头等，以及用于输出车速控制的动力控制模块（燃油汽车的 ECM 和电动汽车的 VCU）、ESC 制动控制模块等（见表 9-2-4）。

表 9-2-4　前方碰撞预警系统的结构组成

部　件	功　能
摄像头	前方车辆、障碍物、车道的视觉检测
雷　达	前方车辆、障碍物的雷达检测和距离测量
动力控制模块	分析和处理碰撞风险评估，请求警告和制动器激活
ESC 制动控制模块	激活制动干预
制动踏板	风险评估的输入，判断是否主动激活制动干预
IPC 仪表	视觉、声音等碰撞警告

（2）FCW 系统的工作原理。

FCW 系统的目的是帮助驾驶员在车辆前行时检测、避免和降低车辆碰撞风险。当 FCW 系统检测到即将发生碰撞的重大危险时，通过激活相对应的车载系统来阻止风险的发生。

如果驾驶员未对提供的碰撞警告做出反应，FCW 系统可启动 AEB 功能进行制动干预。因为突然的自动制动如果未正确使用，可能会导致比应该防止或减轻的正面碰撞更加严重的损坏。因此触发 AEB 干预前，FCW 系统必须相对于所检测到的障碍物构成的实际风险做出准确判断，如图 9-2-5 所示。

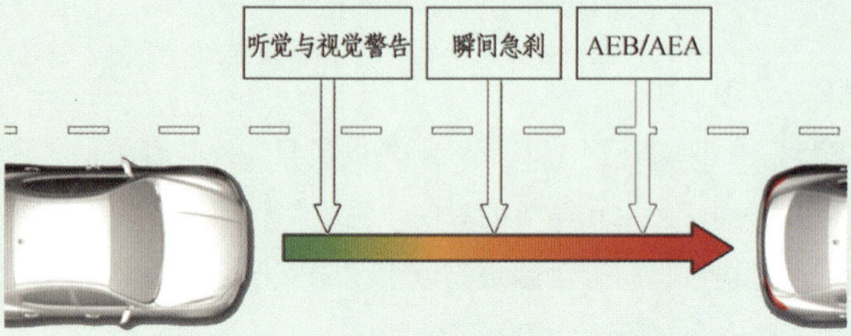

图 9-2-5　前方碰撞预警系统的工作原理

（3）前方碰撞预警系统的应用。。

前方碰撞预警系统能够在车距过小时主动发出报警信息，能够较好地避免由于跟车距离过小而发生的车辆追尾。在目前应用中，搭载有前方碰撞预警系统的车型较多，应用广泛，并通常与辅助制动系统共同工作，以免在预警不及时或预警未被驾驶员采纳的情况下发生追尾碰撞，提高行车的安全性和舒适性，如图 9-2-6 所示。

图 9-2-6　前方碰撞预警系统的应用

3. 车道保持辅助系统的工作原理

LKA 系统可以在行车的全程或速度达到某一数值后开启，并可以手动关闭系统开关，实时保持汽车的行驶轨迹，如图 9-2-7 所示。

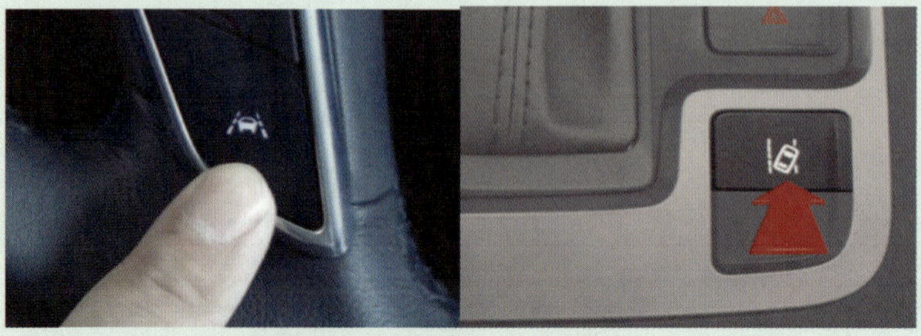

图 9-2-7　车道保持辅助系统

（1）LKA 系统的工作原理。

LKA 系统运行过程如下：在 LKA 系统起作用时（开启系统开关），系统检测到车辆已经偏离了行驶轨道，发出报警信息，并主动进行车道偏离纠正，直到汽车重新处于正确的行驶线路上，完成了一个完整的工作周期，如图 9-2-8 所示。

图 9-2-8　车道保持辅助系统工作原理

（2）车道保持辅助系统的应用。

车道保持辅助系统目前已经在较多高端车型中装配，提高了行车的安全性。系统主要通过单目摄像头识别车道两侧的行车线，并辅助施加转向盘转向操作，使车辆始终保持在车道中间行驶，大幅缓解高速行驶时的驾驶疲劳。

4. 盲区监测系统的工作原理及应用

（1）盲区监测系统的工作原理。

系统通过安装在车辆尾部或侧方的视觉传感器、雷达检测后方来车或行人。当汽车速度大于一定值时（例如 10 km/h），系统自动启动，如果监测范围内有车辆或行人，就会被信息采集单元监测到，计算出目标的距离、速度等信息，并将采集到的信息传递给电子控制单元。电子控制单元根据收到的信息判断进入监测范围内的车辆或行人是否对本车造成威胁，如果存在安全隐患，则通过预警显示单元提醒驾驶员，并根据危险程度、驾驶员的反应提供不同的预警方式。

盲区监测系统能避免行车安全隐患，提高车辆行驶安全性，许多汽车厂商都推出了各自的盲区监测系统，最初这些系统只用于高端车型，如宝马 7 系、奥迪 A8、奔驰 S 级等。随着盲区监测系统的不断发展，其成本逐渐降低，在中低端车型中也逐渐普及，如奥迪 A4、沃尔 S40、东风标致 508/408，都配有盲区监测系统。

（2）盲区监测系统的应用。

奥迪汽车的盲区监测系统称“侧向辅助系统（Audi Side Assist）”，采用 24GHz 毫米波雷达，安装在后保险杠的左右两侧，从外观上不易察觉。

当驾驶员需要变线或超车时，后方盲区若有车辆，侧向辅助系统将向驾驶员发出警告提示。

5. 自动紧急制动系统的工作原理及应用

AEB 系统采用测距传感器测出与前车或障碍物的距离，然后利用电子控制单元将测出的距离与报警距离、安全距离等进行比较，小于报警距离时就进行报警提示，而小于安全距离时，即使在驾驶员没来得及踩制动踏板的情况下，AEB 系统也会启动，使汽车自动制动。

汽车自动制动系统应和其他控制系统相结合，采用智能型传感器、快速响应的执行器、高性能电控单元、先进的控制策略、无线通信等技术，以提高汽车的主动安全性，使车辆从被动防撞减少伤害向主动避撞减少事故的方向发展。

摄像头、雷达同时探测，雷达负责探测车辆前方150m内的范围，摄影镜头则负责前方55m内的车辆动态。当与前车距离过近或路中间有行人时，会通过类似于制动灯的警告灯亮起，提醒驾驶员注意。如果驾驶员没有实施制动而系统预见碰撞即将发生，制动器将被激活，自动采取制动措施。

6. 自动泊车辅助系统的工作原理及应用

（1）驾驶员将车开到停车位的前面，停在前面一辆车的旁边，启动自动泊车系统。

（2）自动泊车系统向路边转动车轮，以大约45°将车向后切入停车位。

（3）当汽车进入车位后，自动泊车系统会拨直前轮，然后继续倒车。

（4）当通过后视镜确保与后面车辆保持一定距离后，自动泊车系统会向路边打车轮，这时驾驶员需要将汽车移入前进挡，自动泊车则会将汽车前端回转到停车位中。

（5）驾驶员需要在停车位前后移动汽车，直到汽车停在适当的位置。

与无人驾驶技术、网络技术与无线通信技术的进一步结合。在基础设施建设方面，只需要在停车场出入口以及停车场内部设置传感器，用于引导车辆进出停车场以及寻找车位。沃尔沃公司的这项技术，可以让驾驶员不在车内，便可实现车辆的自动泊车和锁闭，并且它还能让车辆自己从泊车位来到驾驶员的身边。

自动泊车辅助系统不是全自动的，驾驶员必须踩制动踏板控制车速，时刻盯紧汽车的倒车雷达显示屏和左右后视镜。自动泊车辅助系统必将向全自动泊车系统发展，全自动泊车是实现无人驾驶汽车的关键技术之一。

请你查阅相关资料，在表9-2-5中写出以下几种ADAS系统的工作原理及应用：

表9-2-5 几种ADAS系统的工作原理及应用

序号	控制系统类别	工作原理	应用
1	ACC自适应巡航控制系统		
2	前方碰撞预警系统		
3	车道保持辅助系统		
4	盲区监测系统		
5	自动紧急制动系统		
6	自动泊车辅助系统		

知识强化

智能网联汽车 ADAS 的工作原理及实际应用学习页

1. 填空题

（1）智能网联汽车 ADAS 让驾驶更 ________，让泊车更 ________，让驾驶更 ________，这就是智能网联汽车 ADAS 智能驾驶辅助系统的目的。

（2）智能网联汽车智能驾驶辅助系统目前具有以下功能：________、________、________、________、RCTA 后方横向来车预警、SLA 智能限速辅助、转向辅助控制（LCC/TJC/ALC）、ACC 自适应巡航、自动泊车辅助等。

（3）每个系统主要包含 3 个程序：________、________、________。

（4）不同的系统需要使用不同类型的车用传感器，包含 ________、________、________、________、CCD CMOS 影像传感器及轮速传感器等。

（5）车道偏离警告系统使用 ________、夜视系统则使用 ________、适应性定速控制通常使用 ________。

2. 判断题

（1）ADAS 系统需先通过不同类型的车用传感器，包含毫米波雷达、超声波雷达、红外雷达、激光雷达。（　）

（2）电子控制单元（ECU）会在针对传感器所收集到的信息进行分析处理，然后再向控制的执行装置下达动作指令。（　）

（3）油门、刹车、灯光、声响等系统都是属于执行器的范畴内，会依据 ECU 输出的信号，来执行各种反应动作，让汽车安全行驶于道路上。（　）

（4）目前 ADAS 系统的主要功能目前不是完全控制汽车，而是为驾驶人提供车辆的工作情形。（　）

（5）自动驾驶所需具备的汽车技术层面更高、更复杂。（　）

3. 单项选择题

（1）ADAS 系统能有比较高智能的反应，主要是（　）的发展日益齐全。

A. 执行器　B. 计算机　C. 继电器　D. 传感器

（2）ADAS 会在汽车上使用各种传感器来收集车内和车外的（　），以识别或跟踪静止或移动的人或物。

A. 使用信息　B. 环境数据　C. 车辆信息　D. 路况信息

（3）传感层，即信息收集。不同的系统需要使用不同类型的车辆传感器（包括摄像头，雷达等）来收集车辆的（　）和周围环境的变化。

A. 信息数据　B. 环境数据　C. 运行状态　D. 控制状态

（4）控制层对传感器收集到的信息进行分析和处理，然后将控制（　）输出到受控设备。

A. 信息　B. 继电器　C. 电磁阀　D. 信号

（5）执行层。根据行程计算机输出的信号，让汽车完成指定的（　　）。

A. 操作　　B. 动作　　C. 运动　　D. 计算

4. 多项选择题

（1）电动汽车ACC系统与传统燃油汽车工作原理基本相同，区别的是燃油汽车控制（　　）开度来调节发动机输出转矩，而电动汽车控制（　　）矩来调节变速驱动单元的输出转矩，而且增加了再生制动控制（制动能量回收）功能。

A. 发动机　　B. 变速箱　　C. 电磁阀

D. 气门　　E. 电动机转矩

（2）ACC系统的工作模式主要有（　　）、（　　）、（　　）、（　　）、（　　）和启动控制等（　　）。

A. 定速巡航　　B. 减速控制　　C. 跟随控制

D. 加速控制　　E. 停车控制

（3）智能网联汽车在实际应用中，还需要应用到其他驾驶辅助控制系统，包括（　　）、（　　）、（　　）等。（　　）。

A. 自动雨刮　　B. 主动制动　　C. 自适应前照明

D. 夜视辅助系统　　E. 平视显示系统

（4）激活ACC系统，当前面有车辆时，自动跟着前方车辆（　　），但不会超过设定的（　　）；如果前方没有车辆，按（　　）的速度行驶。

A. 理论值　　B. 行驶　　C. 导航

D. 速度　　E. 设定

（5）参与FCW系统功能的部件与ACC系统的部件相同，包括用于监测前方车辆的（　　）、（　　）等。

A. 雷达　　B. 传感器　　C. 摄像头

D. 继电器　　E. 电磁阀

实训工单

1. 参观实训室智能网联汽车 ADAS 的工作原理及实际运用模型或挂图，初步认识智能网联汽车 ADAS 的工作原理及实际运用。

记录：______________________________

____

____

2. 利用互联网查询智能网联汽车 ADAS 的工作原理及实际运用及其他相关资讯。

打开电脑或移动终端的浏览器、APP，利用“百度”等搜索引擎，分别搜索“智能网联汽车 ADAS 的工作原理及实际应用”+“定义、分级、结构、关键技术、标准体系”等关键词，查询、学习相关资讯，总结智能网联汽车的应用场景。

（1）智能网联汽车 ADAS 的工作原理：______________________________

____

____

（2）智能网联汽车 ADAS 的应用场景举例

应用场景 1：______________________________

____

应用场景 2：______________________________

____

应用场景 3：______________________________

____

应用场景 4：______________________________

____

应用场景 5：______________________________

____

3. 分析当前市场上的汽车，具备智能网联汽车 ADAS 的工作原理及实际应用。

根据查询获取的资讯，结合你所学的知识，分析当前市场上的车辆的 ADAS 的工作原理及实际应用，并填写表 9-2-6。

表 9-2-6　当前市场上的车辆的 ADAS 的工作原理及实际应用

序　号	品牌车型	ADAS 的工作原理	实际应用	其他属性
1				
2				
3				
4				
5				

任务考评

表 9-2-7　任务考评

考核内容		考核评分		
项　目	内　容	配　分	得　分	批　注
工作准备（30%）	能够正确理解学习过程的内容、范围及工作指令	10		
	能够查阅资料，小组合作完成所遇到的学习问题	5		
	各种自制的走访调研表，格式不定	5		
	通过互联网资源查阅资料进行归纳总结并进行结果展示	5		
	确认上课所需的学习资料是否齐全到位	5		
实施程序（50%）	正确了解智能网联汽车 ADAS 实际应用的发展趋势和背景并进行记录	10		
	正确了解智能网联汽车 ADAS 的概念并与相关概念进行正确区分并进行记录	10		
	正确了解智能网联汽车 ADAS 的工作原理及实际应用及分级并进行相关记录	10		
	参观实训室的智能网联汽车 ADAS 的工作原理及实际应用挂图或借助网上资料对智能网联汽车 ADAS 的工作原理及实际应用进行记录	10		
	利用互联网查询智能网联汽车 ADAS 的工作原理及实际应用及其他相关资讯，完成智能网联汽车 ADAS 的工作原理相关场景的收集	10		
完工清理（20%）	收集和储存可以再利用的原材料、余料	5		
	遵循维护工作程序清洁垃圾、清洁和整理工作区域	5		
	对学习环境和工作页面进行清洁	5		
	按照工作程序，填写完成作业单	5		
考核评语	考核人员：　　　　日　期：　　　　年　月　日	考核成绩		

参考文献

[1] 崔胜民 . 智能网联汽车概论 [M]. 北京：人民邮电出版社，2019.

[2] 崔胜民 . 一本书读懂智能网联汽车 [M]. 北京：化学工业出版社 .2019

[3] 李妙然，邹德伟 . 智能网联汽车技术概论 [M]. 北京：北京机械工业出版社，2019.

[4] 何宇漾，赵华伟 . 智能网联汽车概论 [M]. 北京：人民邮电出版社，2022.

[5] 庞宏磊 . 智能网联汽车概论 [M]. 昆明：电子工业出版社，2022.